Informationstechnik
und
Datenverarbeitung

Reihe „Informationstechnik und Datenverarbeitung"

M.M. Botvinnik: Meine neuen Ideen zur Schachprogrammierung. Übersetzt aus dem Russischen von A. Zimmermann. X, 177 S., 42 Abb. 1982.

K.L. Bowles: Pascal für Mikrocomputer. Übersetzt aus dem Englischen von A. Kleine. IX, 595 S., 107 Abb. 1982.

W. Kilian: Personalinformationssysteme in deutschen Großunternehmen. Ausbaustand und Rechtsprobleme. Unter Mitarbeit von T. Heissner, B. Maschmann-Schulz. XV, 352 S. 1982.

A.E. Çakir (Hrsg.): Bildschirmarbeit. Konfliktfelder und Lösungen. XI, 256 S. 75 Abb. 1983.

W. Duus, J. Gulbins: CAD-Systeme. Hardwareaufbau und Einsatz. IX, 107 S., 41 Abb. 1983.

H. Niemann, D. Seitzer, H.W. Schüßler (Hrsg.): Mikroelektronik – Information – Gesellschaft. XI, 213 S., 80 Abb. 1983.

J. Kwiatkowski, B. Arndt: Basic. 2., korr. Auflage. XI, 179 S., 1984.

E.E.E. Hoefer, H. Nielinger: SPICE. Analyseprogramm für elektronische Schaltungen. 223 S., 162 Abb., 36 Tab. 1985.

Junginger, W.: FORTRAN 77 – strukturiert. XIII, 451 S., 75 Abb. 1988.

Heeg, F.J.: Empirische Software-Ergonomie. Zur Gestaltung benutzergerechter Mensch-Computer-Dialoge. X, 227 S., 79 Abb. 1988.

Franz Josef Heeg

Empirische Software-Ergonomie

Zur Gestaltung benutzergerechter
Mensch-Computer-Dialoge

Mit 79, zum Teil farbigen Abbildungen

Springer-Verlag
Berlin Heidelberg New York
London Paris Tokyo

Dr.-Ing. Franz Josef Heeg
Lehrstuhl und Institut für Arbeitswissenschaft
RWTH Aachen
Wüllnerstr. 5, D-5100 Aachen

ISBN-13:978-3-540-18823-0   e-ISBN-13:978-3-642-73369-7
DOI: 10.1007/978-3-642-73369-7

CIP-Titelaufnahme der Deutschen Bibliothek. Heeg, Franz Josef: Empirische Software-Ergonomie: zur Gestaltung benutzergerechter Mensch-Computer-Dialoge / Franz Josef Heeg. – Berlin; Heidelberg; New York; London; Paris; Tokyo: Springer, 1988.
(Informationstechnik und Datenverarbeitung)
ISBN-13:978-3-540-18823-0

2145/3140-543210

Zusammenfassung

Ausgehend von einer handlungstheoretischen Analyse der Zusammenhänge
der ergonomischen - insbesondere der software-ergonomischen - Ausgestaltung der Technik, der Arbeitsorganisation bei Einsatz Neuer Technologien und der Gestaltung von Qualifizierungsmaßnahmen wird ein
interaktives EDV-gestütztes Bewertungsmodell entwickelt, das den
experimentellen Nachweis der Wirksamkeit software-ergonomischer Maßnahmen gestattet. Hierbei werden im jeweiligen Einzelfall Aussagen
über optimal ausgestaltete Software-Lösungen ermöglicht. Die Basis
der Bewertung software-ergonomischer Maßnahmen bildet dabei deren
Einfluß auf das menschliche Problemlöse- und Entscheidungsverhalten,
das im Umgang mit dem entwickelten Evaluierungsmodell in quantifizierter Form erfaßt wird. Es werden insbesondere die Schlüsselqualifikationen logisches Denkvermögen, strukturierte Vorgehensweise, Fähigkeit
des Erkennens von Systemverhalten und Grundzusammenhängen, Transformationsfähigkeit und selbstreflektierte Vorgehensweise berücksichtigt.
Diese werden in fünf Faktoren und zwölf Merkmalen des Modells abgebildet und mit Hilfe des Verfahrens der Trennschärfe und der punktbiserialen Korrelation quantitativ erfaßt. Hierbei kommen unterschiedliche,
nach software-ergonomischen Kriterien gestaltete Oberflächen zur
Anwendung, die je nach ihrer Gestaltung zu unterschiedlichen Werten
der Merkmale, der Faktoren und letztlich der Schlüsselqualifikationen
führen.

Das Verfahren wurde anhand der Analyse des Verhaltens von insgesamt
ca. 400 Probanden unterschiedlicher Vorbildung und beruflicher Stel-
lung entwickelt. Eine Anwendung dieser experimentellen Ergebnisse
bildet die Konzeption eines nutzergerechten Programmiersystems für
CNC-Drehmaschinen, das unter Verwendung eines direkt manipulativen,
objektorientierten Low-Cost-Systems realisiert wird.

Eine weitere Anwendung finden die handlungstheoretisch begründeten
und experimentell überprüften Leitregeln zur nutzergerechten Ausgestaltung von Programmen in einer vom Verfasser entwickelten und in
der Praxis erprobten Vorgehensweise zur Neu- bzw. Umgestaltung von

Software-Lösungen. Diese Vorgehensweise und ihre Wirksamkeit werden am Beispiel der Umgestaltung von integrierten Software-Paketen im Rahmen der Neugestaltung der gesamten Fertigungsplanungs- und -steuerungs-Software eines Unternehmens der Luft- und Raumfahrtindustrie aufgezeigt.

Wie das Ergebnis der durchgeführten handlungstheoretischen Analyse der Einführung Neuer Technologien zeigt und wie einschlägige Erfahrungen der betrieblichen Praxis bestätigen, ermöglicht nur eine gemeinsame Optimierung der Bereiche Hard- und Software-Gestaltung, Arbeitsorganisation und Qualifizierungsmaßnahmen einen wirksamen und von allen Beteiligten akzeptierten Einsatz der jeweiligen Technologie im Unternehmen. Daher werden im letzten Teil der vorliegenden Arbeit die Möglichkeiten der Ausgestaltung von Arbeitsorganisation und Qualifizierungsmaßnahmen aufgezeigt, wobei insbesondere theoriegeleitete und in der Praxis erprobte Maßnahmen vorgestellt werden.

Inhaltsverzeichnis

1. Einsatz neuer Technologien in der Arbeitswelt

In der gesamten Arbeitswelt können heute sehr große Veränderungen unter dem Einfluß des verstärkten Einsatzes Neuer Technologien festgestellt werden. Hierbei erfolgte in den letzten Jahrzehnten neben der Automatisierung von technischen Abläufen durch den Einsatz von Ausführungssystemen (beispielsweise Handhabungssysteme, Transportsysteme, Lagersysteme, CNC-Fertigungssysteme) eine Automatisierung von Entwurfs-, Planungs-, Kontroll- und Überwachungstätigkeiten durch den Einsatz von Engineeringsystemen wie Zeichnungs- und Konstruktionssysteme, Planungs- und Steuerungssysteme, Qualitätssicherungssysteme usw. (Hackstein 1985a, S. 24/25).

Bisherige technische Systeme (einschließlich Rechnersysteme) dienen vorwiegend dazu, dem Menschen physisch belastende oder Routineaufgaben abzunehmen bzw. ihm die Durchführung bestimmter Aufgaben, die die normalen zeitlichen Möglichkeiten oder physischen Fähigkeiten des Menschen übersteigen, erst zu erlauben. Moderne Informations- und Kommunikationstechnologien übernehmen bzw. erweitern demgegenüber geistige Prozesse des Erfassens, Verarbeitens, Verknüpfens und Speicherns von Informationen (Alemann, Schatz 1986, S. 26) - Prozesse, die bislang dem Menschen vorbehalten waren. Bullinger und Kornwachs (1986, S. 22) sprechen in diesem Zusammenhang von der Informatisierung der Arbeit. Dazu führen sie aus: "Die Steuerung und Regelung geschieht bei Maschinen nicht mehr allein aufgrund von meßbaren Systemgrößen, sondern aufgrund des über das gesamte System verfügbaren Wissens, soweit es computertechnisch verwertbar ist. ... eine solche Information wird neben Boden, Kapital und Arbeit zu einem weiteren Produktionsfaktor, der zunehmend wichtiger werden wird."

Die Verfügung über Informationen, die in einer konkreten Situation zur Entscheidung, Steuerung und Gestaltung erforderlich ist, bildet einen wesentlichen Faktor für die Wettbewerbsfähigkeit von Unternehmen. Auf der anderen Seite werden Qualifikation sowie Leistung und Psyche des Menschen selbst beeinflußt (Bullinger 1980, ISF 1986).

Daneben ermöglicht der verstärkte Einsatz Neuer Technologien auch die Umsetzung der Arbeitsteilung über die Großserienfertigung hinaus in der Klein- und Mittelserienfertigung (Abbildung 1.1). Auch im Büro- und Verwaltungsbereich besteht die Gefahr einer allzu großen Arbeitsteilung bei unbedachter Ausgestaltung der Arbeitsorganisation bei Einsatz von EDV-Systemen, wobei eine derartige Arbeitsteilung allgemein als negative Einflußgröße für eine optimale organisatorische Gestaltung angenommen wird, da hiermit kreativitätshemmende Auswirkungen wie Monotonie, Routine und geringe Aufgabenkomplexität verbunden sind (Bendixen 1976, S. 77, Gebert 1979, S. 286, zitiert in Heeg 1985, S. 397).

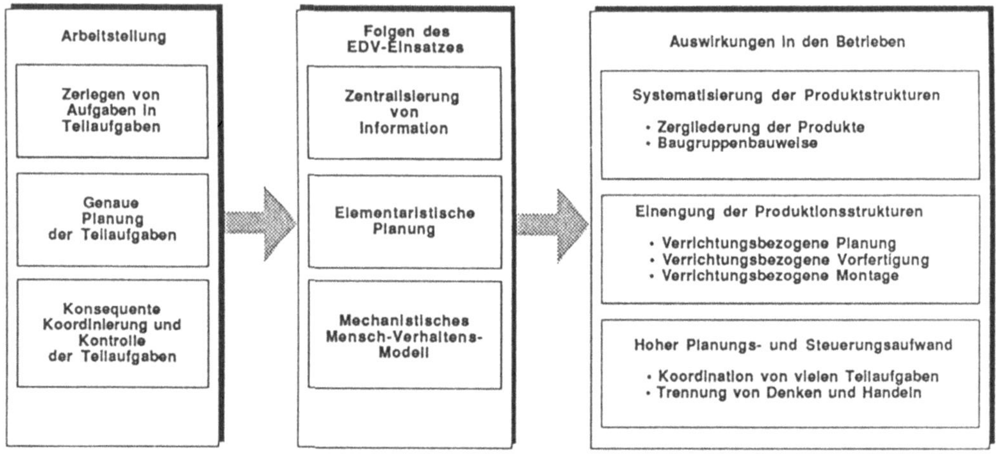

Abb. 1.1:   Komponenten der Arbeitsteilung und ihrer Auswirkungen (in Anlehnung an Fröhner 1986, S. 40)

1.1   Gegenwart und Zukunft der Arbeit

Die Änderungen der Arbeitswelt, insbesondere unter dem hier näher betrachteten Einfluß Neuer Technologien, bieten Anlaß zu verschiedenen Analysen und Prognosen. So beschäftigt sich eine Untersuchung, durchgeführt im Auftrag des Instituts für Arbeitsmarkt- und Berufsforschung der Bundesanstalt für Arbeit (IAB) (Rathkirch, Weidig 1985) mit folgenden Fragen: Wie wird sich der Arbeitskräftebedarf bis zum Ende dieses Jahrhunderts entwickeln? Wie viele Arbeitsplätze wird es geben? Wie werden sich die Wirtschaftszweige ändern?

Bei der Zusammenfassung der übergeordneten Einflußbereiche - demographische, weltwirtschaftliche, wirtschaftspolitische und technologische Entwicklung - zu "Gesamtszenarien" ergeben sich hierbei drei Alternativen: eine pessimistische, eine optimistische und eine mittlere Variante (Referenzszenario). Die Ergebnisse der mittleren Variante der gesamtwirtschaftlichen Prognose seien hier kurz dargestellt.

Die dieser Variante zugrunde liegenden Gedanken sind die folgenden: Die Bevölkerung der Bundesrepublik Deutschland wird von 61 546 000 Personen im Jahr 1982 in den Jahren 1982 bis 1990 um ca. 600 000 Personen und in den Jahren 1990 bis 2000 um ca. 1 400 000 Personen auf 59 468 000 Personen zurückgehen. Hierbei wird ein Auswanderungssaldo (Differenz zwischen Zu- und Abwanderungen) von 0 vorausgesetzt. Trotzdem wird sich die Anzahl der privaten Haushalte von 25,5 Mio. im Jahr 1982 auf 26,88 Mio. im Jahr 1990 und auf 26,2 Mio. im Jahr 2000 verändern.
Die Wachstumsrate der Weltwirtschaft beträgt im ersten Teilzeitraum jährlich rund 3 % und erhöht sich auf 3,5 % jährlich im Zeitraum bis zum Jahr 2000. Der Welthandel vergrößert sich mit einer Rate von ca. 4,5 %. Der Abbau von Wachstumshemmnissen und die Schaffung von verstärkten Leistungsanreizen für die Industrie ist das primäre Ziel der Wirtschaftspolitik. Die Bundesbank erhöht die Zentralbankgeldmenge um ca. 4 - 6 %. Dies ermöglicht einen allmählichen Zinsrückgang bei gleichzeitigem rückläufigen Kreditbedarf. Verbesserte Investitionsbedingungen werden durch Steigerungen der realen Stundenlöhne, die unter dem Produktivitätszuwachs liegen, erreicht.
Der technische Fortschritt wird sich, global gesehen, sukzessive vollziehen und einen verstärkten Strukturwandel - mit überwiegend positiven gesamtwirtschaftlichen Einflüssen - bewirken.
Die Abbildung 1.2 verdeutlicht die Entwicklung der Anzahl der Erwerbstätigen in den nächsten 15 Jahren in zwei Abschnitten - bis zum Jahre 1990 und bis zum Jahre 2000.

Der Rückgang der Beschäftigtenzahlen im Produktionsbereich sowie der Anstieg in den Bereichen Forschung, Entwicklung, Disposition und Dienstleistungen ist der Abbildung 1.2 zu entnehmen. Diese Abbildung verfälscht jedoch im Bereich der Produktion die prognostizierte Entwicklung, falls nicht die Einzelbereiche näher betrachtet werden. In der Primärproduktion, der handwerklichen Fertigung sowie der maschinellen Fertigung sind die Rückläufe so stark, daß selbst der Anstieg der Beschäftigungszahlen im Bereich der Maschinenbedienung und -regelung sowie der annähernd gleichbleibende Bereich der Reparatur hiervon meist überdeckt werden. Insgesamt werden im Jahr 2000 fast zwei Millionen weniger Erwerbstätige in Produktionstätigkeiten beschäftigt sein als 1980. Eine Entwicklung, die in der Vergangenheit ihren Anfang nahm und in den Prognosezeiträumen verstärkt fortgesetzt wird, ist die Zunahme der Forschungs- und Entwicklungstätigkeiten und der dispositiven Tätigkeiten. Die Zahl der Erwerbstätigen mit überwiegend planenden und dispositiven Funktionen wird sich stark erhöhen.
So wird sich die Anzahl der insgesamt im Dienstleistungsbereich tätigen Personen trotz Einsparungen im öffentlichen Dienst (Bildungs- und Gesundheitswesen) jeweils um 400.000 Personen auf ca. 4,4 Millionen erhöhen. Aufgrund der prognostizierten Bevölkerungsentwicklung,

insbesondere des Geburtenrückgangs, fällt die Zahl der in der Ausbildung Befindlichen auf einen Stand unter dem des Jahres 1973 zurück (ca. 956 Tausend). Abbildung 1.3 gibt die prozentualen Anteile der Tätigkeitsgruppen - bezogen auf alle Beschäftigten - wieder und verdeutlicht die Veränderung in den einzelnen Tätigkeitsbereichen.

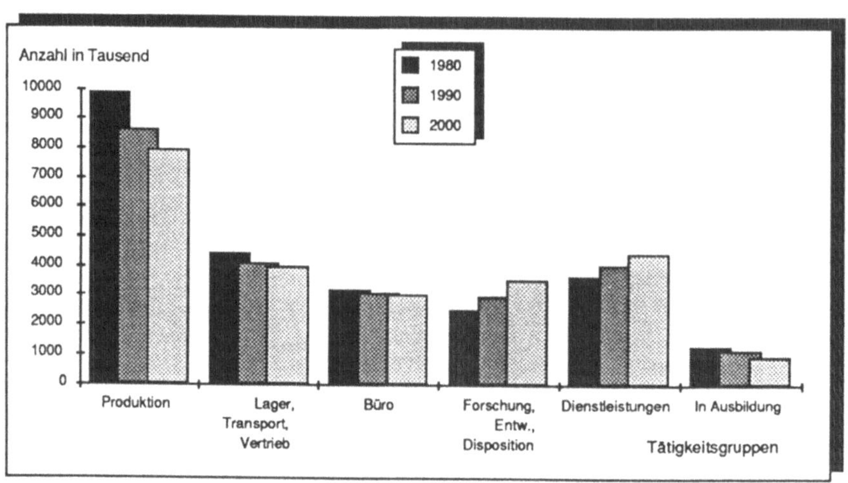

Abb. 1.2.:   Entwicklung der Anzahl der Erwerbstätigen nach Tätigkeitsgruppen (Angaben gemäß IAB)

Derartige Prognosen zeigen mögliche Entwicklungen, basierend auf dem augenblicklichen Erkenntnisstand, und dokumentieren somit gleichzeitig die Notwendigkeit der Planung und Steuerung für das Geschehen in der Zukunft. Für den hier angesprochenen Zusammenhang bedeutet dies, daß die Auswirkungen des Einsatzes Neuer Technologien zu analysieren sind, um hieraus Maßnahmen zu einer Umgestaltung der jeweiligen Technologie abzuleiten und um die Rahmenbedingungen bei Einführung und Einsatz der Technologien abzustecken. Derartige Studien lassen ferner erkennen, daß sich diese Auswirkungen des Einsatzes Neuer Technologien auf unterschiedliche Ebenen beziehen. Neben dem Arbeitsbereich des Menschen und dem sozialen Gefüge seines Betriebes ist auch die gesamtwirtschaftliche und soziale Situation betroffen (Henning, Marks 1986, S. 215f).

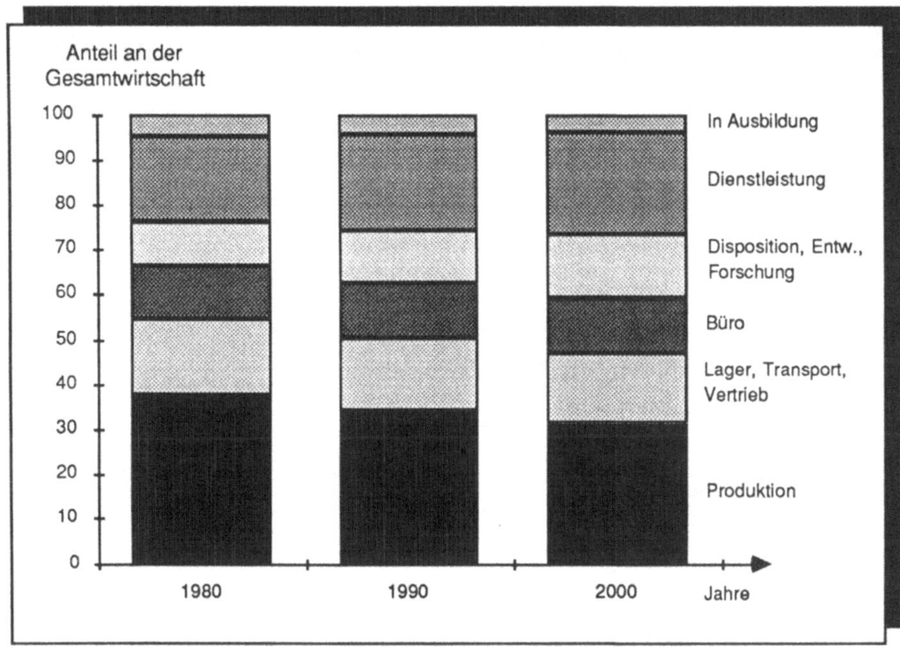

Abb. 1.3.:   Prognostizierte   Veränderung   der   Tätigkeitsgruppen
(Angaben gemäß IAB)

1.2 Problemkreise beim Einsatz Neuer Technologien

Die wesentlichen Problemkreise beim Rechnereinsatz bestehen in den
folgenden:

- Schnittstellenprobleme zwischen Hardware-Komponenten,
- Schnittstellenprobleme bei Software-Komponenten,
- Mangel an geeigneter Software für das jeweilige Problem
  (wobei eine Software dann geeignet ist, wenn sie u.a. den
  software-ergonomischen Anforderungen genügt),
- Fehler in Software-Komponenten,
- Verwendung nicht optimaler Sprachen (auf das jeweilige
  System bezogen),
- Probleme bei Datenbank-Zugriffen und
- unzureichende Dokumentation und Schulungsmaßnahmen
  (Heeg 1983, S. 7ff, Heeg 1984, S. 82ff).

Daneben zeigt sich bei durchgeführten Betriebsanalysen anläßlich der Einführung von EDV-Systemen eine starke Abhängigkeit des Erfolges dieser Einführung von der Durchführung organisatorischer Änderungen. Hierbei sind die Schwachstellen v o r Einsatz eines EDV-Systems zu beseitigen, um nicht unsinnige oder mangelhafte Abläufe durch die EDV festzuschreiben. Neben den Mängeln in der Arbeits- und Ablauforganisation sowie der vorhandenen Technik ergeben sich bei Schwachstellen-Ursachen-Analysen Mängel in der Qualifikation der einzelnen Mitarbeiter als dritte Komponente, von der die Unzulänglichkeiten sowie die Erfolge von Umstrukturierungsmaßnahmen abhängen können.

1.3 Technik, Organisation und Qualifikation als Einflußfaktoren zur Arbeitsgestaltung

Es ist davon auszugehen, daß Technik, Organisation und Qualifikation die entscheidenden Faktoren im Prozeß der Entwicklung und Gestaltung der Arbeit sind (Heeg 1985a, S. 38). Bei der Neugestaltung der Arbeitsbedingungen müssen daher diese drei Bereiche - Organisation (insbesondere Arbeitsorganisation), Technikgestaltung und Qualifikation - besonders berücksichtigt werden. Eine optimale Vorgehensweise bei derartigen Gestaltungsmaßnahmen führt zu einer Erweiterung des Handlungsspielraumes des Menschen. Hierbei sind dann beide Dimensionen, der Tätigkeitsspielraum wie der Entscheidungs- und Kontrollspielraum (Ulich 1972, S. 266), betroffen.

Des weiteren wird die Motivationslage des Menschen sowie das Kreativitäts- und Innovationspotential in positivem Sinne beeinflußt, wenn man sich bei der Durchführung von Um- und Neugestaltungsmaßnahmen von der Vorstellung des einzelnen Mitarbeiters als mitverantwortlichen, mitdenkenden Menschen lenken läßt und diese Auffassung sich dann in den Gestaltungsmaßnahmen widerspiegelt. Abbildung 1.4 veranschaulicht noch einmal die hier vorgestellten Überlegungen.

Technikgestaltung wird letztlich von Menschen für Menschen durchgeführt, jegliche Organisation manifestiert sich in den Handlungen von Menschen und wird andererseits durch Handlungen von Menschen

determiniert. Qualifikation ist eine Eigenschaft, die Menschen zuge-
rechnet werden kann. Daher muß die Arbeitswelt auf den Menschen ausgerichtet sein, wenn sie optimal gestaltet werden soll. Eine anthropo-
zentrische Entwicklung im Sinne von Brödner (1986, S. 117) stellt
dabei die logische Folgerung aus den vorstehenden Ausführungen dar.

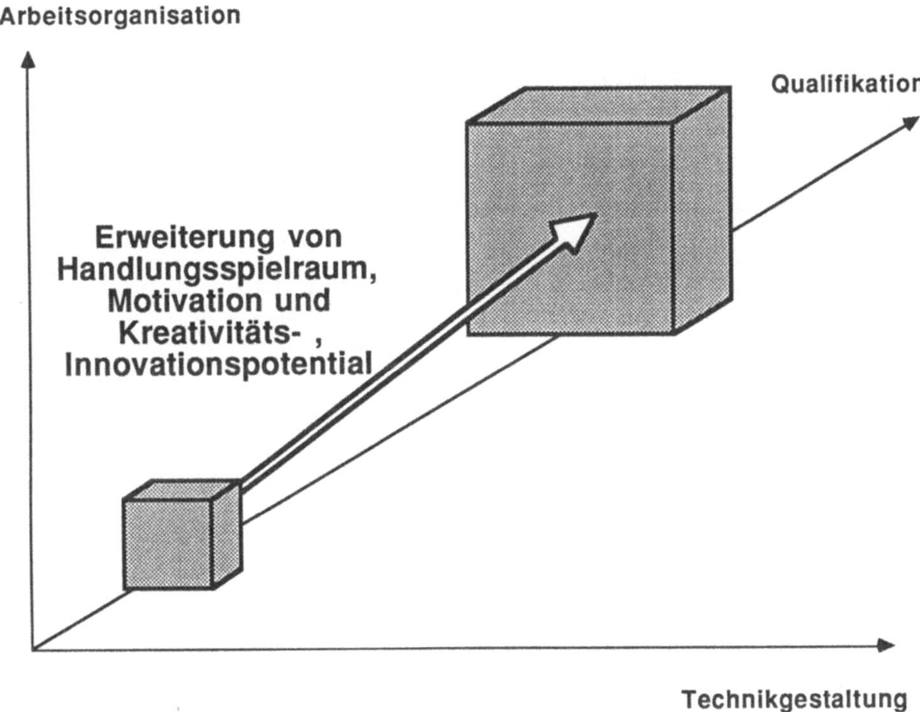

Abb. 1.4:   Wirkdimensionen bei der Einführung Neuer Technologien

Insbesondere sind bei der Gestaltung von Arbeitsorganisation, Technik
und Qualifizierungsmaßnahmen folgende Sachverhalte zu berücksichtigen:

-   Systeme der Arbeitswelt weisen Zielsetzungs-, Informations-,
    und Ausführungssystem als Teilsysteme auf;

-   personelle Systeme befinden sich in Interaktion mit anderen per-
    sonellen Systemen, durch technische Artefakte unterstützt;

- eine Zielsetzung geht somit nie aus einem souveränen Akt hervor, sondern basiert auf mehr oder weniger freiwilliger Zustimmung zu extern vorgegebenen Zielen; die Konkretisierung systemintern induzierter Ziele erfolgt unter dem Einfluß externer Vorgaben;

- übergeordnete Systeme (Meso-, Makrosysteme) verfolgen Ziele, die sich nicht auf die Ziele der beteiligten Individuen reduzieren lassen;

- übergeordnete Systeme bewirken eine Situationstransformation (Veränderung der Umgebung und des Systems), die mehrere voneinander isolierte Mikrosysteme nicht zustandebringen; hierin ist der Grund der Verwendung technischer Artefakte zur Leistungssteigerung zu sehen, aber auch der von mehreren Menschen g e m e i n - s a m durchgeführten Bewältigung von Aufgaben (Ropohl 1979).

Aus der Nichtbeachtung dieser Sachverhalte resultieren viele Unzulänglichkeiten in der Menschheitsgeschichte. Markante Beispiele sind die Galeerensklaven, die als reines Energieversorgungssystem dienten, ferner die Arbeitskräfte in einer Tretmühle. Auch aus der industriellen Produktion sind Fälle bekannt, in denen Menschen als "einseitig spezialisierte Werkzeugmaschinen" zum Einsatz kommen. Der überwiegende Teil der anspruchsvolleren Tätigkeiten besteht jedoch in großem Maße aus sensumotorischen und kognitiven Leistungen, die in informationellen Funktionen erbracht werden. Auch handwerkliche Fertigkeiten vom Typus des unreflektierten "gewußt wie" finden ihre Begründung in einer generellen Erfahrung, die in einem strukturierten Informationsspeicherungssystem deponiert ist. Oft beinhaltet aber die unzureichende Verknüpfung mit dem Zielsetzungssystem eine Quelle vielfältiger Konflikte und Widerstände (Heeg 1985, S. 397). Daraus resultiert für die Umgestaltung der Arbeitswelt die Forderung nach einer anthropozentrischen Entwicklungsalternative zu der oftmals anzutreffenden technozentrischen Vorgehensweise.

Um Leitregeln zu entwickeln und deren Umsetzbarkeit im Sinne der vorstehenden Aussagen zu gewährleisten, d.h. mit den Folgen der Erweiterung von Handlungsspielraum, Motivation sowie Kreativitäts- und

Innovationspotential (Abbildung 1.4), wird im folgenden von handlungstheoretischen Konzepten zur Gestaltung von Technik, Arbeitsorganisation und Qualifizierungsmaßnahmen ausgegangen. Hierbei spielt im Zusammenhang mit der Fragestellung nach Handlungsspielraum und Handlungsraumkonzept insbesondere das menschliche Problemlöse- und Entscheidungsverhalten eine bedeutsame Rolle.

Dieses Problemlöse- und Entscheidungsverhalten wird daher im Umgang
mit einem rechnergestützten Simulationsmodell getestet und operationalisiert als Basis der Analyse der Auswirkungen software-ergonomischer
Maßnahmen auf das Problemlöse- und Entscheidungsverhalten. Eine derartige Analyse führt in der Konsequenz zur Entwicklung von Kriterien
zur software-ergonomischen Ausgestaltung von Mensch-Computer-Syste-
men. Der hieraus folgende Aufbau der vorliegenden Arbeit wird in
Abbildung 1.5 dargestellt.

Aufbauend auf den handlungstheoretisch geleiteten Konzepten und den
hieraus abgeleiteten Kriterien zur Softwaregestaltung wird ein nut-
zerorientiertes Werkstattprogrammiersystem für das CNC-Drehen beschrieben sowie eine generelle Vorgehensweise zur Software-Neu- und
Umgestaltung vorgestellt. Die Praktikabilität dieser Vorgehensweise
wird am Beispiel der Neugestaltung betrieblicher DV-Systeme in einem
Unternehmen der Luft- und Raumfahrtindustrie aufgezeigt. Den Abschluß
bilden dann die Einflußfaktoren Arbeitsorganisation und Qualifikation, die ja gemäß den bisherigen Ausführungen untrennbar mit der Technikgestaltung verknüpft sind zur Gewährleistung einer optimalen Umgestaltung der Arbeitswelt beim Einsatz Neuer Technologien.

Das Gesamtziel der vorliegenden Arbeit besteht darin, einen Beitrag
in Form einer theoriegeleiteten und praxiserprobten Vorgehensweise
zu einer humanen und ökonomischen Umgestaltung der Arbeitswelt zu
liefern und eine Bewertungsmöglichkeit für die jeweiligen erforderlichen Maßnahmen und ihre Alternativen zu bieten.

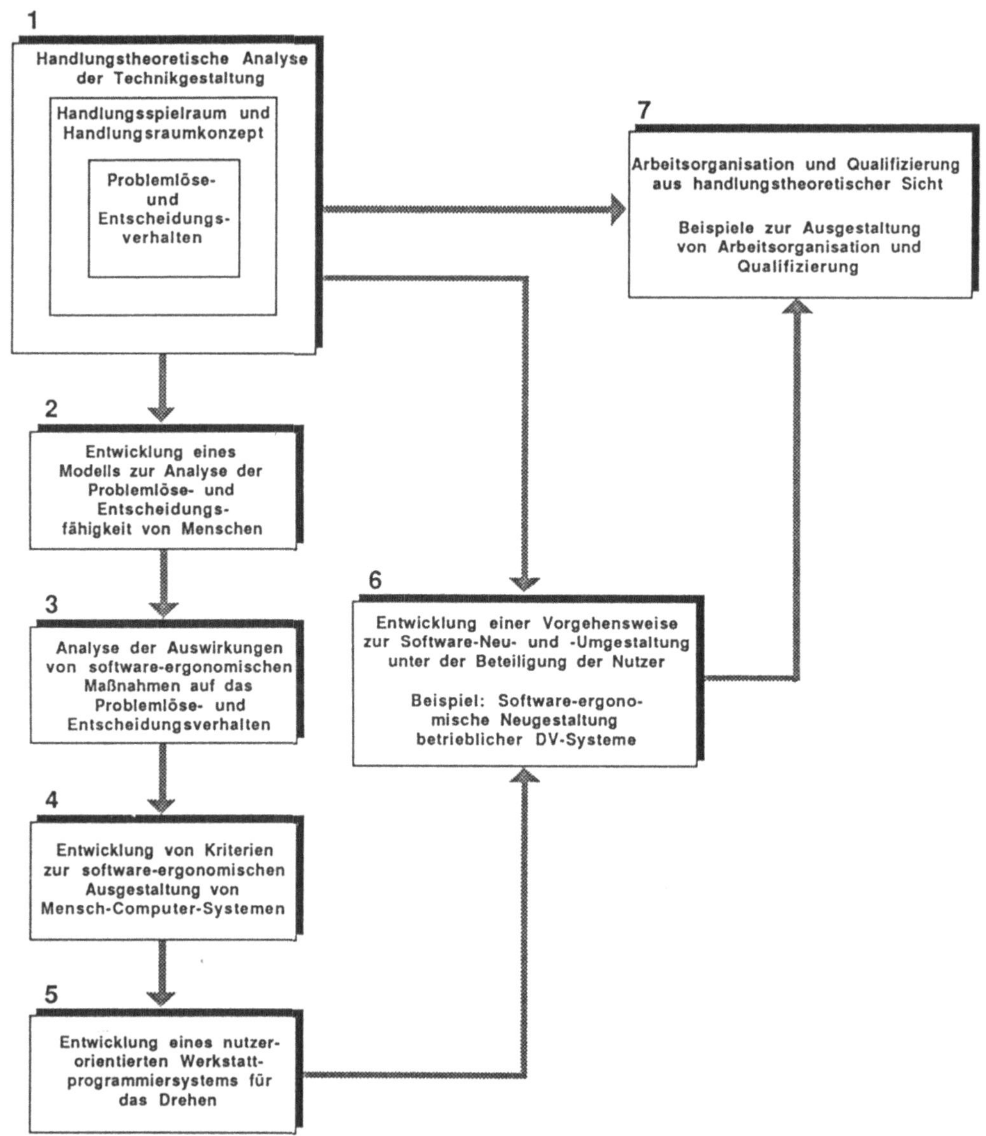

Abb. 1.5:   Überblick über die thematische Gliederung der vorliegenden Arbeit

2. Handlungstheoretische Konzepte zur Gestaltung von Technik, Arbeitsorganisation und Qualifizierungsmaßnahmen

"Handlungstheorien gehen davon aus, daß der Mensch als ein aktiv auf seine Umwelt wirkendes, zukunftsbezogenes Wesen, das sich selbst Ziele setzt und Hypothesen (Erwartungen) über seine Umwelt aufstellt, begriffen werden kann" (Webrik 1978, S. 11). Folgt man dieser Annahme, so sind die Einflußfaktoren zur Arbeitsgestaltung - Technik, Arbeitsorganisation und Qualifikation - in einer Art und Weise zu gestalten, daß der Mensch in der Lage ist, die zugrundeliegenden Zusammenhänge zu verstehen, und somit zielgerichtet handeln kann. Darüber hinaus sollte er in der Lage sein, die Ziele entsprechend den von ihm gebildeten Hypothesen zu überdenken und gegebenenfalls zu verändern.

In der Literatur gibt es eine Vielzahl handlungstheoretischer Ansätze, die jeweils wieder von verschiedenen Disziplinen, z.B. Pädagogik, Psychologie, Soziologie entwickelt worden sind. Ein für die hier anstehenden Fragestellungen bedeutsames Konzept ist das von Hacker (1980).

2.1 Grundlagen - Handlungsspielraum und Handlungskonzept

Gemäß Hacker nimmt der Arbeitende das Ziel seiner Tätigkeit gedanklich vorweg und strukturiert seine Handlungen auf die Erreichung dieses Ziels hin, d.h., das praktische Arbeitshandeln wird entsprechend der zu erfüllenden Aufgabe psychisch reguliert. Bereiche der psychischen Struktur und deren Komponenten sind hierbei:

-   Antriebsregulation
    (Absichten, Pläne, Motive, Bedürfnisse, Interessen des Arbeitenden) und
-   Ausführungsregulation
    (Analyse von Ziel und Verwirklichungsbedingungen, Festlegung, Einsatz und Kontrolle von Zielerreichungsverfahren, d.h. also Wahrnehmungs-, Denk- und Gedächtnisprozesse).

Die Wirkungsweise der psychischen Regulation stellt Hacker durch das Modell der hierarchisch-sequentiellen Organisation des Handelns dar. Es lassen sich dabei drei Ebenen der psychischen (Ausführungs-) Regulation unterscheiden:

- die sensumotorische Ebene
  (einfache Bewegungsabläufe und stereotype Prüfprogramme; diese können zwar "geistig" registriert werden, können jedoch grundsätzlich "automatisch" ablaufen (nicht bewußtseinspflichtig)),

- die perzeptiv-begriffliche Ebene
  (Handlungsentwürfe (z.B. Verarbeiten informationshaltiger Signale sprachlicher und nicht-sprachlicher Art) und routinisierte Handlungsschemata) und

- die intellektuelle Ebene
  (komplexe Pläne, Denkvorgänge, Analyse und Synthese (z.B. selbständige Wahl von Arbeitsverfahren; bewußte, präzise Organisation und Vorbereitung der eigenen Arbeit; selbständige Arbeitsplanung)).

Streng genommen finden nur auf der intellektuellen Ebene Regulationsvorgänge statt; denn diese sind erst dann erforderlich, wenn dem Arbeitenden mehrere aufgabengerechte Handlungsmöglichkeiten hinsichtlich Verfahrenswahl, Mitteleinsatz, Zeitorganisation usw. zur Verfügung stehen.

Den vorstehend beschriebenen Überlegungen liegt ein einfaches kybernetisches Handlungsmodell zugrunde (Abbildung 2.1). Im allgemeinen versucht der Mensch, ein gewünschtes Ergebnis durch verändertes Handeln zu erreichen und prüft über eine Rückkopplung, ob ihn das veränderte Handeln dem gewünschten Ergebnis näher gebracht hat. Dieser elementare Regelungsvorgang wiederholt sich nun auf drei Tätigkeits- und Steuerebenen, wobei die Modellvorstellung nach dem Prinzip hierarchischer Steuerungen aufgebaut ist (Henning, Marks 1986, S. 224).

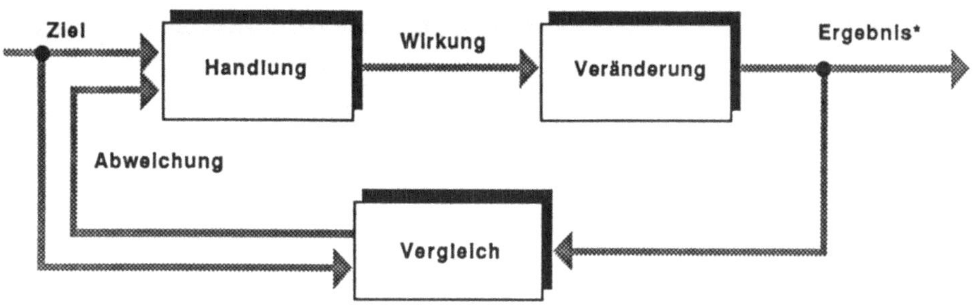

* Ziel für nächsten Aktionszyklus

Abb. 2.1:   Kybernetische Basis-Struktur des gezielten Handelns

Die Koordination der Ziel-Aktions-Zyklen erfolgt dabei wie schema-
tisch in Abbildung 2.2 dargestellt wird: mehrere sequentielle Regel-
kreise auf der sensumotorischen Ebene (3) sind Bestandteil der Regel-
strecke von Regelkreisen, deren Regler der perzeptiv-begrifflichen
Steuerebene (2) angehören. Die Regeleinrichtungen der Steuerebene
(2) bilden in ihrer sequentiellen Zugehörigkeit wiederum die Regel-
strecke eines Regelkreises, dessen Regler der intellektuellen Steuerebene (1) angehört. Zur Durchführung weiterer Analysen kann die Abbildung 2.2 nicht herangezogen werden, da hierin lediglich ein abstraktes Modell ohne Anbindung an tatsächliche physiologische Vorgänge
o.ä. vorgestellt wird.

Auf Basis dieser Modellvorstellung entwickelt Hacker Möglichkeiten
der Veränderung der psychischen Struktur von Arbeitstätigkeiten und
gelangt dadurch zu einer Sichtweise des L e r n e n s als einem
informationsverarbeitenden Prozeß, der von speziellen Handlungsstrategien auf einem mittleren Niveau zu höheren Stufen allgemeiner Problem-
lösungsregeln ansteigt (Lempert u.a. 1979, S. 58 ff). Hacker ergänzt
hierbei die Kriterien der Ausführbarkeit, Erträglichkeit und Zumutbar-
keit von Arbeit (Rohmert 1972) um das oberste Kriterium der Persön-
lichkeitsförderlichkeit mit der Möglichkeit des Einsatzes und der
Weiterentwicklung der eigenen Fähigkeiten.

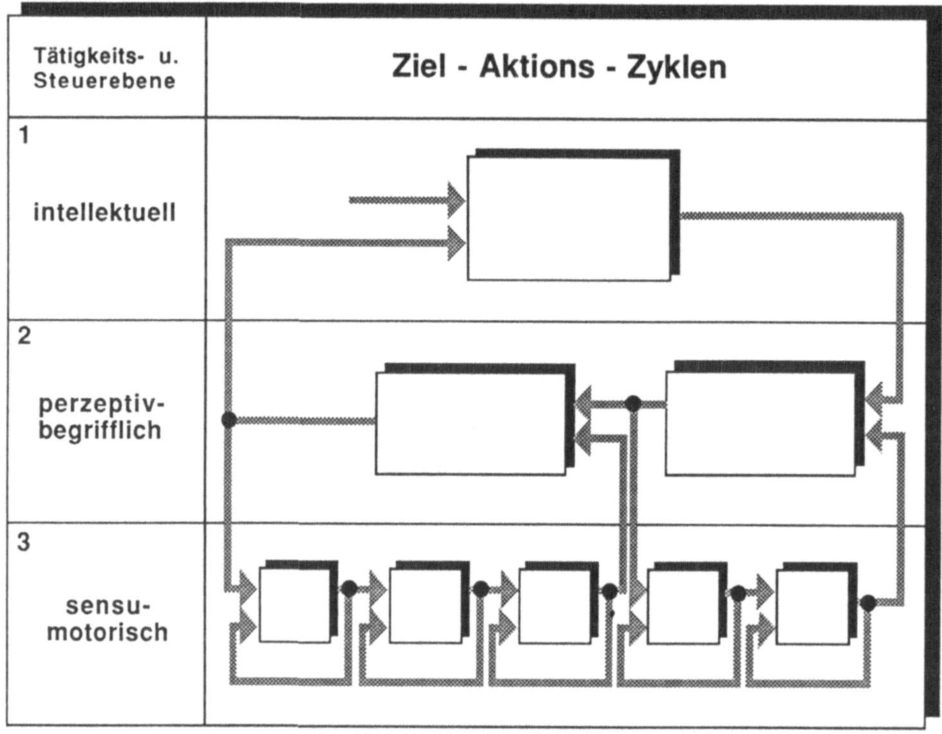

Abb. 2.2:   Koordination der Ziel-Aktions-Zyklen
               (Nach Volpert 1975, zitiert bei Henning, Marks 1986,
               S. 226)

Unter diesem Aspekt entwickelt er zehn L e i t s ä t z e   f ü r
d a s   P r o j e k t i e r e n   p r o g r e s s i v e r   A r -
b e i t s i n h a l t e   (Hacker 1978, S. 397). Sie enthalten die
Anforderungen an die Arbeitsgestaltung und die Bewertungsbasis für
(Mindest-)Arbeitsinhalte. Im einzelnen werden folgende Aspekte der
Arbeitssituation angesprochen:

1. Vermeiden kurzer Taktzeiten (5...10 Minuten) mit hoher Wieder-
    holungshäufigkeit,
    Vermeiden langer (45...30 Minuten) Tätigkeitsabschnitte ohne
    aktive, speziell antizipative Handlungserfordernisse,

2. Sichern kontinuierlicher Beteiligung an der Vorbereitung sowie
    Organisation und Leitung für einen Produktionsabschnitt in jeder
    Schicht,

3. Gewährleisten der laufenden Selbstkontrolle der Arbeitsergebnisse
    wenigstens in jeder Schicht,

4. Vorsehen von objektiven Freiheitsgraden für Abfolge-, Mittel-, Weg-Entscheidungen bis zur individuellen Planung ("Autonomie", "Kontrolle")
(Diese objektiven Freiheitsgrade sollen nicht nur algorithmisch abzuarbeitende, sondern darüber hinaus selbständige intellektuelle Leistungen erfordern.),

5. Ermöglichen individueller Zielsetzungen, die sich nicht auf zeit-/mengenbezogene Ziele beschränken, sondern gegenstands-/prozeßphasenbezogene, besser noch aufgaben- oder problembezogene Ziele einschließen,

6. Übertragen der Verantwortung für einen Fertigungsabschnitt oder Aufgabenkomplex mit erkennbarem Sinn für das Gesamtprodukt,

7. Vorsehen von Kooperationsstrukturen, die kooperationslose Einzelarbeit oder Raumverbände zugunsten von Sukzessiv-, besser noch Integrativverbänden meiden
(Die Kooperation der Integrativverbände soll Ausführung und Produktionsvorbereitung betreffen.),

8. Ermöglichen eines aufgabenangemessenen Umfangs an Kommunikation
(Da Arbeitsinhalte "progressiv" nur bezogen auf konkrete Qualifikationsniveaus sein können, ist der Bezug auf die Leistungsvoraussetzungen der vorgesehenen Arbeitskräfte unerläßlich.),

9. Inanspruchnehmen der Kenntnisse, Fertigkeiten und Fähigkeiten aus der beruflichen Vorbildung und

10. Schaffen von Lernerfordernissen, insbesondere bezüglich Fähigkeiten.

Einen Kernpunkt des Ansatzes von Hacker bildet das o p e r a t i v e
A b b i l d s y s t e m (OAS), ein inneres Modell, in dem die Handlung geistig vorweggenommen wird. Gemäß den vorstehenden Ausführungen über die kybernetische Basisstruktur des gezielten Handelns wird hierbei in Rückkopplung der "gespeicherte" anzustrebende Sollzustand fortlaufend mit dem jeweils erreichten Ist-Zustand verglichen. Dieser recht "technische" (kybernetisch-technische) Ansatz ist kritisch zu hinterfragen und zu erweitern, kann aber durchaus als Basis weitergehender Betrachtungen Verwendung finden. In dieser Form wird er auch in der westlichen Literatur akzeptiert. Viele theoretische und experimentelle Untersuchungen stützen sich auf das Konstrukt des operativen Abbildsystems als Referenzbasis.

In der Fortentwicklung des Ansatzes von Hacker wird von Volpert
P e r s ö n l i c h k e i t s f ö r d e r l i c h k e i t als Kennzeichen einer humanen Arbeitsgestaltung so dargestellt, daß der Ein-

satz und die Weiterentwicklung der individuell vorhandenen Fähigkeiten und Fertigkeiten durch die Bereitstellung von Handlungsspielräumen ermöglicht wird (Stern 1980, S. 81). Volpert u.a. verwenden hierbei das Konzept des "mehrdimensionalen Handlungsspielraums" (Ulich
1972), das beispielsweise Bewegungs-, Kooperations- und Innovations-
spielräume umfaßt. Als lernrelevant gelten nach diesem Konzept jene
Aspekte der Arbeitsaufgabe, die beim "Individuum den Einsatz und
die Weiterentwicklung komplexer Planungs- und Handlungsstrukturen
bewirken, die also P r o b l e m l ö s e n gleichzeitig fördern
und ermöglichen" (Volpert u.a. 1981, S. 198).

Gemäß Oesterreich können fünf Ebenen der Handlungsregulation unterschieden werden:

- Sensumotorische Regulation,
- Handlungsplanung,
- Teilzieleplanung,
- Koordination verschiedener Handlungsbereiche und
- Erschließung neuer Handlungsbereiche
  (Oesterreich 1981, S. 64/65).

Da das Niveau der erforderlichen Regulationen um so niedriger ist,
je mehr Kenntnisse und Fertigkeiten eine Person erworben hat, sind
insbesondere "jene Regulationserfordernisse von Bedeutung, die auch
dann noch wirksam sind, wenn individuelle Lernprozesse ihr (hypotheti-
sches) Ende gefunden haben - im Prinzip also jene, die sich für einen
Arbeitenden stellen, der die jeweilige Arbeitsaufgabe v o l l -
s t ä n d i g erlernt hat" (Oesterreich, Volpert 1983, S. 85).

Im Zusammenhang mit der vorliegenden relativ "weiten" Fragestellung
erscheint es nicht sinnvoll, sich zunächst als Ausgangskonzept eines
auf eine besondere Problematik hin zugeschnittenen Modells zu bedie-
nen. Hier soll ein allgemeines, integrierendes Grundmodell von Handlungen verwendet werden, das dann im Hinblick auf gezielte Problemstellungen konkretisiert werden kann. Ein entsprechendes Modell von
Kaminski besteht im wesentlichen aus einem Orientierungsteil und
einem Realisierungsteil (Abbildung 2.3). Die Basis dieses Modells
bildet ein antizipiertes kognitives Schema, das Kaminski Handlungs-

raumkonzept nennt. Hierunter ist ein inneres Modell zu verstehen, das der Mensch sich von den Handlungen, ihren Voraussetzungen, Rahmenbedingungen und Folgen bildet und in dem er diese Handlungen somit geistig vorweg nimmt, d.h. plant. Es ist mit dem OAS von Hacker (1980), mit dem "Plan" von Miller, Galanter und Pribram (1973) und dem "aktuellen Lebensraum" bei Lewin (1963) vergleichbar.

In diesem Handlungsraumkonzept wird die Handlung gedanklich vorweggenommen, indem die Ausgangssituation Z1, die Zielsituation Z2 sowie die Ausführungsoperationen zum Erreichen des Zieles Z2 abgebildet werden. Je besser nun die subjektiv interpretierten mit den objektiv gegebenen Situationen übereinstimmen und je besser die Ausführungsoperationen gewählt werden, umso erfolgreicher wird das Handlungsergebnis sein. Durch die Verknüpfung der verschiedenen Kontrollinstanzen EO und EK mit dem Realisierungsteil R wurde von Kaminski die TOTE - Einheit (T e s t - O p e r a t e - T e s t - E x i t) von Miller, Galanter und Pribram (1973) eingesetzt. Sie wird auch von Hacker in seinem Ansatz - erweitert zu der "Vergleichs-Veränderungs-Rückkopplungseinheit (VVR)" verwendet (Hacker, 1981, S. 93).

"Der Aufbau operativer Abbilder als Gedächtnisrepräsentation ist in jedem Fall erforderlich und leistungsbestimmend. Sie müssen spätestens in der handlungsvorbereitenden Phase entstehen und bis zum Handlungsabschluß gehalten werden, da mit dem gespeicherten Sollzustand in Rückkopplungsvorgängen fortlaufend der erreichte Istzustand verglichen werden muß" (Hacker 1980, S. 82).

Da die Bildung eines Handlungsraumkonzeptes für die Ausführung einer Handlung von ausschlaggebender Bedeutung ist, müssen sowohl Maßnahmen zur Qualifizierung als auch solche der Organisation und der Ausgestaltung der Technik hierauf ausgerichtet werden, wobei hier jene technischen Sachsysteme entsprechend zu gestalten sind, mit denen sich der Mensch zu einem erweiterten Personalen Handlungssystem zusammenschließt (Abbildung 2.4, Kennziffern 1 und 2), bzw. mit denen eine Kommunikation zwischen verschiedenen erweiterten Personalen Handlungssystemen (Abbildung 2.4, Kennziffer 4), zwischen Sozialen Mesosystemen (Abbildung 2.4, Kennziffer 5) und Makrosystemen (Abbildung 2.4, Kennziffer 6) erfolgt.

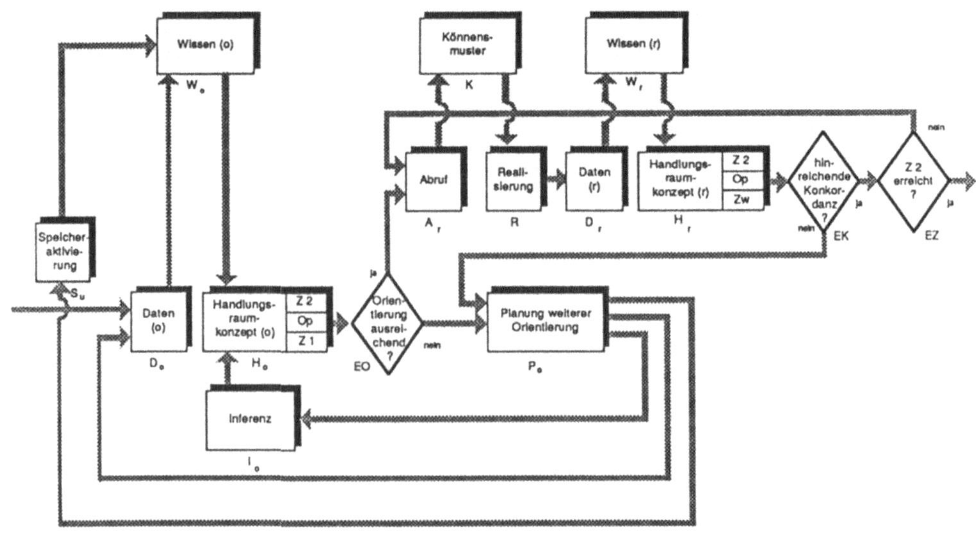

Abb. 2.3:   Struktur des Handlungsmodells von
              Kaminski (1981, S. 108)
              E K: Kontrollfrage zu ausreichender Konkordanz
              E O: Kontrollfrage zu ausreichender Orientierung
              E Z: Kontrollfrage zur Zielrealisation
              O p: Ausführungsoperation

Zur Erzeugung des Handlungsraumkonzeptes benötigt man auf der "Planungsseite" Daten über Ausgangssituation und Zielsetzung, darüber
hinaus Fachwissen und Problemlösestrategien. Nicht zuletzt wird das
Handlungsraumkonzept wesentlich durch die Einstellung bzw. Motivation
geprägt. Auf der "Realisierungsseite" sind darüber hinaus Könnensmuster und Fertigkeiten erforderlich, um den Plan in eine Handlung
umsetzen zu können und um schließlich wieder Daten und Informationen
über Zwischenergebnisse der ablaufenden Handlung zu erhalten, ferner,
um den Handlungsvorgang regeln zu können. Ulich und Frei (1980, S.
74) bezeichnen "die Gesamtheit der einer Person zur Verfügung
stehenden Pläne beziehungsweise Aktionsprogramme (welcher Abstraktionsebene auch immer) ... als Handlungskompetenz".

Volpert (1979, S. 27) definiert Handlungskompetenz als ein "Regel-
und Elementesystem zur Erzeugung realisierbarer Pläne. ... Wie jeder
weiß, können Menschen eine Vielzahl von Handlungen erfolgreich planen

und durchführen, die sie in dieser Form niemals vorher verrichtet haben. Diese erstaunliche Fähigkeit ist nur so zu erklären, daß nicht einzelne Handlungsketten irgendwie gespeichert werden, sondern Elemente und Regeln zur Erzeugung von Handlung - so, wie es möglich ist, mit einer begrenzten Zahl von Lautelementen und grammatischen Regeln unendlich viele sprachliche Äußerungen zu erzeugen." Hier werden bereits wichtige Ansatzpunkte für die Qualifizierung deutlich. Es geht nicht nur um die Vermittlung von Faktenwissen und um das Einüben von Tätigkeiten und Bewegungsabläufen, sondern es müssen Regeln und Problemlösestrategien vermittelt werden, die es erlauben, Tätigkeiten und Bewegungen selbständig kognitiv zu entwickeln bzw. zu regulieren.

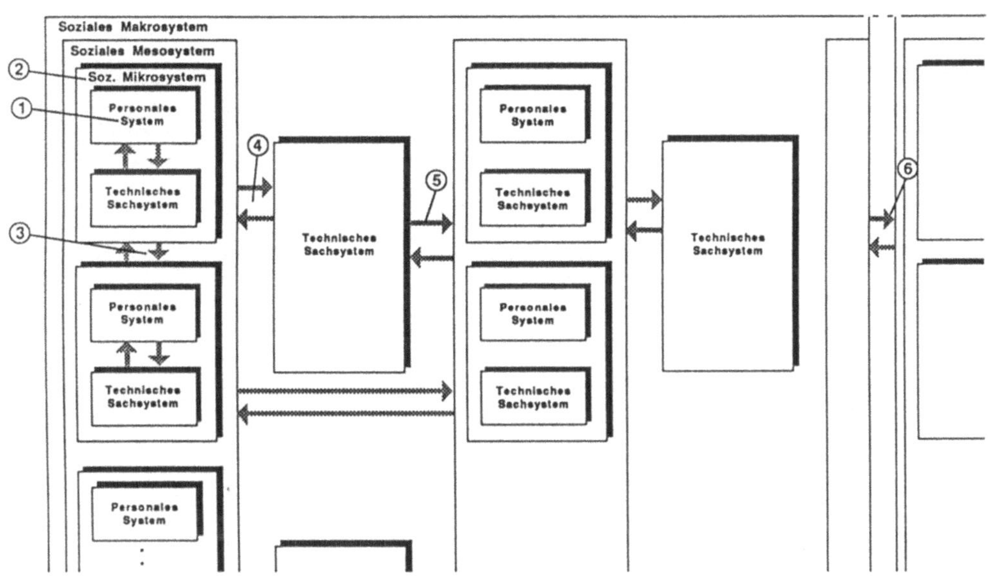

Abb. 2.4:   Handlungssystem auf Mikro-, Meso- und Makroebene (Heeg 1985c, S. 394)

Volpert stellt den Zusammenhang zwischen Handlungskompetenz und Persönlichkeit wie folgt dar: "Die persönliche Handlungskompetenz und die persönliche Motivstruktur kann man als individuelles Erzeugersystem von Handlungen zusammenfassen und damit - im (eingeschränkten) Rahmen des hier vorgestellten Modells - als Persönlichkeit definieren" (Volpert 1979, S. 28). Im Arbeitsleben ist die Persönlichkeitsentfaltung nicht nur von der jeweiligen Person selbst, sondern auch von Einflüssen der Umgebung abhängig. Da diese den Handlungsspielraum mitbestimmt, wird die Arbeitstätigkeit umso persönlichkeitsfördernder, je mehr der Arbeitende in der Lage ist, seine persönliche Handlungskompetenz in berufliches Handlungsvermögen umzusetzen. Das berufliche Handlungsvermögen wird direkt vom Handlungsraumkonzept einerseits und vom objektiven Handlungsspielraum andererseits beeinflußt. Das Handlungsraumkonzept selbst wird dabei wesentlich vom subjektiv empfundenen Handlungsspielraum geprägt und dieser erhält seine Prägung durch Technologie, Arbeitsgestaltung und soziale Normen. Daraus resultiert die Notwendigkeit der bewerteten, zielgerichteten Gestaltung der Einflußfaktoren. Abbildung 2.5 stellt die vorstehend angesprochenen Bereiche der Handlungstheorie dar.

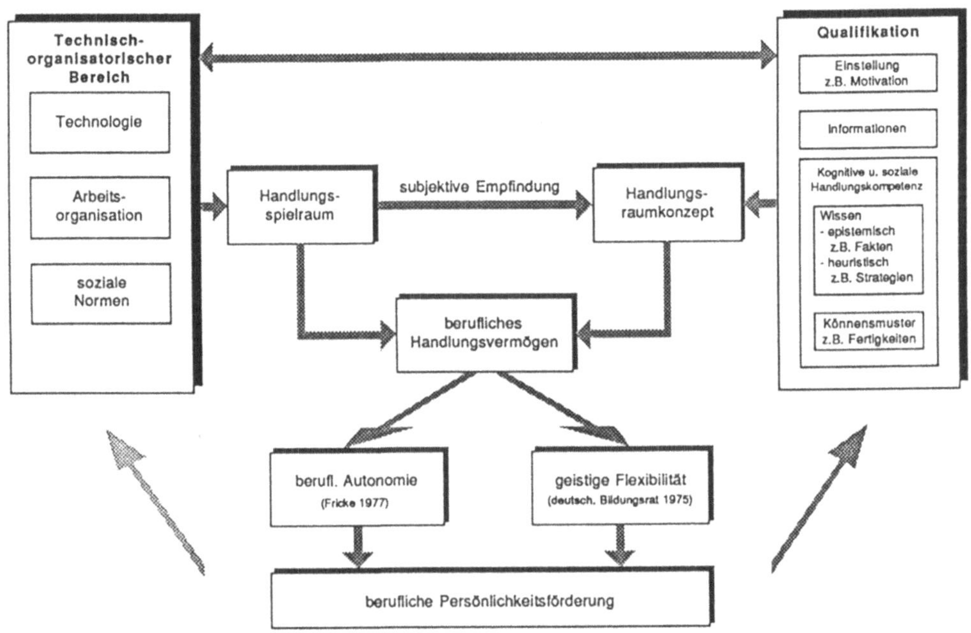

Abb. 2.5: Verknüpfung von Technikgestaltung, Arbeitsorganisation, Qualifizierung und Persönlichkeitsförderung

Nach Müller-Bölling und Müller (1983, S. 19) setzt sich der Handlungsspielraum aus

- Entscheidungsspielraum,
- Tätigkeitsspielraum und
- Freiheitsspielraum

zusammen. Dabei ist der "Entscheidungsspielraum ein Maß dafür, wie stark ein Organisationsmitglied bei der Erfüllung seiner Aufgabe an organisatorische Regelungen gebunden ist. Der Tätigkeitsspielraum gibt an, inwieweit durch technisch bedingte Regulierung eine ständige Wiederholung bestimmter Handlungen induziert wird. Der Freiheitsspielraum schließlich ist ein Maß für die Stärke sozial bedingter Normen, repräsentiert durch Führungsstil oder Führungsklima ..." Bei der Einführung Neuer Technologien ist dabei zu beachten, daß i n d i - v i d u e l l e   H a n d l u n g s s p i e l r ä u m e dennoch keineswegs allein durch Technik determiniert sind. Vielmehr sind Handlungsspielräume zusätzlich abhängig von organisatorischen Regeln und sozialen Normen. Hierbei sind nach Hartfiel soziale Normen allgemein gültige Verhaltensanforderungen an die Inhaber sozialer Rollen (hier: Arbeitnehmer, Arbeitsrolle):

> "Sie regeln, auf welche Weise sich jedes Mitglied eines sozialen Gebildes (Gruppe, Organisation, Gesellschaft) in welcher Situation (...) gegenüber welchem anderen Mitglied verhalten soll. Insofern konstituieren Normen überhaupt erst die sozialen Gebilde. Normen entsprechen jedoch nicht dem tatsächlichen Verhalten der Beteiligten, sie wirken lediglich als Bezugspunkte, auf die sich Handeln ausrichtet ...
> Inwieweit es zu einer Übereinstimmung von normativ geregeltem und tatsächlichem Verhalten kommt, hängt u.a. ab
> (a) von der Internalisierung der Norm durch die gesellschaftlichen Rolleninhaber,
> (b) vom Grad der Legitimität der Normen,
> (c) von der Härte und der Wirksamkeit der hinter den Normen (gegen abweichendes Verhalten) stehenden Sanktionen,
> (d) von der Funktionalität der Normen für die Verhaltensziele der Handelnden,
> (e) vom Ergebnis der (in der Regel nicht eindeutigen) Normeninterpretationen durch die Beteiligten und
> (f) vom Grad der inneren Stimmigkeiten des Normensystems als Voraussetzung für die Vermeidung von Normenkonflikten (Rollenkonflikten)" (Hartfiel 1976, S. 488).

Ferner läßt sich bei der Einführung Neuer Technologien im allgemeinen feststellen, daß die Akzeptanz Neuer Technologien mit zunehmendem Handlungsspielraum steigt (Akzeptanz im echten Sinne, d.h. nicht so verstanden, daß sie - die Akzeptanz - "nur etwas damit zu tun hat, wie Beschäftigte dazu gebracht werden können, neue Technologien ohne Widerstand anzunehmen" (Heeg 1983, S. 171)). Hierzu werden in Abbildung 2.6 die Ursachen einer mangelnden Akzeptanz dargestellt.

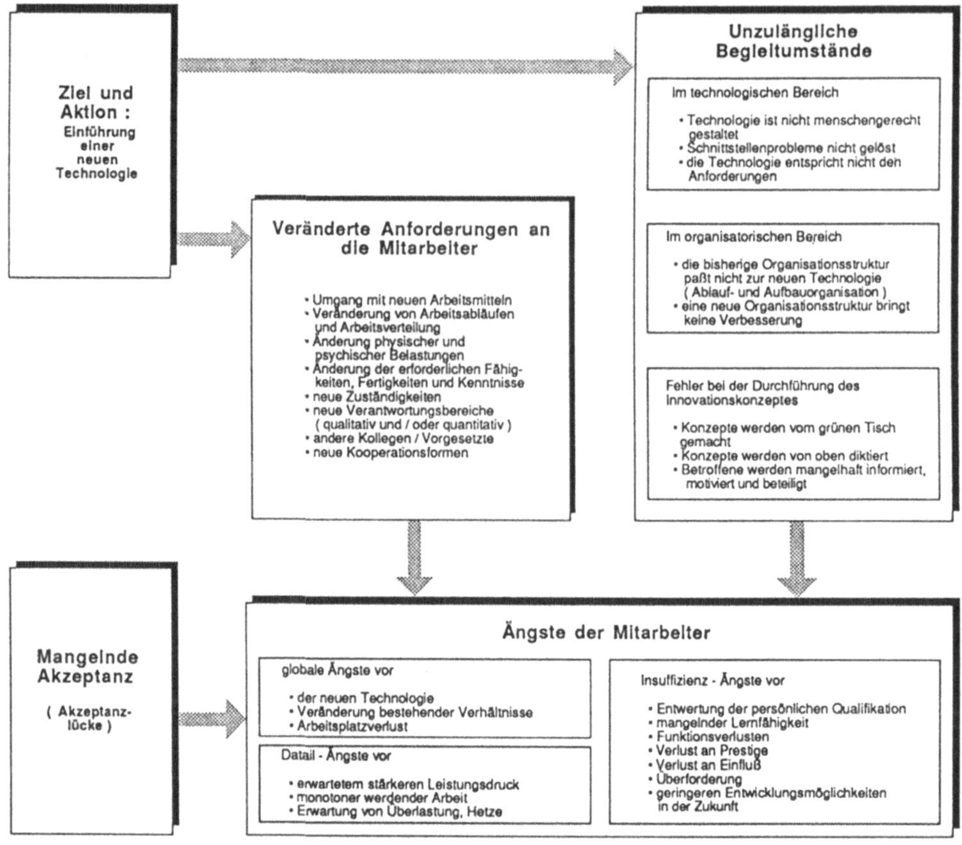

Abb. 2.6:   Ursachen für Akzeptanzlücken bei Einführung Neuer Technologien

Maßnahmen zur Arbeits- und Technikgestaltung beeinflussen nicht nur den Handlungsspielraum, sondern leisten bei einer entsprechenden Ausgestaltung einen direkten Beitrag zur Selbstqualifizierung des Handelnden. Als Beispiele seien hierzu eine aussagefähige Fehlerrückmeldung im Rahmen der Werkstattprogrammierung oder die "Selbsterklärungsfähigkeit" von EDV-Programmen genannt. Das berufliche Handlungsvermögen (Abbildung 2.5) wird damit umso größer, je besser der Handelnde in der Lage ist, sich ein Handlungsraumkonzept zu einer eigenständigen kognitiven Regulation der Handlung zu erstellen und den Handlungsspielraum zu bestimmen, um die als adäquat erachtete Handlung auch ausführen zu können. Handlungskompetenz kann erst dann vollwirksam zur Persönlichkeitsförderung beitragen, wenn sie aufgrund vorhandener Handlungsspielräume auch zum Handeln genutzt werden kann. So verstandenes berufliches Handlungsvermögen ist Voraussetzung zum Erreichen übergeordneter Ziele wie beispielsweise "berufliche Autonomie" (Fricke 1977) oder "geistige und soziale Flexibilität" (Deutscher Bildungsrat 1975) und somit letztlich Voraussetzung für beruflich bedingte Persönlichkeitsförderung.

2.2 Problemlöse- und Entscheidungsverhalten

Eine besondere Bedeutung kommt im Rahmen dieser Betrachtungen dem Bereich "Problemlöseverhalten" zu. Der Problemlöseprozeß ist im Handlungsmodell von Kaminski (Abbildung 2.3) dadurch gekennzeichnet, daß bei ihm im Aufbau des Handlungsraumkonzeptes (Ho) besondere Schwierigkeiten entstehen. "Transformationen, die den Übergang von der Ausgangssituation Z1 zur Zielsituation Z2 lückenlos erscheinen lassen, stehen nicht sofort zur Verfügung" (Kaminski 1981, S. 108). Zu derartigen Problemlöseprozessen zählen die Prozesse Technikgestaltung, Einführung einer Neuen Technologie sowie organisatorische Umgestaltungsprozesse in Unternehmen, da hier Problembereiche vorliegen, die die Behandlung unterschiedlicher, vernetzter und dynamischer Parameter bedingen. Das individuelle Problemlöseverhalten äußert sich dabei in der unterschiedlichen Bewältigung dieser P r o - b l e m l ö s e - und E n t s c h e i d u n g s s i t u a t i o - n e n . Diese Unterscheidung in Problemlösesituationen und Entscheidungssituationen ist in der Literatur durchgängig anzutreffen. Zur Taxonomie kognitiver Aktivitäten beim wissensbasierten Verhalten lassen sich folgende Teilfunktionen abheben:

P r o b l e m l ö s e n
- Diagnose (Identifikation der vorliegenden Umweltsituation),
- Auflisten von Handlungsalternativen (Optionen) und
- Prognose (Bestimmung möglicher Konsequenzen)

E n t s c h e i d e n

- Informations-Auswahl/Sammlung,
- Abschätzen der Wahrscheinlichkeit des Eintretens einer bestimmten Konsequenz,
- Festsetzen der Nutzenerwartung für eine bestimmte Konsequenz und
- Wahl einer Handlung.

Dörner (1976) unterscheidet bei der Behandlung des Problemlöse- und Entscheidungsverhaltens grundsätzlich zwischen Aufgaben und Problemen. Während bei Aufgaben die Methoden zur Bewältigung der Aufgabe bekannt sind, ist dies bei Problemen nicht der Fall. Zur Untersuchung des Problemlöseverhaltens bedarf es zunächst einer Klassifizierung der Probleme. Dörner unterscheidet die in der Tabelle 2.1 aufgezeigten Problemtypen und stellt dann jeweils mögliche Heurismen zur Problemlösung vor.

Problemtyp	bekannt	unbekannt
Interpolation	Ziel und Anzahl der Operationen	Kombination der Operationen
Syntheseproblem	Ziel	Anzahl und Kombination der Operationen
dialektisches Problem		Ziel sowie Anzahl und Kombination der Operationen

Tab. 2.1:   Klassifizierung von Problemtypen (in Anlehnung an Dörner 1976)

Krause (1982) klassifiziert in einer Matrix die Probleme nach abgeschlossenen und nicht abgeschlossenen Mengen der Zustände des Problemraumes und Mengen der Operationen. Dabei ist eine Zustandsmenge dann abgeschlossen, wenn "mit der Problemstellung (z.B. durch Instruktionen) alle Zustände zur Lösung eines Problems gegeben oder durch gegebene Regeln ableitbar sind" (Krause 1982, S. 20). Eine zusammenfassende Darstellung der diesbezüglichen Aussagen von Krause und Dörner findet sich in Tabelle 2.2.

Ope- ratormenge \ Zustands-menge	abgeschlossen	nicht abgeschlossen
abgeschlossen	Interpolationsproblem (Dörner)	
nicht abgeschlossen	Syntheseproblem (Dörner)	dialektisches Problem (Dörner)

Tab. 2.2:   Einteilung der Problemtypen nach Zustands- und
                Operatormenge

Es ist davon auszugehen, daß eine Problemlösung nicht durch eine
einmalige Antwort oder Maßnahme erfolgt. Vielmehr ist erforderlich,
das Problem über einen längeren Zeitraum zu bearbeiten. Verschiedene
Maßnahmen sind vorzunehmen und auf die während dieses Zeitraums
beobachteten Problementwicklungen zu reagieren. Solche Probleme werden von Dörner (1983) als komplexe, dynamische und vernetzte Probleme
bezeichnet. Typisch ist, daß in der Regel eine größere Anzahl von
Variablen in jeder Problemsituation enthalten sind, die mitunter
eine enge Interdependenz aufweisen. Dadurch können bei Veränderung
einer Variablen unerwünschte Auswirkungen auf andere Variablen auftreten. So kann beispielsweise die Stabilität eines Systems von der
Art der Rückkopplung abhängen. Negativ rückgekoppelte Systeme neigen
dazu, zum Ausgangszustand zurückzukehren, während positiv rückgekoppelte Systeme leicht zu katastrophenähnlichen Veränderungen führen
können. Die Eigendynamik eines Problems ist dadurch gegeben, daß
einige Problemvariablen einen mehr oder weniger eigengesetzlichen
Entwicklungsverlauf besitzen. Neben diesen Hauptcharakteristika
existieren weitere Eigenschaften komplexer Probleme wie Realitätsbereich, Zielsituation, Handlungsinventar, Reversibilität, Zeitdruck,
auf die hier nicht näher eingegangen werden soll.

Die Analyse der unterschiedlichen Vorgehensweisen zur Bearbeitung
komplexer Problemlöse- und Entscheidungssituationen durch den Men-

schen kann über eine Auswertung des Verhaltens von Probanden in der Bearbeitung derartiger Situationen in Form von rechnergestützten Simulationsmodellen erfolgen. Zur Entwicklung eines derartigen Modells ist es wesentlich, eine systematische Vorgehensweise zu wählen. Daher wurden die Überlegungen zur Entwicklung, zur Überprüfung und zum Einsatz eines derartigen Modells in Anlehnung an den von Hildebrandt beschriebenen Modell- und Problementwicklungsprozeß durchgeführt. Im vorliegenden Falle handelt es sich um die Behandlung eines K a u s a l s y s t e m s , d.h. eines Systems, dessen Strukturelemente durch die Wirkungsverknüpfung geordnet werden. Hierbei werden Herkunft und Konsequenz der Wirkung gleichwertig angesetzt. Das Ergebnis besteht dann in einer Kausalstruktur, die in ein Simulationsmodell übertragen wird. Zur Kausalstrukturentwicklung werden parallel ein Modellentwicklungsprozeß und ein Problementwicklungsprozeß durchlaufen. Von beiden Seiten werden externe Informationen in den Gesamtentwicklungsprozeß eingebracht. Über eine Folge von Schritten wird dann letztlich die Lösung erarbeitet (Hildebrandt 1985, Abschnitt 9). Die gesamte Vorgehensweise wird in Abbildung 2.7 in Übersichtsform dargestellt.

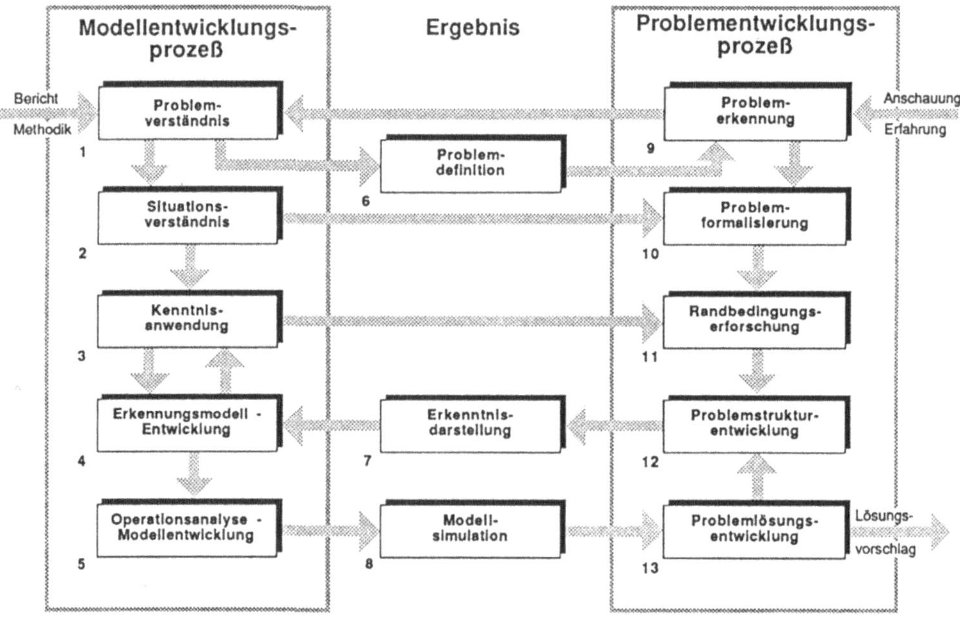

Abb. 2.7.   Modell- und Problementwicklungsprozeß
(nach Hildebrandt 1985, S. 39)

3. Entwicklung eines Modells des Problemlöse- und Entscheidungsverhaltens

Im Rahmen der handlungstheoretischen Betrachtungen besitzt die Problemlösefähigkeit eine zentrale Bedeutung. Die Bildung des Handlungsraumkonzeptes (H_o) ist direkt abhängig von der Art und Komplexität der jeweils vorliegenden Problemlöse- und Entscheidungssituation (Handlungsmodell von Kaminski in Abbildung 2.3). Folgt man der Unterscheidung von Dörner, daß sich die geistigen Tätigkeiten im Bereich der Handlungsvorbereitung in das Lösen von Aufgaben und Problemen unterteilen lassen, so ist festzustellen, daß in den hier zu behandelnden Betrachtungsbereichen des Einsatzes Neuer Technologien und der Veränderungen von organisatorischen Gegebenheiten die Problemlösesituationen dominieren. Dabei handelt es sich vielfach um komplexe Problemlöse- und Entscheidungssituationen, wie bereits ausgeführt wurde.

Um gesicherte Aussagen bezüglich der Bildung des Handlungsraumkonzeptes zu erhalten, ist es erforderlich, den Bereich "Problemlösefähigkeit" mittels eines hierzu geeigneten Modells zu untersuchen. Dabei müssen die Parameter ermittelt werden, die eine Aussage über die Fähigkeit eines Menschen zur Problemlösung erlauben.

3.1 Einflußgrößen der Problemlöse- und Entscheidungsfähigkeit

Aus einer von Block (1981, S. 37) durchgeführten Literaturanalyse gehen die Anforderungen hervor, die im allgemeinen an Führungskräfte gestellt werden. Diesem Personenkreis wird üblicherweise unterstellt, zur Problemlösung und Entscheidung besonders befähigt zu sein. Die im folgenden aufgeführten Anforderungen sind für die Unternehmen von besonderer Bedeutung. Hierbei handelt es sich um folgende Anforderungsformen und -arten:

Positionsrelevante Anforderungen
1.   Anforderungen an den Fähigkeitsbereich
     1.1   Anforderungen an den Intelligenzbereich
         1.1.1   Ausbildung
              1.1.1.1   Schulbildung
              1.1.1.2   Berufsorientierte Ausbildung
              1.1.1.3   Berufserfahrung
                  1.1.1.3.1   Branchenkenntnisse
                  1.1.1.3.2   Produktkenntnisse
                  1.1.1.3.3   Praktisches Wissen
              1.1.1.4   Fremdsprachenkenntnisse
         1.1.2   Reproduktive Fähigkeiten
         1.1.3   Lösung von Routineaufgaben
         1.1.4   Kreativität
         1.1.5   Planungs- und Organisationsfähigkeit
         1.1.6   Problemempfindlichkeit
         1.1.7   Problemlösungsfähigkeit
               1.1.7.1   Deduktives Denken
              1.1.7.2   Induktives Denken
              1.1.7.3   Reasoning-Faktor
         1.1.8   Problemlösungsbewertung
         1.1.9   Ausdrucksfähigkeit
     1.2   Anforderungen bezüglich spezieller Fähigkeiten und Fertigkeiten
         1.2.1   Künstlerische Begabung
         1.2.2   Manuelle Geschicklichkeit

2.   Anforderungen an den Persönlichkeitsbereich
     2.1   Anforderungen an das Interaktionsverhalten
         2.1.1   Informationsbereitschaft
         2.1.2   Kooperationsfähigkeit
         2.1.3   Kontaktfähigkeit
         2.1.4   Verhandlungsgeschick
         2.1.5   Personalbetreuungsfähigkeit
         2.1.6   Personalauslesefähigkeit
         2.1.7   Motivationsfähigkeit
         2.1.8   Kontrollfähigkeit
         2.1.9   Durchsetzungsvermögen
     2.2   Anforderungen an die Selbständigkeit
         2.2.1   Zielstrebigkeit
         2.2.2   Selbstbewußtsein
         2.2.3   Verantwortungsbewußtsein und -bereitschaft
         2.2.4   Kritikfähigkeit
         2.2.5   Verläßlichkeit
     2.3   Anforderungen an das Entscheidungsverhalten
         2.3.1   Risikoeinstellung
         2.3.2   Zeit für die Entscheidungsfindung
     2.4   Anforderungen an die Delegationsbereitschaft und -verhalten
     2.5   Anforderungen an die Belastbarkeit
         2.5.1   Streßfähigkeit
         2.5.2   Vitalität
     2.6   Anforderungen an die Flexibilität
     2.7   Anforderungen an das Repräsentationsvermögen

Zum Bereich der Problemlösefähigkeit werden einige Anforderungen an deduktives und induktives Denken gestellt. Dies betrifft die Fähigkeit zur Anwendung allgemeiner Regeln auf einen konkreten Einzelfall einschließlich der Bestimmung seiner Auswirkungen als auch das Ableiten von allgemeinen Regeln und Gesetzen aus mehreren Einzelfällen einschließlich der Feststellung wesentlicher Gemeinsamkeiten einzelner Sachverhalte. Der Reasoning-Faktor betrifft unterschiedliche Leistungsaspekte (Neubauer, Höfner, Waldschütz 1978, S. 147ff). Die Suche nach notwendigen Informationen zur Problemlösung sowie Kombinationsgabe, Analogieschlüsse und Simultanität zeichnen diese Teilanforderung der Problemlösefähigkeit aus. Hierbei ist es nicht unbedingt erforderlich, daß in jedem Falle nur eine einzige Lösung in Folge des Schlußprozesses entsteht (Herrmann 1976, S. 269 f.), sondern es können sich auch mehrere "richtige" Lösungen ergeben. Somit ist dieser Faktor wie auch die gesamte Problemlösungsfähigkeit nicht auf konvergentes Denken ausgerichtet, sondern ebenfalls auch auf divergentes Denken (Guilford 1974, S. 369-382).
Eine erweiterte Aussage ergibt sich aufgrund der komplexen, dynamischen Rahmenbedingungen für die Gestaltung der Arbeitsorganisation sowie der Produktionsfaktoren (Abbildung 3.1). Hier ist es wesentlich, systematisch und in Zusammenhängen zu denken, d.h. das komplexe, dynamische System, in dem die jeweilige Entscheidung erfolgt, ist selber in die Überlegungen zur Problemlösungs- und Entscheidungsfindung mit einzubeziehen.

Eine Betrachtung der technologischen Entwicklung und ihrer wirtschaftlichen und gesellschaftlichen Aspekte läßt erkennen, daß die Informationstechnologie künftig stärker qualitativ und weniger quantitativ wächst; ihr Einsatz wird zunehmend mehr als Organisations-, Informations- und Kommunikationsmittel erfolgen denn als reines Automatisierungsmittel. Das Zusammenwachsen von Daten- und Nachrichtentechnik zur Informations- und Kommunikationstechnik führt dazu, daß auf immer mehr Detailwissen immer schneller zugegriffen werden kann. Hierüber ergibt sich eine Verschiebung der Anforderungsschwerpunkte an beruflicher Qualifikation, bei der nicht mehr unbedingt die Information selber, sondern vielmehr der Umgang mit Information in den Vordergrund rückt (Heeg, Hornung 1986, S. 13).

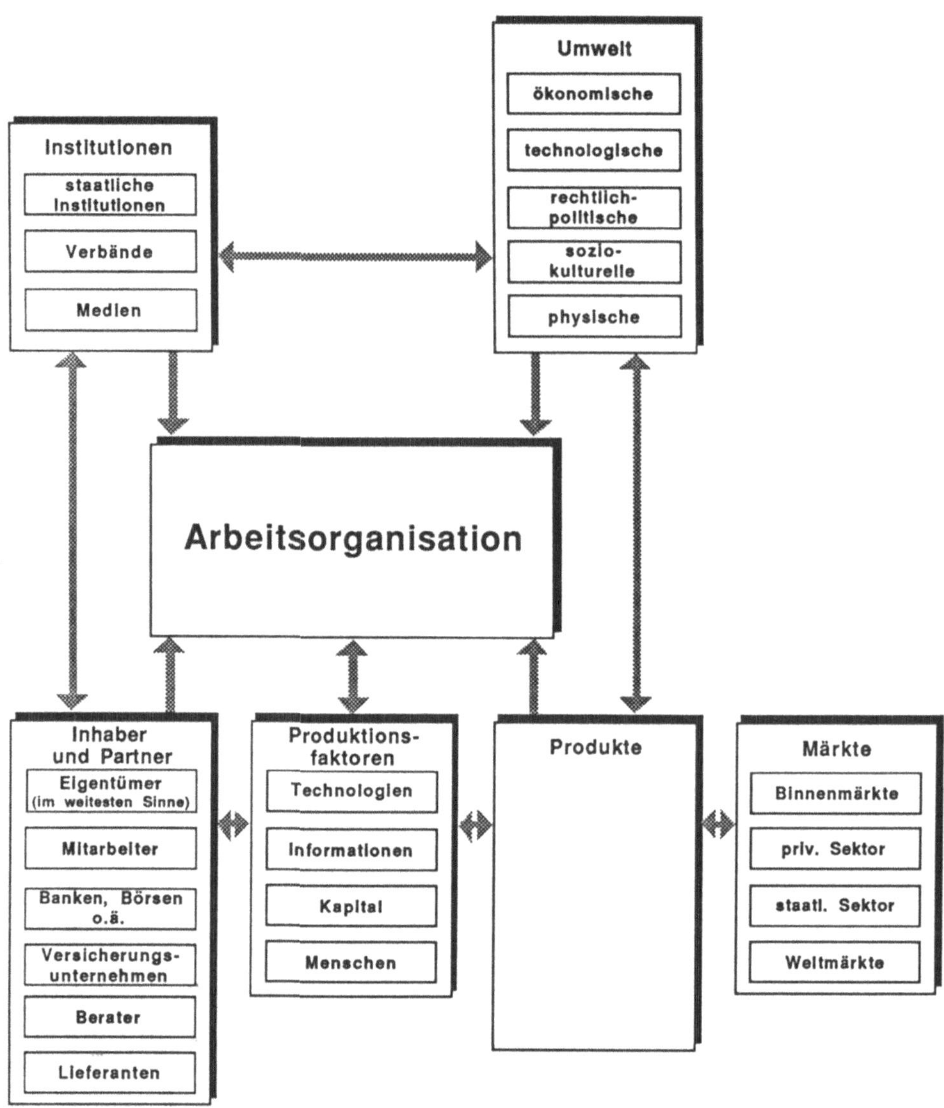

Abb. 3.1:   Unternehmen und Umwelteinflüsse

Hinzu kommt, daß aufgrund der zunehmenden Informationsflut Informationen immer zeitabhängiger werden und damit die aktuelle Information immer wichtiger wird für den Koordinierungsprozeß in Wissenschaft,

Wirtschaft, Gesellschaft und Politik. Daher gilt es, die Möglichkeiten der Informations- und Kommunikationstechnik für antizipative Aufgaben zu nutzen, damit längerfristige Entscheidungen getroffen und realisiert werden können. Das Vorliegen von zeitabhängigen Informationen bedeutet aber auch, daß sich die Zeiträume für eine Entscheidungsfindung ebenso verkürzen können wie die Zeiträume, in denen die getroffenen Entscheidungen ihre Gültigkeit behalten (Diekow 1984, S. 132). Die daraus resultierenden notwendigen Fähigkeiten für den effizienten Umgang mit Information werden heute häufig unter dem Begriff "Schlüsselqualifikationen" zusammengefaßt. Hierbei besteht ein wesentlicher Aspekt darin, daß immer mehr Mitarbeiter in Entscheidungsprozesse einbezogen werden können (und müssen) und auch für eine stetig gewachsene Zahl an Mitarbeitern die Notwendigkeit entsteht, komplexe Sachverhalte zu analysieren und hierbei zur Lösung der anstehenden Probleme zu gelangen. Daher sind diese Schlüsselqualifikationen nicht mehr lediglich auf Führungskräfte beschränkt, sondern gelten generell.

Im einzelnen handelt es sich bei diesen Qualifikationen hauptsächlich um Fähigkeiten wie

- logisches Denkvermögen,
- Kommunikationsfähigkeit, um komplexe Sachverhalte auch für andere verständlich darstellen zu können,
- Selektionsfähigkeit, um aus einer Vielzahl von Informationen die wesentlichen und notwendigen auswählen zu können,
- Fähigkeit des Erkennens von Systemverhalten und Grundzusammenhängen, um einzelne Informationen richtig einordnen zu können und
- Transformationsfähigkeit, um erworbenes Wissen auch bei neuen Situationen und Problemstellungen erfolgreich verwerten zu können (Heeg, Hornung 1985b, S. 34-37).

Diese "Schlüsselqualifikationen" stehen in direkter Verbindung zum Problemlöseverhalten; sie bilden dessen Elemente. Hierbei ist wesentlich, daß das Problemlöseverhalten einen selbständigen kognitiven "Prozeß" darstellt, der von anderen intellektuellen Fähigkeiten wie beispielsweise Kreativität, Intelligenz zu unterscheiden ist (Dörner

1976, S. 186). Dies findet u.a. seine Ausprägung darin, daß das Problemlöseverhalten nicht mit gängigen Tests - beispielsweise Intelligenztests - gemessen werden kann (Kreuzig 1979, S. 209). In Untersuchungen von Dörner und Kreuzig (Kreuzig 1979, S. 207) werden Versuchspersonen mit guten Problemlöseeigenschaften charakterisiert:

- sie gehen eher sachlich als intuitiv vor,
- sie haben weniger die Tendenz, den Problemen auszuweichen,
- sie gehen systematischer vor und
- sie haben geringere Resignationstendenzen.

Zur Begründung der besseren Problemlöseeigenschaften wird hierbei als "Zentralmerkmal" eine höhere A n a l y s e k o m p l e x i t ä t angegeben, d.h. eine bessere Fähigkeit, "die Breite und Tiefe bei der Untersuchung der kausalen Vernetzung einer Problemvariablen" zu erfassen (Dörner 1979, S. 191). Mit einer hohen Analysekomplexität ist nach Aussage Dörners gleichzeitig eine Fähigkeit zu Analogieschlüssen gegeben. Der gute Problemlöser könne auch auf abstrakte Erfahrungen zurückgreifen, die er irgendwann früher bei der Bearbeitung von anderen - vom jetzigen Problem sehr verschiedenen - Prozessen gewonnen hat. Das Vorhandensein einer großen Menge solcher abstrakter Schemata stellt ihn damit bei neuen Problemen vor bereits "Bekanntes" oder läßt ihn durch Analogieschlüsse auf "Ähnliches" schließen.

Demgegenüber lassen sich bei vielen Probanden die im folgenden aufgeführten Fehler bei der Bearbeitung komplexer Probleme erkennen (Heeg 1986b, S. 138):

- lineares Denken in Ursache-Wirkungsketten,
- Neben- und Fernwirkungen werden nicht berücksichtigt, nur Haupteffekte werden beachtet,
- "Überwertigkeit des aktuellen Motivs" - neue Übel werden nicht beachtet oder nur gering eingeschätzt,
- falscher Umgang mit Zeitreihen - d.h. es werden beispielsweise exponentiell verlaufende Entwicklungen völlig unterschätzt (mit zunehmender Zeit wächst die Unterschätzung),

- starke Gewichtung des jeweils zuletzt wahrgenommenen Inhalts (Rezenzeffekt),
- bevorzugtes Vergessen neutraler Inhalte - früher als bei negativ oder positiv gefärbten Inhalten und
- Veränderung von Gedächtnisinhalten zur "guten Gestalt".

Unter Berücksichtigung des Entscheidungsweges und -verhaltens lassen sich "gute" und "schlechte" Problemlöser unterscheiden. Dieser Vergleich ergibt die im folgenden aufgeführten Charakteristika (Heeg 1986b, S. 131):

Ein guter Problemlöser läßt sich charakterisieren durch
- mehr Selbstreflexion,
- strukturiertes Vorgehen,
- Formulierung klarer Zielsetzungen,
- Problembearbeitung bis zur Lösung,
- Erfordernis weniger externer Informationen,
- Komprimierung der Informationsvielfalt,
- Treffen von mehr Entscheidungen und
- Wechsel der Betrachtungsebene.

Ein schlechter Problemlöser verfügt über die Charakteristika
- mangelnde Fähigkeiten, den dem jeweiligen Problem angepaßten Auflösungsgrad für die Betrachtung zu wählen,
- Neigung zur allgemeinen oder oberflächlichen Betrachtung,
- Vorliebe für ad-hoc-Entscheidungen,
- Mangel an Vorausplanung,
- Notwendigkeit des Erhalts von mehr externen Informationen,
- Flucht ins Kleindetail,
- horizontale Flucht,
- vertikale Flucht,
- Verkapselung in ein Teilproblem,
- Verantwortung abtreten,
- "Angriffs"-Reaktion und/oder
- "Notfallreaktion".

Unter der Selbstreflexion wird hier die Rekapitulation und Kritik des vergangenen Denkablaufs und eine Umorganisation der heuristischen Verfahren verstanden. Der Auflösungsgrad beschreibt das Spektrum der Darstellung eines Realitätsbereichs (grobe und sehr feine Darstellung) und die Variation der Grob-Fein-Darstellung hinsichtlich

- Abstraktheit und
- Teil-Ganzes-Dimension.

Wenn der Auflösungsgrad zu klein ist, besteht die Gefahr, daß ein vorhandener Unterschied zwischen Dingen nicht erkannt wird; ist dagegen der Auflösungsgrad zu groß, dann besteht die Gefahr, sich in Details zu verfangen.

Individuelle Komponenten, die für die Einzelpersonen handlungsleitend und -steuernd sind, lassen sich über das jeweilige Verhalten in den betreffenden Problemlösesituationen erkennen. Von den häufig auftretenden, negativ zu bewertenden Komponenten seien die folgenden genannt:

- Fluchttendenz durch Ausweichen,
- oberflächliches Vorgehen,
- Verkapselung in ein Problem, in dessen Bereich die Kompetenz gesichert erscheint,
- Verantwortlichkeitsentzug durch Abschieben auf andere,
- Verantwortlichkeitsleugnung für Mißerfolge,
- Notfallreaktion auf niedrigerem Erkenntnisniveau,
- horizontale Flucht in irrelevante Partialprobleme im eigenen Kompetenzbereich,
- vertikale Flucht aus dem Realitätsbereich in abstrakte Vorstellungsgehalte und
- Angriff als Demonstration von Entschlossenheit.

In den hierzu durchgeführten eigenen Untersuchungen hat sich gezeigt, daß relativ wenige Teilnehmer in der Lage sind, im Sinne der Problemlösung optimale Entscheidungen zu treffen. Dies zeigte sich im Umgang mit komplexen, dynamischen rechnergestützten Simulationsmodellen, die ähnlich wie die von Dörner verwandten über bis zu mehreren Hundert Variablen verfügen. Hierbei gelang es nur 12 von 129

Probanden zu einigermaßen guten Ergebnissen (im Sinne des zugrundeliegenden Modells) zu gelangen.

3.2 Operationalisierung der Problemlöse- und Entscheidungsfähigkeit

Das Problemlöseverhalten des Menschen gilt als entscheidenderProzeß
für eine positive Bewältigung der heutigen Arbeitssituation. Daher
sollte im folgenden dieser Prozeß operationalisiert werden, um die
Voraussetzungen für quantifizierte Ablaufdarstellungen zu schaffen,
die eine Charakterisierung des Problemlöseverhaltens erlauben. Über
Maßzahlen ist es dann möglich, Aussagen über verschiedene Sachverhalte zu gewinnen. Dazu ist die Analysemethode der Operationalisierung sowie der hiermit verbundenen "Meßvorschrift" entsprechend aus-
zulegen. Im Vordergrund steht die Ermittlung folgender Aussagen:

1. Aussagen über die Eignung von Führungskräften; Simulationsmodelle
   komplexer Probleme stellen eine geeignetere Methode zur Analyse
   des Eignungsprofils dar als die bislang verwendeten Verfahren
   (Heeg 1986 b, S. 132);
2. Aussagen über die Schlüsselqualifikationen der Mitarbeiter
   aller Hierarchiestufen als Datenbasis für Einführung und Einsatz
   Neuer Technologien in Verbindung mit Aussagen über die Effizienz
   von Qualifizierungsmaßnahmen;
3. Aussagen über die Eignung technisch-organisatorischer Maßnahmen
   zur Unterstützung der kognitiven Funktionen des Menschen beim
   Problemlösen;
4. Aussagen über Hilfsmittel zur Schulung von Führungskräften und
   Mitarbeitern; mittels Simulationsmodells können Probleme bearbeitet und Lösungsstrategien bewertet werden; hierüber können Schluß-
   folgerungen für das Verhalten in zukünftigen realen Situationen
   abgeleitet werden.

3.2.1 Grundlegendes Konzept zur Operationalisierung

Bei der Einführung Neuer Technologien zeigt die Erfahrung, daß ´Rezepte´, die bei einem Unternehmen erfolgreich eingesetzt wurden, auf andere Betriebe nicht ohne weiteres übertragbar sind. Dies bewirkt neben finanziellen Verlusten einerseits auch eine Verunsicherung potentieller Investoren sowie andererseits eine stärkere Ablehnung seitens der Arbeitnehmer. Um diese Hemmnisse bei der Einführung neuer Technologien zu überwinden, ist es erforderlich, die Gründe für Erfolg bzw. Mißerfolg einer Einführungskonzeption zu analysieren. Hierbei wird allgemein anerkannt, daß als ausschlaggebende Faktoren beim Einsatz neuer Technologien folgende Punkte zu berücksichtigen sind:
- Auswahl geeigneter Hard- und Software,
- Akzeptanz der neuen Technologien durch die Mitarbeiter,
- Organisation des Arbeitsablaufs und
- Qualifikation der Mitarbeiter.

In der Regel werden Entscheidungen zu diesen Punkten primär unter dem Blickwinkel wirtschaftlicher und technologischer Bedingungen, weniger unter arbeitswissenschaftlichen Gesichtspunkten getroffen. Dabei werden u.U. die einzelnen aufgeführten Punkte relativ unabhängig voneinander betrachtet, ohne die ihnen zugrunde liegende gemeinsame Basis zu berücksichtigen, die allein eine integrierende Betrachtung dieser Faktoren erlaubt.

Betrachtet man nun aus arbeitswissenschaftlicher Sicht das Arbeiten an einem Computer als "Problemlösen", so erkennt man, daß ein erfolgreiches Zusammenwirken von Mensch und Computer umso besser zu erreichen ist, je problemloser die Interaktion zwischen diesen abläuft. Um nun EDV-Hilfsmittel optimal im Sinne der Interaktion an den Nutzer anzupassen, benötigt man Kenntnisse über die psychischen Prozesse, die den menschlichen Handlungen zugrundeliegen. Daraus sollen Aussagen über Problemlösestrategien der Arbeitsausführung des jeweiligen "Sachbearbeiters" abgeleitet werden. Wenn die Strategien bekannt sind, ergeben sich Folgerungen für eine softwareergonomische Ausgestaltung von EDV-Hilfsmitteln, für eine optimale Arbeitsorganisation und für gezielte Qualifizierungsmaßnahmen. Den Problemlösestrategien bzw. dem Problemlöse- und Entscheidungsverhalten fällt somit eine entscheidende Schlüsselrolle bei der Einführung neuer Technologien zu.

Das Entscheidungsverhalten in komplexen Situationen ist bereits vielfach untersucht worden, wobei auch rechnergestützte Modelle zur Anwendung kamen, beispielsweise "Lohhausen" (Dörner 1983) und "Schneiderwerkstatt" (Putz-Osterloh 1981). Sie galten jedoch nicht einer Untersuchung der ergonomischen Bedingungen, der Arbeitsorganisation und den Qualifizierungsmaßnahmen, sondern es wurde der Versuch unternommen, allgemeine Einsichten in das Problemlösevermögen und -verhalten von Probanden zu gewinnen. Die dabei untersuchten Systeme sind so komplex, daß sich hieraus kaum operationalisierbare Aussagen treffen lassen, die es erlauben würden, quantifizierte Aussagen über das Problemlöseverhalten als solches zu gewinnen (Funke, Hussy 1984, S. 19), geschweige denn über den Einfluß software-ergonomischer Maßnahmen auf das Problemlöseverhalten.

Neben der Komplexität der verwendeten Modelle ist ein zweiter Grund für die Nichtoperationalisierbarkeit in den angewendeten Verfahren selber zu sehen, die auf Beobachtung und Befragung ausgelegt sind. Aus diesem Grunde ist im vorliegenden Kontext zunächst ein EDV-gestütztes Modell zur quantifizierbaren Beurteilung des Problemlöseverhaltens zu entwickeln als Beurteilungsgrundlage für die auf einem handlungstheoretischen Ansatz beruhenden Maßnahmen zur Software-Ergonomie und zur Arbeitsorganisation, wobei die Handlungstheorie hier als ein "Vehikel" verwendet wird, die Komplexität der gegebenen Probleme nicht aus den Augen zu verlieren. In diesem Sinne äußert Kaminski: "Handlungstheorie kann als ein heuristisches Schema aufgefaßt werden, das uns davor bewahrt, bei der Beschäftigung mit speziellen Teilproblemen den weiteren funktionalen Kontext allzusehr aus den Augen zu verlieren ..." (Kaminski 1976, S. 19).

Im Hinblick auf die Entwicklung eines Simulationsmodells, in dem das Entscheidungsverhalten im Zusammenhang mit software-ergonomischen bzw. arbeitsorganisatorischen Maßnahmen untersucht werden soll, müssen neben der Klassifizierung der Problemtypen sowohl die Komplexität bzw. Schwierigkeit des Problems wie auch das Problemlöseverhalten der Versuchsperson operationalisierbar sein.

3.2.2 Klassifizierung der Problemschwierigkeit

Zur Operationalisierung der Problemschwierigkeit bzw. zur Konstruktion eines Modells mit definierter Problemschwierigkeit müssen zahlreiche Faktoren berücksichtigt werden (Abbildung 3.2). Aus der Unterscheidung in Problemmerkmale und Personenmerkmale - nach Hussy (1985) - ergeben sich zwei wichtige Ansatzbereiche zur Reduzierung der Problemschwierigkeit aus arbeitswissenschaftlicher Sicht. Der erste besteht im Zugriff auf die Personenmerkmale durch gezielte Qualifizierungsmaßnahmen, der zweite im Zugriff auf die Problemmerkmale. Letztere können direkt durch software-ergonomische Maßnahmen beeinflußt werden, z.B. kann die Transparenz durch Anwendung derartiger Maßnahmen verbessert werden.

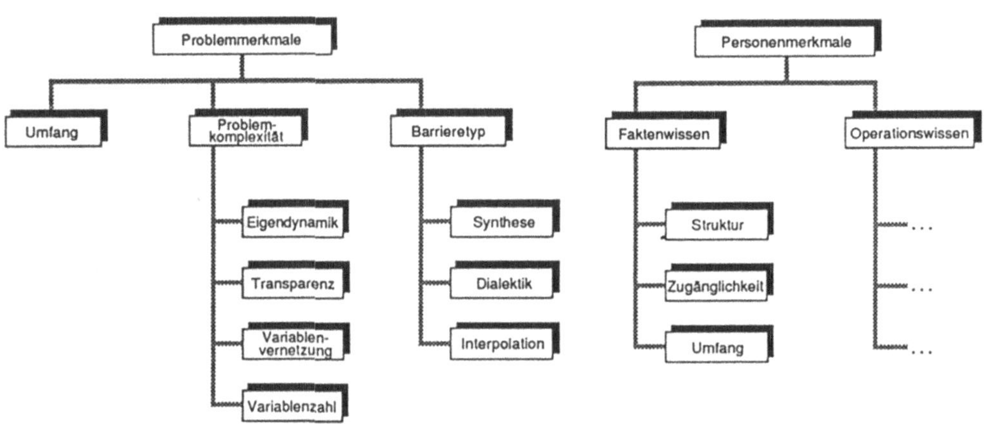

Abb.3.2: Merkmale zur Problemlöseschwierigkeit
        (in Anlehnung an Hussy, 1984)

In diesem Zusammenhang ist darauf hinzuweisen, daß von Kraiss (1986, S. 72) folgende Gestaltungsprinzipien für kognitive Unterstützungsfunktionen aufgeführt werden:

- Verbesserung der Bandbreite des Informationsflusses an der Schnittstelle Mensch-Maschine durch den Einsatz neuartiger Interaktions- und Darstellungsmethoden,
- Reduzierung der Informationsmenge durch Informationsverarbeitung, -filterung und -strukturierung,
- Gedächtnisentlastung durch Visualisierung der Information,
- Unterstützung wissensbasierten Verhaltens durch automatisches Schlußfolgern (Expertensysteme),
- Bereitstellung von Test-/Erkundungsfunktionen; (dies ermöglicht Problemlösen nach der Methode "Versuch und Irrtum"),
- Eingrenzung von Fehlerfolgen durch unmittelbare Rückmeldung und reversible Funktionen,
- Vereinfachung des Entscheidungsprozesses durch die Darbietung vorab bewerteter Alternativen,
- Verminderung des notwendigen Benutzerwissens durch Bereitstellung von "HELP"-Funktionen, Benutzerführung oder trainingsabhängigen Betriebsmodi (z.B. Menü statt Kommando) und
- Verminderung des Ausbildungsaufwands durch die Bereitstellung von Übungsmöglichkeiten während des operationellen Einsatzes (eingebettetes Training).

Für die Entwicklung des Simulationsmodells lassen sich aus den aufgelisteten Merkmalen folgende Anforderungen ableiten:

- getrennte Erfassung der Problemtypen und
- Variation der Problemkomplexität hinsichtlich Variablenzahl, Variablenvernetzung und Transparenz.

Somit lassen sich dann Aussagen darüber gewinnen, ob eine Komplexitätsreduzierung des Problems den gleichen Einfluß auf die Problemlösestrategien ausübt wie beispielsweise eine Komplexitätsreduzierung durch software-ergonomische Maßnahmen.

3.2.3   Erfassung des Problemlöseverhaltens

Um Lösungsstrategie und Güte der Lösung erfassen zu können, muß das Problem selber so beschaffen sein, daß es nicht in "einem Schritt" zu lösen ist, sondern es sollte aus einer Anzahl von Zyklen bestehen, so daß der Proband quasi in einen Regelkreis eingebunden ist, wie Abbildung 3.3 verdeutlicht.

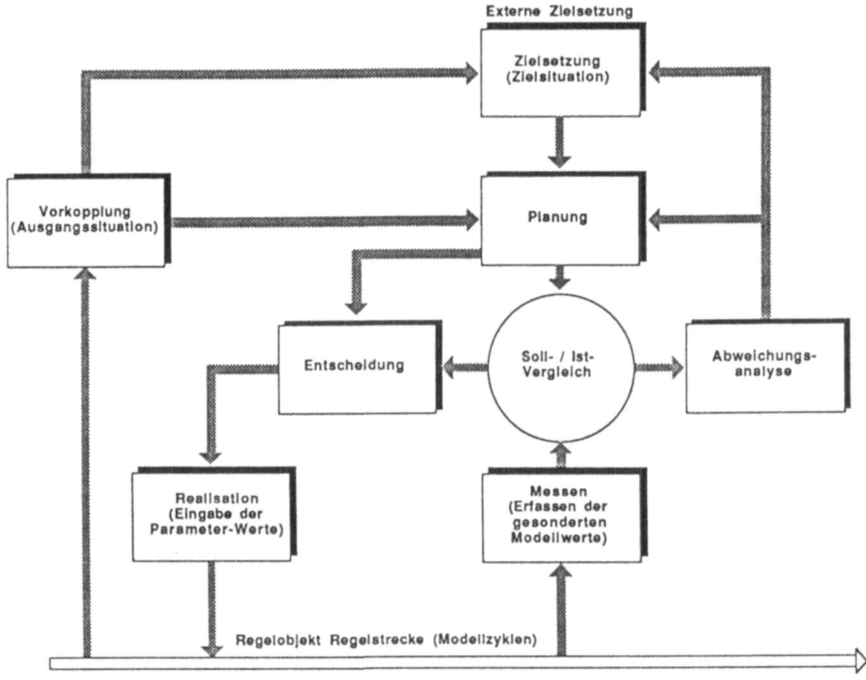

Abb. 3.3: Regelkreis der Handlung im Simulationsmodell

Erfaßt der Rechner die für jeden Zyklus optimale Entscheidung (basierend auf den dem Modell zugrundeliegenden Algorithmen), so kann hierüber - neben dem letztlich am Ende aller Zyklen erreichten Ergebnis - eine wesentliche, operationalisierbare Aussage für die Güte des Problemlöseverhaltens erhalten werden.

3.2.4   Einfluß von Entscheidungssicherheit, Wertsystem und Wissen

Das Problemlöseverhalten wird - unabhängig von der eigentlichen Problemstellung - weiterhin beeinflußt
-   durch die Sicherheit, mit der Konsequenzen von Handlungsalternativen beurteilt werden können,
-   durch das Wertsystem, welches der Problemlöser seinen Handlungen zugrunde legt und
-   durch das Wissen, das er über eine Problemsituation besitzt.
Diese drei Einflußfaktoren müssen bei der Entwicklung des Simulationsmodells im Sinne der folgenden Ausführungen berücksichtigt werden.

Webrik (1978, S. 67) unterscheidet bezüglich der E n t s c h e i -
d u n g s s i c h e r h e i t drei Stufen:
- Entscheidungen mit Sicherheit,
- Entscheidungen unter Risiko und
- Entscheidungen unter Unwissen.

Das Modell sollte demnach möglichst Situationen mit unterschiedlichen Entscheidungstypen aufweisen. Durch software-ergonomische Maßnahmen kann dann beispielsweise eine Entscheidung auf ein höheres Sicherheitsniveau angehoben und der Erfolg bezüglich der Güte des Problemlöseverhaltens untersucht werden. So konnten z.B. Widdel (1983) und Kraiss (1983) bei Steuerungssimulationen von Fahrzeugen zeigen, daß eine Vorausanzeige der Fahrzeugreaktion, durch die die Entscheidung unter Risiko zu einer Entscheidung mit Sicherheit wird, insgesamt zu besseren Steuerungsleistungen bei komplexen Mensch-Maschine-Systemen führt. Dies ist in den angeführten Beispielen letztlich auf eine erhöhte Transparenz der Beziehungen zwischen den Variablen zurückzuführen.

Die Entscheidungsfindung wird maßgeblich durch das W e r t s y -
s t e m des Handelnden beeinflußt. Hierzu "gehört auch die Bereitschaft, bestimmte soziale Normen zu befolgen" (Webrik 1978, S. 67). Will man das Problemlöse- und Entscheidungsverhalten beurteilen, muß das Modell so gestaltet werden, daß möglichst wenige soziale Normen tangiert werden; andernfalls müssen die Entscheidungen unter Kenntnis des Wertsystems des Kandidaten beurteilt werden.

Die Problemschwierigkeit wird von Seiten des Problemlösers durch dessen W i s s e n beeinflußt. Die bereits behandelte Unterscheidung zwischen Faktenwissen und Operationswissen ist in der Literatur unter anderen Bezeichnungen häufig anzutreffen, wie die folgende Übersicht zeigt:

Objektbezug	Prozeßbezug	Autor	Jahr
Faktenwissen	Operationswissen	Hussy	1985
epistemische Struktur	heuristische Struktur	Dörner	1976
Datenbasis	Exekutive	Neisser	1974
Assimilationsprozeß	Akkommodationsprozeß	Piaget	1948

Hier wird davon ausgegangen, daß in der epistemischen Struktur eine Vielzahl von Informationen in Form einer "Datenbank" vorliegt, während die heuristische Struktur "Programme" zur Verarbeitung dieser Daten enthält. Da nun in dem Simulationsmodell kein Fachwissen überprüft werden soll, sondern vielmehr die Art der Informationsverarbeitung, muß die Problemstellung des Simulationsmodells derart gestaltet sein, daß kein besonderes Fachwissen zur Lösung des Problems benötigt wird, bzw. es muß gewährleistet werden, daß die Problemschwierigkeit nicht durch eventuell vorhandenes Fachwissen reduziert werden kann. Daher können betriebswirtschaftliche Simulationsmodelle bzw. Modelle von betrieblichen Zusammenhängen hierfür nicht verwendet werden, wie durch entsprechende Vorversuche bestätigt wurde.

Hierbei wurden diverse Simulationsmodelle eingesetzt, beispielsweise betriebswirtschaftliche Planungsmodelle, Planungsmodelle für eine Werkstatt, PPS-Schulungs-Programme (PPS: Produktions-Planungs- und Steuerungs-Programme). Bei allen eingesetzten Modellen gab es größere Verständigungsprobleme, die die Ergebnisse sehr stark verfälschten, da die Probandengruppen bezüglich schulischer und beruflicher Ausbildung sehr starke Unterschiede aufwiesen.

3.2.5 Anforderungen an ein EDV-gestütztes Bewertungsmodell zum Problemlöseverhalten

Faßt man die Ergebnisse der bisherigen Erläuterungen zusammen, so sind folgende Anforderungen an ein Simulationsmodell, das eine operationale Erfassung des Problemlöseverhaltens bzw. der diesbezüglichen Schlüsselqualifikationen ermöglichen soll, zu erfüllen:

- Variation verschiedener Problemtypen sowie deren getrennte Untersuchung,
- Variation der Problemkomplexität hinsichtlich Variablenzahl, Variablenverknüpfung und Transparenz,
- Vorhandensein mehrerer Zyklen zur Ermittlung des Regelverhaltens als operationalisierbarer Prozeß für die Güte des Problemlöseverhaltens,
- Variation der Sicherheit von Entscheidungen,

- Wertneutralität des Modellinhalts,
- Sicherung des Modellinhalts vor spezifischem Fachwissen,
- Aussagenvermittlung in kurzer Zeit über das Problemlöseverhalten eines Probanden und
- Dosierung der Komplexität des Simulationsmodells zwecks Sicherstellung der Testmöglichkeit für eine "breite" (bezüglich der Qualifikationsmerkmale) Probandenschicht.

Hierbei finden die beiden letzten Forderungen ihre Begründung in der Praktikabilität und breiten (für verschiedene Analysezwecke) Nutzbarkeit.

3.2.6 Aufbau des EDV-gestützten Bewertungsmodells

Um einen geringen Einfluß von Wertvorstellungen und eine weitgehende Unabhängigkeit von Vorkenntnissen auf das Testen der Problemlösefähigkeit zu gewährleisten, ist das Simulationsmodell unter dem Namen "Pingdong" von der Thematik möglichst einfach und wertneutral aufgebaut: es wird ein Königreich einer vergangenen Zeit simuliert, in dem der Proband als Herrscher über dieses Reich fungiert. Die Aufgabe des Probanden besteht in der Verwaltung der Ressourcen des Reiches. Mit dem Ziel, dem Königreich zu hohem Reichtum (Landbesitz) zu verhelfen, ist der Proband vor die Entscheidungssituation gestellt, den aus der Ernte des Vorjahres gespeicherten Weizen sinnvoll einzusetzen: zum Ankauf von weiterem Land, zur Ernährung seiner Bevölkerung und/oder zur Bebauung der Felder. Dem weiteren Spielverlauf kann er dann entnehmen (falls er hierzu in der Lage ist), daß die Eingabegrößen mit anderen Modellvariablen vielfach verbunden sind, beispielsweise mit der Größe " Ein- bzw. Auswanderung eines Teiles der Bevölkerung".
Störgrößen, wie das Sterben eines Teils der Bevölkerung durch Krankheit, treten (für den Probanden zufällig) nach bestimmten Perioden während des Simulationslaufes auf. Die Testzeit wird zeitlich auf dreißig Minuten begrenzt. Dabei können maximal dreißig Perioden (einer entsprechenden Anzahl an Jahren im Modell) durchlaufen werden. Vor Beginn erhält jeder Proband die erforderlichen Informationen über das Simulationsmodell. Die Kopplung der wesentlichsten Regel- und Bestandsgrößen ist der Abbildung 3.4 zu entnehmen.

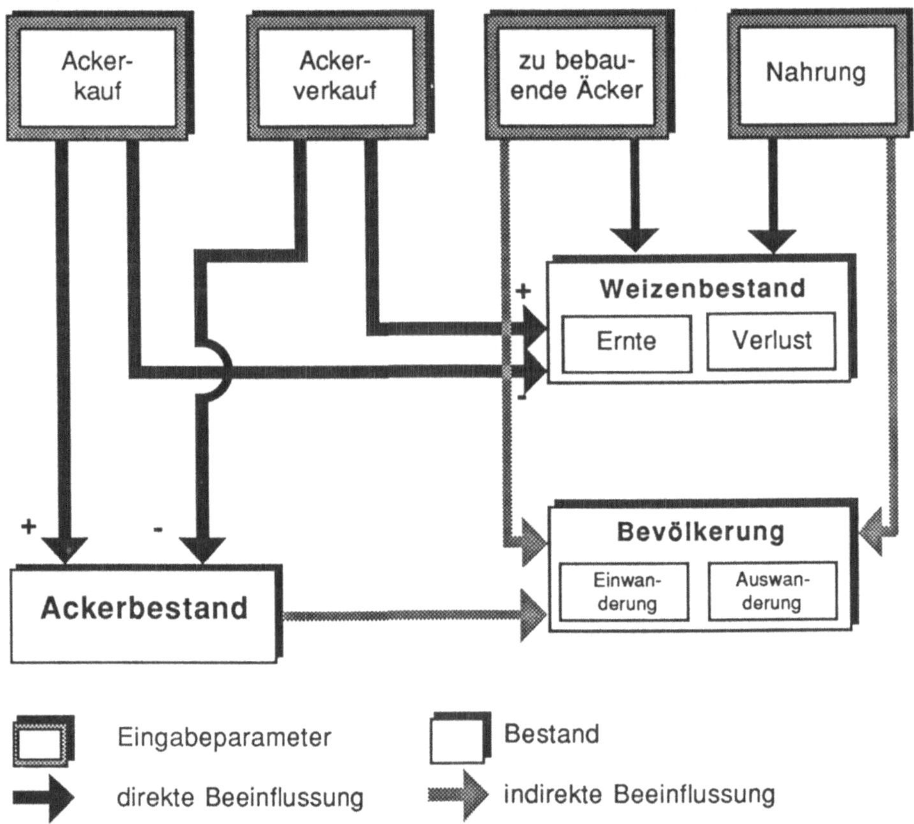

Abb. 3.4:   Basisstruktur zum Simulationsmodell "Pingdong"

Einige Kennzeichen dieses Simulationsmodells sollen in Relation zu
einem anderen Simulationsmodell, das unter dem Namen "Lohhausen"
bekannt ist, behandelt werden:

Kennzeichen	Lohhausen	Pingdong
Variablen-Anzahl	ca. 1.200	14
Kernvariablen-Anzahl	17	5
Durchführungszeit	8 x 2 h	0,5 h

Dieser Vergleich zeigt die geringere Variablen-Anzahl sowie die geringere Durchführungszeit je Proband. Nur über die Verringerung dieser

beiden Größen ist es möglich, quantifizierte Aussagen zum Problemlöse- und Entscheidungsverhalten in einer vertretbaren Zeit zu erzielen. Die Komplexität des Modells "Pingdong" wird wie bei anderen Simulationsmodellen über Umfang und Ausmaß der Verknüpfung der einzelnen Variablen erreicht. Das System kann aber auch mit Variablen in relativ geringer Beziehungsdichte stabil gehalten werden.

Wie bereits ausgeführt, erfolgen die Problemlöseschritte analog der Vorgehensweise bei anderen Simulationsmodellen über einen festgelegten Zeitraum, in dem die Probanden mit Maßnahmen auf Problemsituationen reagieren müssen. Der Proband wird über eine rasch zu erfassende logische Kausalkette "Nahrung - Reichtum - Bevölkerung - Feldbebauung - Ernte - Nahrung" in die Lage versetzt, eine relativ stabile Gleichgewichtslage zu finden. Damit werden auch Probanden, deren Problemlösefähigkeiten gering sind, in die Lage versetzt, meßbar regulativ einzugreifen. Soll allerdings der Systemzustand über ein bloßes Stagnieren und Abfangen einer katastrophenähnlichen Situation hinaus entwickelt werden (im Sinne eines Wachstums), sind hier weitere Parametervariationen erforderlich, die beispielsweise eine Erhöhung der Einwanderungsrate oder eine Minimierung des Bevölkerungsverlustes bewirken. Der Komplexitätsgrad des Systems wird dadurch erhöht, daß selbst nach längerer Laufzeit lediglich eine suboptimale Situation erreicht wird. Hieraus ergibt sich für das Modell als Meßinstrument eine hohe Meßweite in kurzer Testzeit.

3.2.7 Merkmale und Schlüsselqualifikationen im Evaluierungsmodell

Die Bewertung des Problemlöseverhaltens stützt sich auf die bereits angesprochenen Schlüsselqualifikationen. Von den im Abschnitt 3.1 aufgeführten Schlüsselqualifikationen werden im Simulationsmodell die folgenden erfaßt:

- logisches Denkvermögen,
- Selektionsfähigkeit,
- Fähigkeit des Erkennens von Systemverhalten und Grundzusammenhängen und
- Transformationsfähigkeit.

Die Kommunikationsfähigkeit wird im Rahmen der vorliegenden Betrachtungen nicht berücksichtigt, jedoch kann der Ablauf der Durchführung so gestaltet werden, daß diese Schlüsselqualifikation auch erfaßt werden kann. Die Selektionsfähigkeit wird mit der in Vorversuchen ermittelten Eigenschaft guter Problemlöser "strukturierte Vorgehensweise" erfaßt. Das Merkmal "strukturierte Vorgehensweise" betrifft, wie der Name besagt, die Fähigkeit zu strukturiertem Vorgehen. Als weitere "Schlüsselqualifikation" wird die in Vorversuchen ermittelte Eigenschaft guter Problemlöser zur selbstreflektierten Vorgehensweise berücksichtigt.

Die Entwicklung der Struktur des Beziehungsgeflechtes zwischen Schlüsselqualifikationen und Merkmalen des Simulationsmodells erfolgt in Anlehnung an die Vorgehensweise in Abbildung 3.5.

Die Schlüsselqualifikationen werden in einem ersten Schritt nach den folgenden 5 operationalen Faktoren sortiert:

lfd.Nr.	Faktoren	Schlüsselqualifikationen
I.	Geschwindigkeit der Problemlösung	logisches Denkvermögen
II.	Erkennen der optimalen Strategie	Fähigkeit des Erkennens von Systemverhalten und Grundzusammenhängen

III.	Regelverhalten	strukturierte Vorgehensweise
IV.	Reaktion auf unerwartete Situationen	Transformationsfähigkeit
V.	Lernen aus unerwarteten Situationen	selbstreflektierte Vorgehensweise.

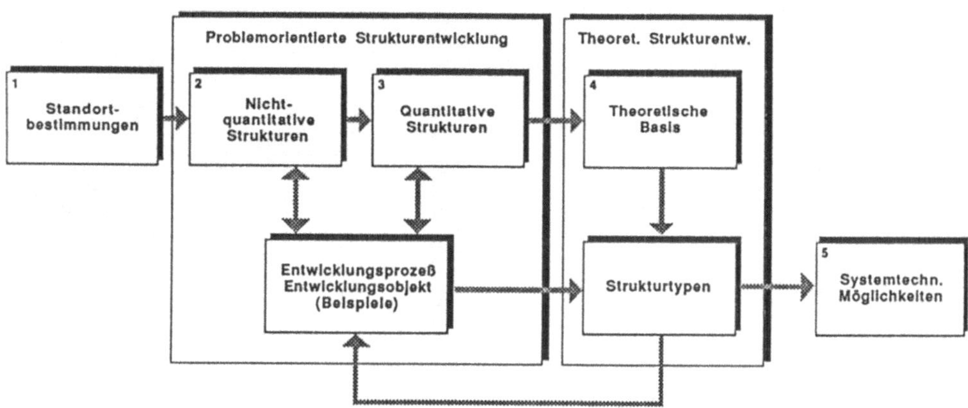

Abb. 3.5:   Vorgehensweise zur Strukturentwicklung
              (nach Hildebrandt 1986)

Um Faktoren zu erhalten, geht man im allgemeinen im Rahmen der Faktorenanalyse von Merkmalen aus, die in einer entsprechenden Untersuchung erhoben werden, und reduziert diese auf eine begrenzte Anzahl von Faktoren. Die Gewinnung und Interpretation der Faktoren erfolgt unter dem Blickpunkt einer bestimmten theoretischen Konzeption mit dem Ziel, das Zustandekommen und die Gesetzmäßigkeiten der beobachteten Mannigfaltigkeit aufzuklären (Abbildung 3.6).

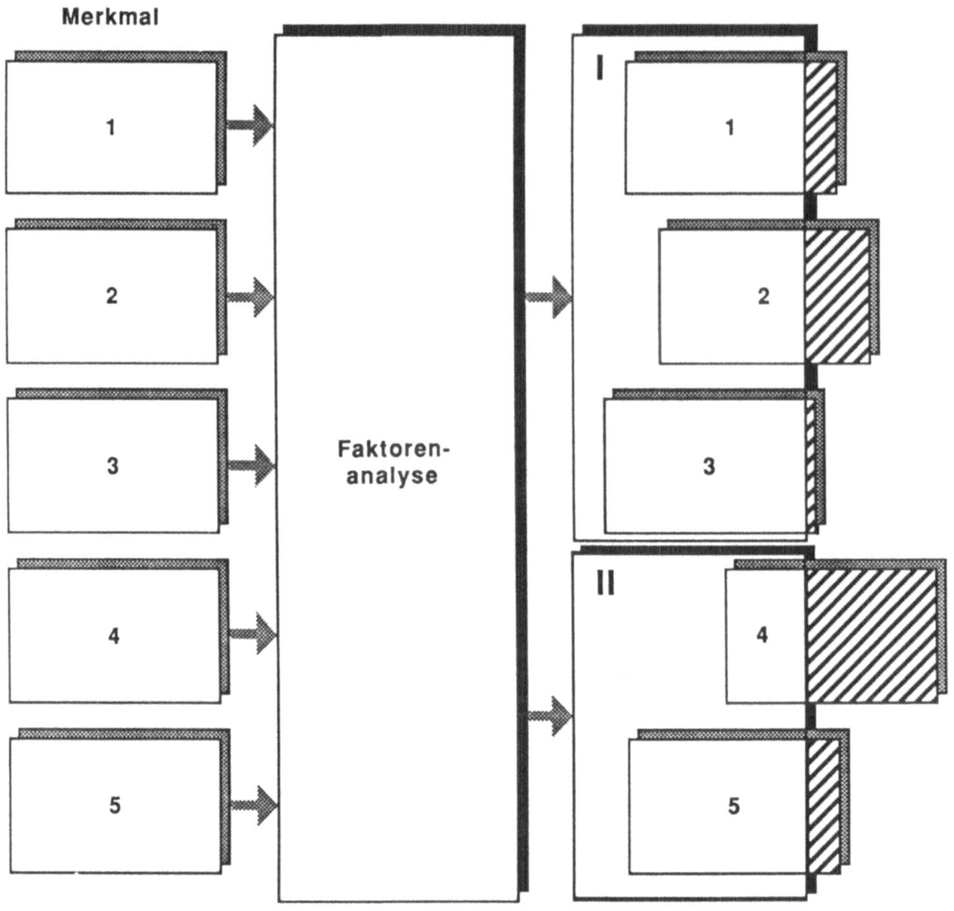

Abb. 3.6:   Prinzipielle Vorgehensweise bei der Faktorenanalyse
              (nach Hildebrandt 1986)

Die Zuordnung der nach der Trennschärfeanalyse verbliebenen Merkmale
zu den Faktoren wird in Abbildung 3.7 dargestellt. Nähere Angaben
zu den Merkmalen und der Zuordnung über die Kriterien zu den Schlüsselqualifikationen finden sich im Anhang AI (S. A I-1).

Zur Untersuchung der Problemlöse- und Entscheidungsfähigkeit wird
in dieser Arbeit eine andere Vorgehensweise gewählt. Im ersten
Schritt wurden über Auswertung der Aussagen der einschlägigen Literatur sowie Experteninterviews (einschlägig tätige Wissenschaftler

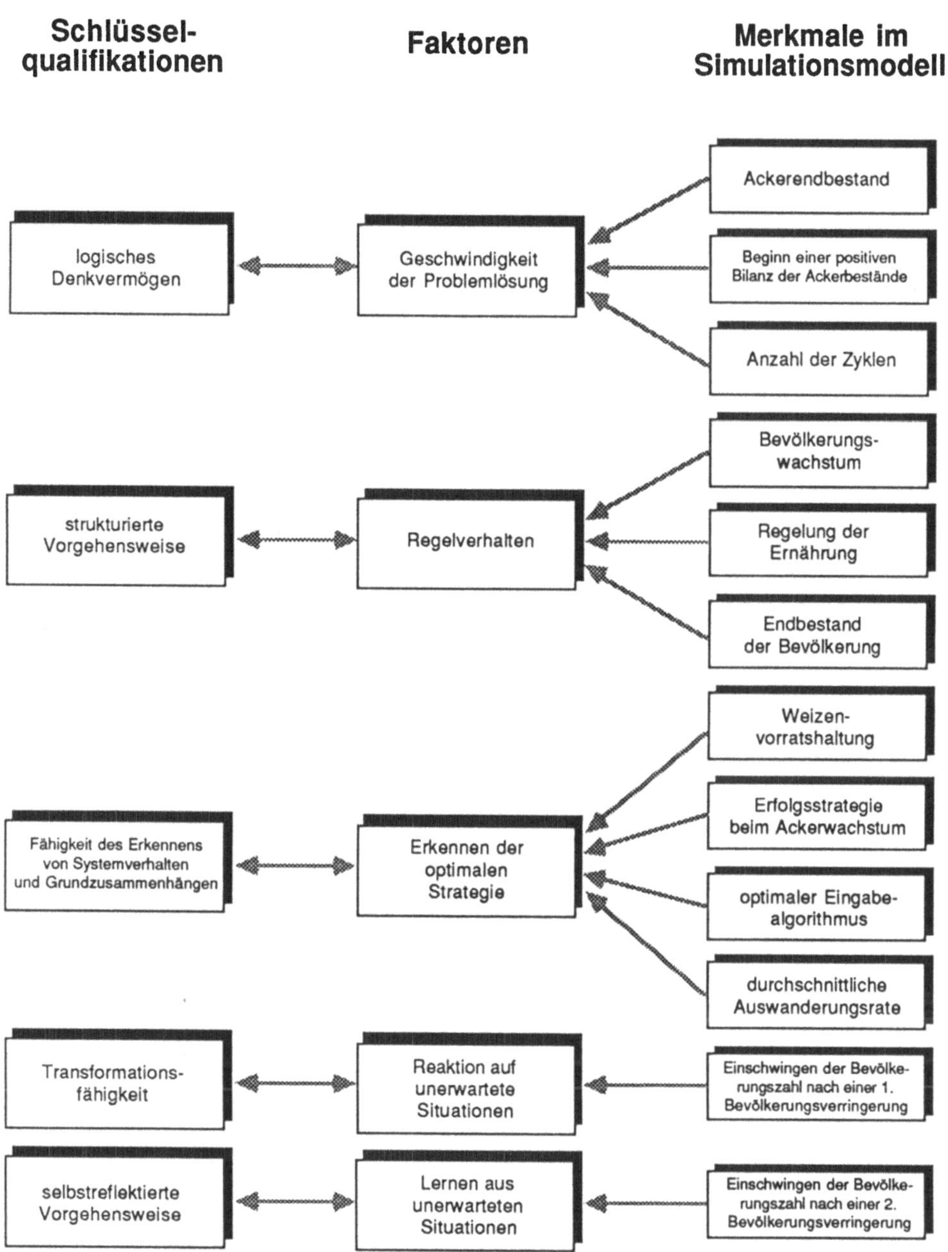

Abb. 3.7: Zuordnung von Faktoren und Merkmalen des Simulationsmodells zu den Schlüsselqualifikationen

aus Hochschulen und auf dem Gebiet des Personalwesens tätige Betrieb-
praktiker - insbesondere diejenigen, die sich mit den Fragen der
Führungskräfteauswahl und -bewertung beschäftigen -) und den durchgeführten eigenen Untersuchungen zum Problemlöseverhalten im Umgang
mit rechnergestützten Simulationsmodellen, die bereits aufgeführten
Schlüsselqualifikationen ermittelt und entsprechenden Faktoren der
Simulationsmodelle zugeordnet. Dies ist erforderlich, da ein Teil
der Schlüsselqualifikationen in der verbalen Form, in der sie hier
vorliegen, nicht unmittelbar das Verhalten im Umgang mit einem Simulationsmodell und dessen Einflußfaktoren beschreiben, jedoch zur Beschreibung des generellen Verhaltens in Problemlöse- und Entscheidungssituationen geeignet sind. Aus diesem Grunde wurde die Zweitei-
lung in Schlüsselqualifikationen und entsprechende Faktoren für ein
EDV-gestütztes Simulationsmodell beibehalten.

In einem iterativen Prozeß wurde im nächsten Schritt ein Simulationsmodell entwickelt, das den in den Abschnitten 3.2.4 und 3.2.5 aufgeführten Anforderungen genügt und quantifizierbare Merkmale enthält,
die zunächst deduktiv den entsprechenden Faktoren zugeordnet werden.
Der iterative Prozeß ergibt sich über Abgleich von zunächst sinnvoll
erscheinenden Merkmalen, die im Simulationsmodell abgebildet werden
müssen, und den generellen Anforderungen an ein derartiges Modell,
die ebenfalls bei der Erstellung des Modells Berücksichtigung finden
müssen.

In einem weiteren Schritt wurde dann über das Verfahren der Trenn-
schärfenanalyse (d.h. Anwendung der Methode der punktbiserialen Korre-
lation) die Merkmale auf ihren Zusammenhang mit der zugrundeliegenden
Aufgabenstellung hin überprüft, d.h. geprüft, ob sie einen Beitrag
leisten können zur Problematik der Überprüfung der Problemlöse- und
Entscheidungsfähigkeit. Das verwendete statistische Verfahren zur
Trennschärfenanalyse wird im Abschnitt 3.3 vorgestellt und erläutert.
Mit den nach Durchführung der Trennschärfenanalyse verbleibenden
Merkmalen wird im nächsten Schritt ein rechnergestütztes Auswertungs-
programm erstellt, das Aussagen über das Problemlöse- und Entschei-
dungsverhalten des jeweiligen Probanden in differenzierter Form (nach
Merkmalen, Faktoren und Schlüsselqualifikationen getrennt und als
generelle Kennzahl) erlaubt.

3.2.8 Rahmenbedingungen der Untersuchungen zum Problemlöseverhalten

In die Experimente zum Problemlöseverhalten konnten nach Vortests mit 45 Personen (siehe hierzu die Ausführungen in Abschnitt 3.3) 150 Personen einbezogen werden. Davon waren 120 Studenten verschiedener Fachrichtungen sowie 30 Mitarbeiter des Instituts für Arbeitswissenschaft (IAW) der RWTH Aachen, die im Laufe eines halben Jahres getestet wurden. Die Überprüfung der Ergebnisse wurde dann mit 250 Personen unterschiedlicher schulischer und beruflicher Vorbildung und unterschiedlicher beruflicher Tätigkeit durchgeführt. Zur Auswertung der Simulationsläufe wurde vom Rechner ein internes Protokoll geführt, das nicht nur die Ergebnisse der einzelnen Testläufe, sondern auch die Werte der Zustandsgrößen des Simulationsmodells dokumentiert. Insgesamt erhält man hierüber für einen Probanden 325 Versuchsdaten. Sie werden mittels des hierfür erstellten Programms ausgewertet, das die zur Analyse erforderlichen statistischen Verfahren wie Korrelationsberechnungen, Regressionsanalysen sowie entsprechende grafische Darstellungen enthält und eine rasche Auswertung der Testläufe ermöglicht. Weitere Angaben über das Auswertungsprogramm befinden sich im Anhang A II (S. A II-1).

3.3 Ergebnisse der durchgeführten Untersuchung

Das Simulationsmodell stellt für den Probanden ein komplexes Problem dar. Gute Problemlöser werden insgesamt das komplexe Problem besser lösen als schlechte und höhere Wertungen in den Merkmalsausprägungen erhalten. Somit kann das Simulationsmodell zu einem T e s t ausgestaltet werden, wobei man im allgemeinen unter einem Test ein wissenschaftliches Routineverfahren zur Untersuchung eines oder mehrerer empirisch abgrenzbarer Persönlichkeitsmerkmale mit dem Ziel einer möglichst quantitativen Aussage über den relativen Grad der individuellen Merkmalsausprägung versteht (Warren 1934, zitiert in Lienert 1980, S. 7). Ein Test soll in möglichst hohem Grad objektiv, reliabel und valide sein. Diese Eigenschaften kann ein Test aber nur dann besitzen, wenn auch die einzelnen Elemente des Tests objektiv, reliabel und valide sind. Hierbei gelten folgende Aussagen:

- ein Testelement ist dann objektiv, wenn es von verschiedenen
  Beurteilern als kennzeichnend für das Vorhandensein oder Fehlen
  des untersuchten Persönlichkeitsmerkmals, bzw. dessen Ausprägungs-
  grad gewertet wird,
- ein Testelement ist dann reliabel, wenn es bei Wiederholung
  in einem angemessenen Zeitintervall zur gleichen Aussage führt
  wie bei der ersten Untersuchung und
- ein Testelement ist dann valide, wenn es bei Probanden mit star-
  ker Merkmalsausprägung häufiger Aussagen im Sinne der Erwartung
  ergibt als bei Probanden mit geringerer Merkmalsausprägung.

Üblicherweise wird die Validität eines Testelementes nicht direkt
an dem entsprechenden Merkmal geprüft, sondern am Gesamtpunktwert
des Testes. Somit wird die Validität eines Testelementes zur
T r e n n s c h ä r f e . Dies beinhaltet, daß das Testelement die
´guten´ Probanden mit hohem Gesamttestpunktwert von den ´schlechten´
Probanden mit niedrigem Punktwert mehr oder weniger scharf trennt.
Ein Testelement kann demnach als trennscharf bezeichnet werden, wenn
es mit dem Gesamtpunktwert des Testes hinreichend korreliert.

Neben diesen Kriterien eines Testelementes besteht ein weiteres wich-
tiges Kriterium in der "Schwierigkeit". Während der gesamte Test
insgesamt notwendigerweise immer eine etwa mittlere Schwierigkeit
in Verhältnis zum Kollektiv, auf das er angewendet werden soll, haben
wird, kann das einzelne Testelement sowohl sehr leicht (von vielen
Probanden) wie auch sehr schwer (von wenigen Probanden) zu lösen
sein. Bei einer geringen Schwierigkeit eines Testelementes (im vorliegenden Falle Merkmals) ist auch seine Trennschärfe niedrig. Mit an-
steigender Schwierigkeit wächst die Trennschärfe bis zum Maximum
bei einer mittleren Schwierigkeit und nimmt darüber hinaus wieder
ab (Lienert 1980, S. 37ff). Merkmale von mittlerer Schwierigkeit
sind maximal trennscharf (Abbildung 3.8). Dieser Sachverhalt findet
seine Ausprägung im Schwierigkeitsgrad des jeweiligen Merkmals. Der
Schwierigkeitsgrad ist definiert als Quotient aus der Anzahl N_R
der Probanden, die die festgelegte mittlere Ausprägung des Merkmals
erfüllen, und der Anzahl N aller Probanden, somit $p = N_R/N$ (Schelten 1980, S. 128f).

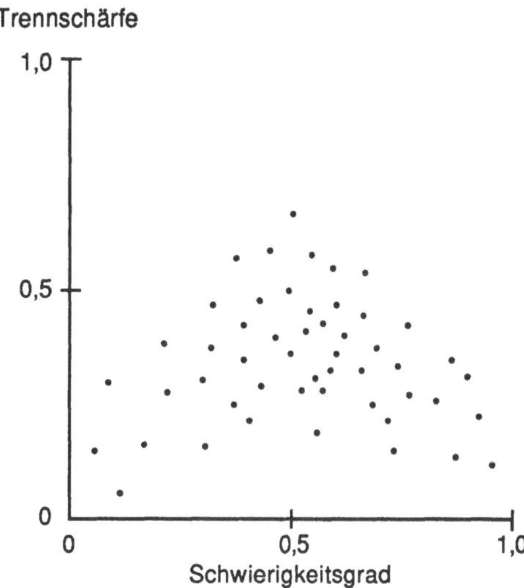

Abb. 3.8:   Zusammenhang zwischen Trennschärfe und Schwierigkeitsgrad von Testelementen (Merkmalen)

Bei Merkmalen, die einen Schwierigkeitsgrad $p < 0,1$ oder $p > 0,9$
haben, ist eine Trennschärfe praktisch nicht existent. Hieraus folgt,
daß das betreffende Merkmal keinen Beitrag zum zugrundegelegten
Zusammenhang liefert.

Insgesamt gilt, daß mehrere Merkmale über das Problemlöse- und
Entscheidungsverhalten eine bessere Aussage als ein einzelnes Merkmal
geben. Je größer nun die Korrelation zwischen der Aussage aller
verwendeten Merkmale bezüglich des untersuchten Sachverhaltes und
der eines einzelnen Merkmales ist, um so besser ist dieses Merkmal
geeignet, den Sachverhalt zu beschreiben und um so mehr trägt es zu
dieser Beschreibung bei. Diese Korrelation ist zwischen zwei stetigen
Variablen zu ermitteln, von denen die eine alternativ (einzelnes Merkmal, nach Intervallzugehörigkeit bewertet) und die andere (Testrohwert) metrisch bestimmt wird. Als Verfahren wird hierzu die punktbiseriale Korrelation angewendet. Hierbei wird die Differenz zwischen
arithmetischen Mittelwerten der beiden Kollektive "alle Probanden"
und "intervallzugehörige Probanden" (,die sich bezüglich der Auspra-
gung des jeweiligen Merkmals innerhalb der festgelegten Intervallgrenzen befinden,) gebildet, durch die Standardabweichung für alle

54

Probanden dividiert und mit einem Anteilsfaktor des Merkmals multipliziert:

$$\text{pbis } r = \frac{\overline{X}_R - \overline{X}}{s_X} \cdot \sqrt{\frac{p}{q}} \qquad .$$

Hierbei ist $\overline{X}$ das arithmetische Mittel aller N Testrohwerte aller Probanden, $\overline{X}_R$ das arithmetische Mittel der Testrohwerte der N_R Probanden in den vorbestimmten Wertintervallen und s_X die Standardabweichung der Testrohwerte aller N Probanden. Für $p = N_R/N$ gilt $q = 1 - p$. Mit den expliziten Termen für die Standardabweichung

$$s_X = \frac{\sqrt{N \sum x^2 - (\sum x)^2}}{N}$$

und den Anteilen p und q erhält man die für die programmtechnische Berechnung zweckmäßige Form

$$\text{pbis } r = \left(\frac{\sum X_R}{N_R} - \frac{\sum X}{N} \right) \sqrt{\frac{N_R}{N - N_R}} \cdot \frac{N}{\sqrt{N \sum x^2 - (\sum x)^2}}$$

(Lienert 1980, S. 94).

X_R ist hierbei der Testrohwert der N_R Probanden, deren Merkmalswerte sich innerhalb festgelegter Intervallgrenzen befinden, X der Testrohwert aller N Probanden. Unter dem Testrohwert wird in der Teststatistik die Summe der Punkte für alle jeweils im Sinne der Aufgabenstellung erfüllten Testelemente verstanden, wobei jedem Proband als einfachste Möglichkeit für jedes Testelement, das im Sinne der Aufgabenstellung erfüllt ist, ein Punkt zuerkannt wird. Andere Möglichkeiten bestehen in der gleichzeitigen Berücksichtigung nicht erfüllter Testelemente und ungleich gewichteter Testelemente. Übertragen auf den vorliegenden Fall bedeutet dies, daß Merkmalswerte, die innerhalb eines bestimmten Intervalls liegen, einen Punkt erhalten. Merkmale, die sich wertmäßig außerhalb dieses Intervalls befinden, erhalten keinen Punkt.

Das Schwierigkeitsgrad-Intervall wird hier zur Festlegung herangezogen, ob dem einzelnen Merkmal jeweils ein Punkt zuerkannt wird oder nicht.

Bei dem hier vorliegenden Problemkreis gibt die Trennschärfe eines Merkmals an, ob das Merkmal in der Lage ist, "gute" und "schlechte" Problemlöser so zu trennen, wie es über die Gesamtheit der Merkmale erfolgt. Die Gültigkeit der berechneten Trennschärfe wird zusätzlich dadurch gesichert, daß jeder Proband nach Absolvierung des Testlaufs einen Fragebogen ausfüllt, aus dem sich Wertungen für Zusammenhänge, Algorithmen und Schlüsselerkenntnisse, ermitteln und in die Korrelationsrechnung einbringen lassen.

Insgesamt wurden dem Modell Pingdong zunächst 16 Merkmale zugrundegelegt. In Voruntersuchungen mit 45 Probanden verschiedener Vorbildung wurde der Bereich der überhaupt möglichen Merkmalswerte erfaßt. So wurde beispielsweise für das Merkmal "Bevölkerungswachstum" ermittelt, nach welcher Simulations-Zahl im Einzelfall jeweils ein monoton steigender Wert erzielt wurde. Hieraus wurden über einen mehrfachen Durchlauf des Auswerteprogrammms die Intervallgrenzen der Merkmale bzw. der Schwellenwert des Merkmals bestimmt, d.h. die Werte, die von einer mittleren Anzahl der Probanden erzielt wurden. Merkmale, bei denen sich solche Schwellen bzw. Grenzen finden lassen, werden auf ihre Validität hin überprüft, wobei die Validität "verbessert" werden kann durch "Verschieben" der Schwell- bzw. Grenzwerte, d.h. bis der Schwierigkeitsgrad des betreffenden Merkmals in einem mittleren Bereich ist. Läßt sich dies trotz der Veränderung der Grenz- bzw. Schwellwerte nicht erreichen, so wird das Merkmal eliminiert. Dies hat zur Folge, daß nun die gesamte Berechnung für die übrigen Merkmale erneut durchgeführt werden muß, da ja jedes Merkmal einen Anteil zum Gesamtrohwert beiträgt.

Insgesamt bleiben nach der Durchführung dieses iterativen Prozesses 12 Merkmale für die weiteren Untersuchungen übrig, die in Abbildung 3.7 aufgeführt sind. Abbildung 3.9 enthält die prinzipielle Vorgehensweise zur Analyse des Problemlöse- und Entscheidungsverhaltens in zusammenfassender Form.

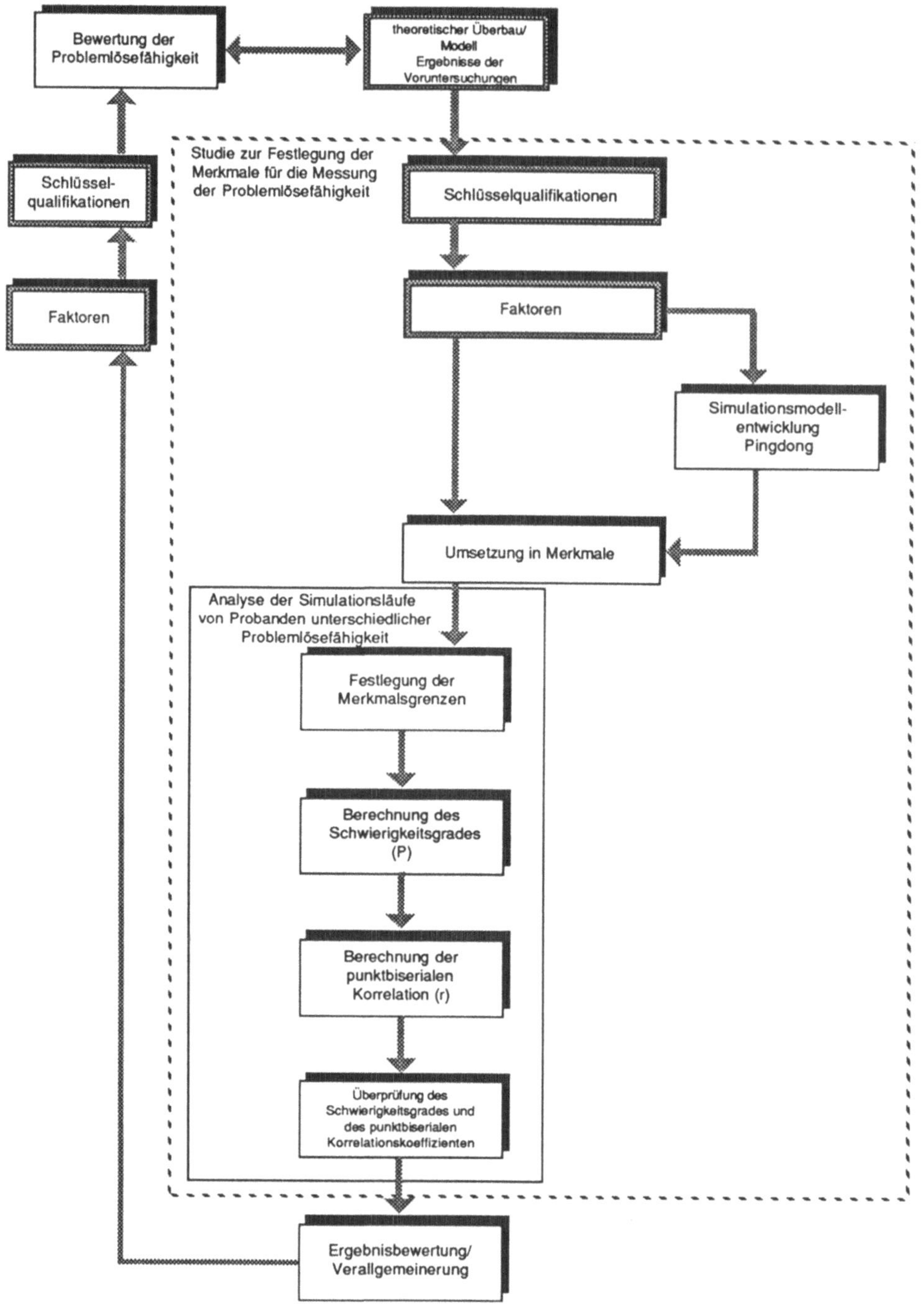

Abb. 3.9:   Prinzipielle Vorgehensweise zur Analyse von Problem-
löse- und Entscheidungsverhalten

Die Vorgehensweise soll exemplarisch anhand eines Merkmals dargestellt werden. Dazu sei von Testläufen des Simulationsmodells
Pingdong die Bilanz zweier Probanden betrachtet. Sie weisen den
gleichen Reichtum (ausgedrückt über die Werte des Ackerbestandes,
der Bevölkerungszahl usw.) im Simulationsmodell nach 30 Minuten
Testzeit auf (Abbildungen 3.10 - 3.12).

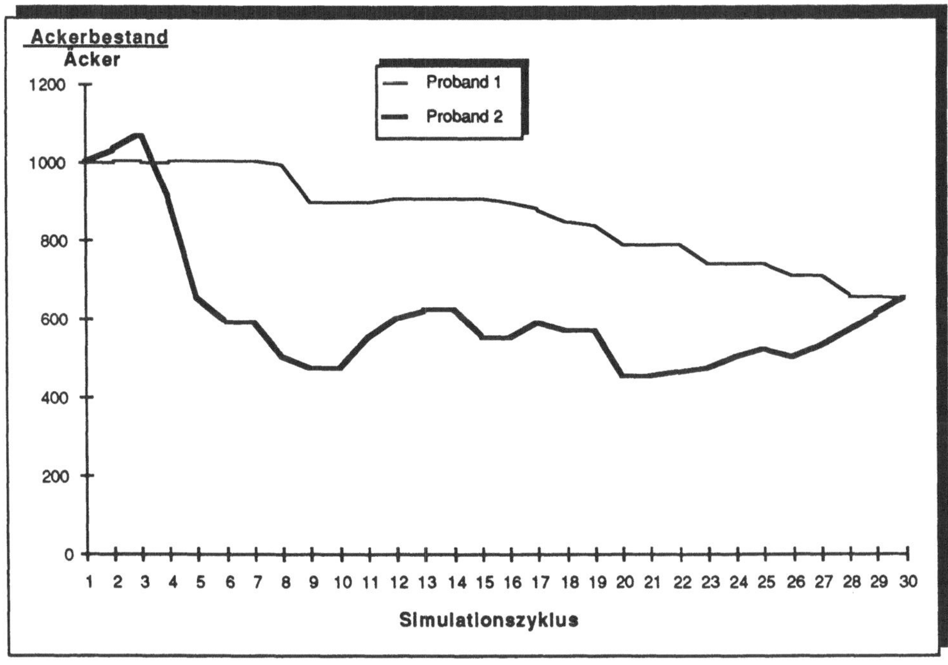

Abb. 3.10:   Verläufe der Ackerbestände zweier Probanden mit dem
              gleichen Ackerendbestand

Bei den Ackerbeständen ergibt eine Extrapolation der beiden Verläufe
allerdings für Proband 2 einen erheblich höheren Ackerendbestand.
In den Abbildungen 3.11 und 3.12 sind die jeweiligen "Nahrungsausga-
ben an die Bevölkerung" zusammen mit dem jeweiligen Bevölkerungsstand
aufgetragen. Auch hier ist bei Proband 2 ein besseres "Regelverhalten" zu erkennen, das nach einem Zeitraum von ca. 20 Zyklen auch
zu einem deutlichen Ackerflächenzuwachs führt. Die beiden Probanden
unterscheiden sich demnach nicht durch ihren nach 30 Minuten Testzeit
erwirtschafteten Ackerbestand von 650 Äckern.

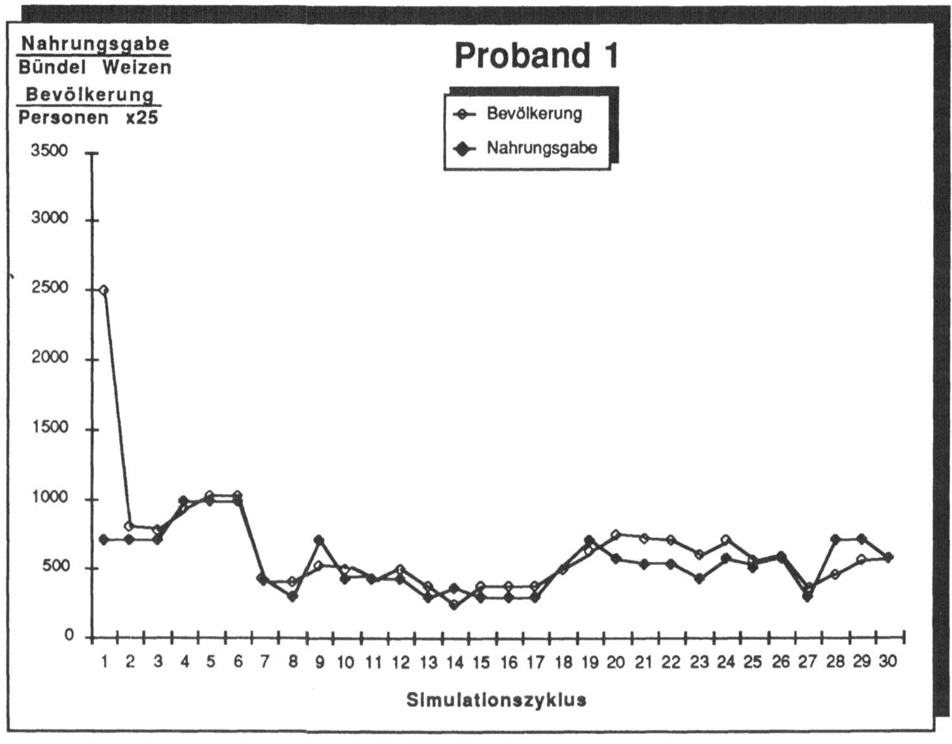

Abb. 3.11:   Nahrungsausgabe an die Bevölkerung und Bevölkerungszahl über die Simulationszyklen des Testlaufes von
Proband 1 der Abbildung 3.10

Allerdings scheint das Regelverhalten von Proband 2 insgesamt erfolg-
versprechender zu sein: nach einigem "Ausprobieren" hat er eine stabile Nahrungsausgabe gefunden, so daß er über eine langsam wachsende
Bevölkerungszahl sogar einen Ackergewinn erzielen kann.

Das Merkmal "Regelung der Ernährung" kann als ein Indiz für das Regelverhalten insgesamt gelten. Zur Berechnung dieses Merkmals dienen
die beiden Wertverläufe der Ernährungs-Testzyklen-Funktion und der
Bevölkerungs-Testzyklen-Funktion: Nach Normierung und Übertragung
in ein Koordinatensystem kann aus der Differenz dieser beiden Funktionen der Zeitpunkt bestimmt werden, ab welchem Zyklus diese Differenz
monoton wächst. Ab hier liegt ein stabiler Regelzustand vor, da die
Nahrungsausgabe so gesteuert wird, daß durch den steigenden Wohlstand
des Landes mit dem verbleibendem Weizen Äcker gekauft werden können,

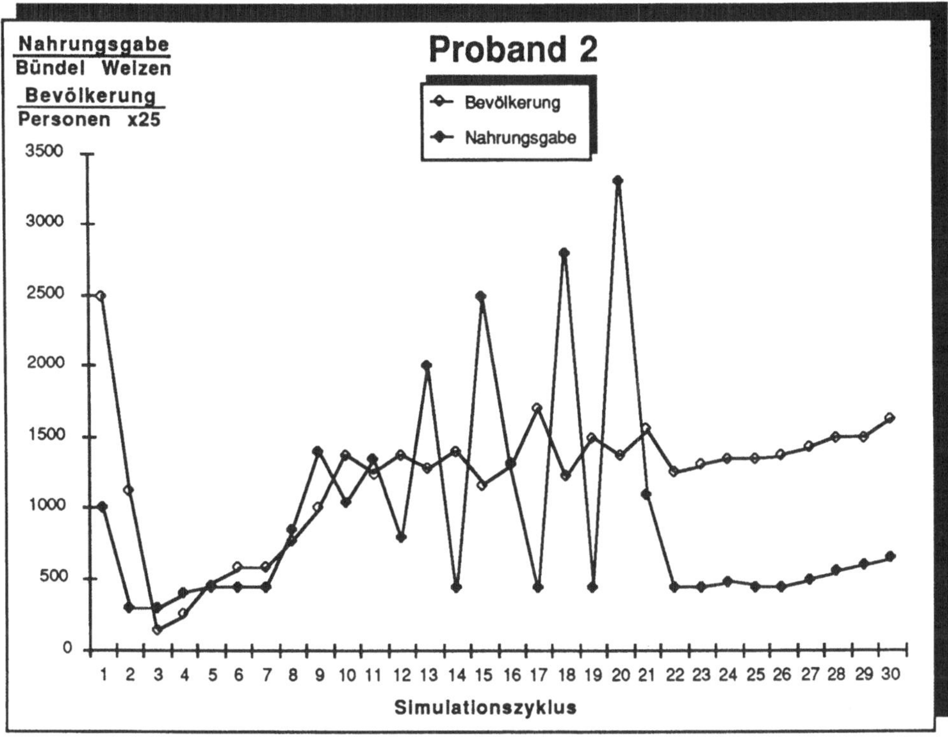

Abb. 3.12:   Nahrungsausgabe an die Bevölkerung und Bevölkerungszahl über die Simulationszyklen des Testlaufes von
Proband 2 der Abbildung 3.10

der Anreiz zur Einwanderung wächst und insgesamt eine positive Bevöl-
kerungsbilanz entsteht. Der Wohlstand wächst und Menschen wandern
ein. Über den höheren Anreiz braucht die Nahrungsausgabe jedoch nicht
proportional der Bevölkerungszahl zu wachsen. Proband 1 scheint diesen Sachverhalt nicht zu erkennen; eine monoton wachsende Differenz
zwischen beiden Funktionen tritt nicht ein. Mit Hilfe des Auswertepro-
gramms werden in diesem Beispiel nun die beiden Wertverläufe verglichen und die Zykluszahl bestimmt, ab der eine monoton wachsende Differenz der beiden Wertverläufe eintritt. Diese wird dann zahlenmäßig
festgehalten.

Vor Berechnung der punktbiserialen Korrelation muß für jedes Merkmal
die Entscheidung über den Schwellenwert getroffen werden, oberhalb
dessen ein Merkmalswert einem guten Problemlöser zuzuordnen ist.

Als Entscheidungshilfe dient hierbei der bereits angesprochene Schwierigkeitsgrad. Über den Zusammenhang zwischen Trennschärfe und Schwierigkeitsgrad ergibt sich hier die Wahl eines mittleren Schwierigkeitsgrades. Übersteigt der Merkmalswert die vorgegebene Schwelle, die durch den mittleren Schwierigkeitsgrad festgelegt ist, so gehört der Merkmalswert zur Gruppe der "guten Problemlöser". Da es zunächst nicht um eine Bewertung der Probanden geht, sondern um eine Prüfung des Verfahrens hinsichtlich der Merkmalstauglichkeit, soll die Wahl der Grenze nur durch Schwierigkeitsgrad und Trennschärfe bestimmt werden. Aus den Beziehungen zwischen Schwierigkeitsgrad, punktbiserialer Korrelation (Trennschärfe) eines Merkmals und der übrigen Merkmale lassen sich die Grenzen eines Merkmals in einem iterativen Prozeß festlegen (Abbildung 3.13).

Wenn der Schwierigkeitsgrad eines Merkmals nicht in das Intervall von $0,1 < p < 0,9$ fällt, wird das Merkmal aus der Korrelationsanalyse eliminiert. Dies gilt beispielsweise für einen Merkmalswert, der von allen Probanden erreicht wird und damit einen Schwierigkeitsgrad von $p = 1$ hat. Das gleiche gilt für einen mit Hilfe der punktbiserialen Korrelationsanalyse ermittelten Trennschärfekoeffizienten $_{pbis}r < 0,1$. Nach Durchführung einer derartigen Untersuchung für alle Merkmale kann nun die Beziehung vom Merkmal des Simulationsmodells über die Faktoren zu den Schlüsselqualifikationen hergestellt werden. Das Problemlöseverhalten eines Probanden läßt sich über diesen Bezug relativ zur Testgruppe differenzieren. Somit läßt sich eine Rangfolge der Probanden ermitteln.

Nach Eliminierung der Merkmale mit einem Trennschärfekoeffizienten $_{pbis}r < 0,1$ und der Wahl der Merkmalsgrenzen dergestalt, daß der Schwierigkeitsgrad jeweils Werte zwischen $0,1 < p < 0,9$ bei der gesamten Testgruppe erreicht, werden die Trennschärfen und die Schwierigkeitsgrade endgültig berechnet. Tabelle 3.1 enthält als Ergebnis für die Testgruppe die Schwierigkeitsgrade und die entsprechenden Trennschärfekoeffizienten als punktbiseriale Korrelationskoeffizienten. Gleichzeitig werden hier für die einzelnen Merkmale die festgelegten Grenzen aufgeführt.

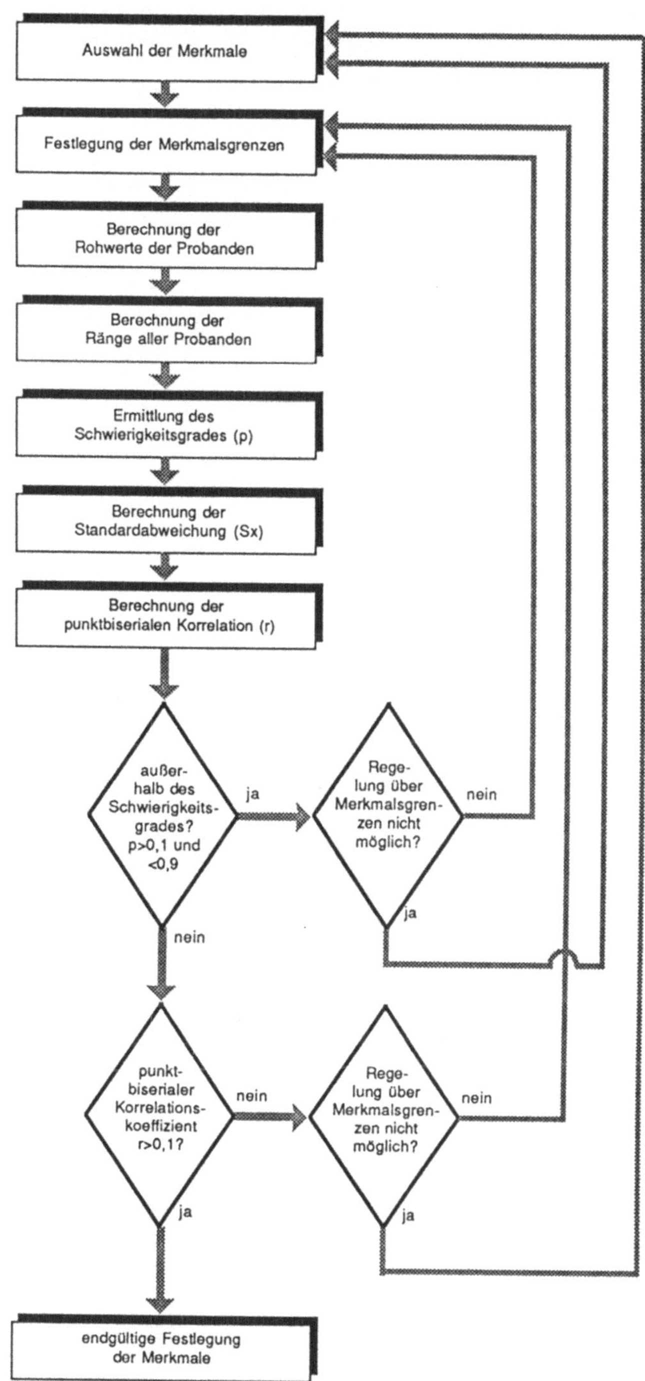

Abb. 3.13:   Programmablaufplan zur Auswahl und Festlegung der Merkmale des Simulationsmodells

Merkmal		Intervallgrenze*	Schwierig-keitsgrad	Trennschärfe Koeffizient
Bezeichnung	Nr.			
Beginn einer positiven Bilanz der Ackerbestände	1	Anzahl der Zyklen > 55%, bezogen auf die Gesamtzyklen	0,63	0,74
Erfolgsstrategie beim Ackerwachstum	2	Steigung der Acker-Zyklen-Funktion > 20%	0,30	0,53
Bevölkerungs-wachstum	3	Anzahl der Zyklen > 70%, bezogen auf den Beginn des Bevölkerungswachstums	0,30	0,27
optimaler Eingabe-algorithmus	4	Testzyklen: bei den letzten 2 Zyklen: maximale Abweichung = 10%	0,62	0,45
durchschnittliche Auswanderungsrate	5	Anteil der Bevölkerung < 15%	0,41	0,31
Anzahl der Zyklen	6	Anzahl der Zyklen = 30	0,53	0,36
Endbestand der Bevölkerung	7	Bevölkerungszahl > 70 Personen	0,42	0,68
Regelung der Ernährung	8	Anzahl der Zyklen bezogen auf die Gesamtzyklen > 84%	0,56	0,55
Weizen-vorratshaltung	9	Weizenverlust < 10 Bündel (in den letzten 3 Zyklen)	0,23	0,29
Einschwingen der Bevölkerungszahl nach einer 1. Bevölkerungsverringerung	10	Anzahl der Zyklen < 3	0,80	0,37
Einschwingen der Bevölkerungszahl nach einer 2. Bevölkerungsverringerung	11	Anzahl der Zyklen = 0	0,72	0,35
Ackerendbestand	12	Ackerbestand > 1000	0,52	0,71

* siehe Beschreibung der Merkmale im Anhang AI

Tab. 3.1:   Schwierigkeitsgrade und punktbiseriale Korrelations-koeffizienten für die Testgruppe

Die Schwierigkeitsgrade und die Trennschärfen werden in Abbildung 3.14 grafisch dargestellt. Es ist zu erkennen, daß der Schwierigkeitsgrad im Bereich von 0,23 bis 0,80 liegt. Die mittlere Trennschärfe mit einem Wert von 0,46 charakterisiert insgesamt die gewünschte, gute Trennschärfe der Merkmale des Simulationsmodells.

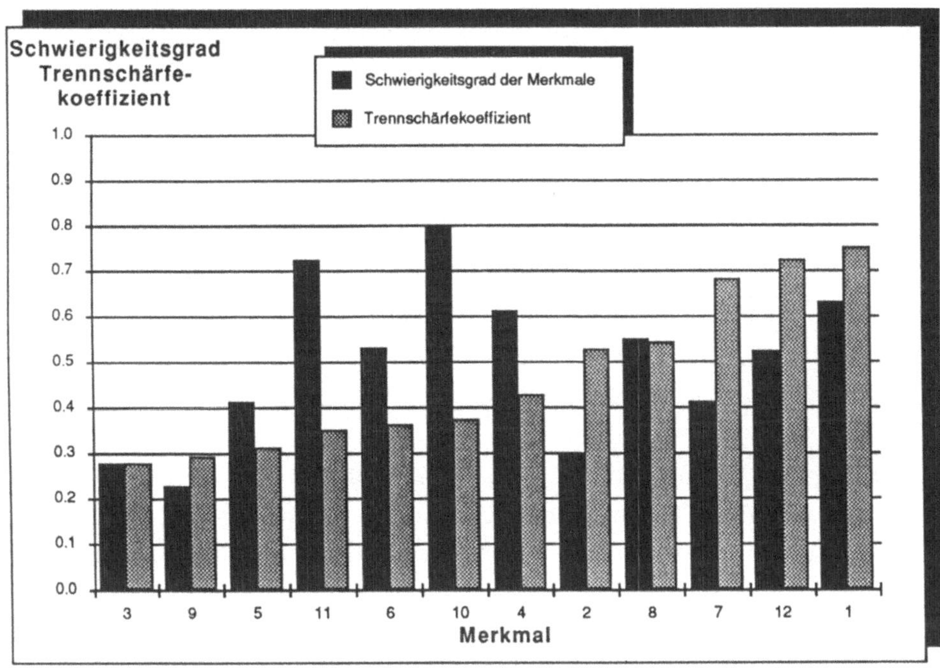

Abb. 3.14:   Trennschärfe-Koeffizienten und Schwierigkeitsgrade
               für die Merkmale bezüglich der Testgruppe

Zur Charakterisierung der Güte dieses Tests dient der Reliabilitätskoeffizient. Er wird hier mit Hilfe der Konsistenzanalyse nach der
K u d e r - R i c h a r d s o n - F o r m e l berechnet (Lienert
1980, S. 227), d.h. gemäß der Beziehung

$$r_{tt} = \frac{N}{N-1} \cdot \frac{s_X^2 - N\,\overline{p}\,\overline{q}}{s_X^2}$$

mit r_{tt} = Reliabilitätskoeffizient,

   s_X = Standardabweichung der Testrohwerte X

   N   = Anzahl der Probanden

   $\overline{p}$ = mittlerer Schwierigkeitsgrad

   $\overline{q}$ = 1 - $\overline{p}$

Als Rohwert wird für diesen Fall die Summe der Punkte eines Probanden definiert, die er erreicht, wenn er für jeden Merkmalswert, der für ihn positiv bewertet wird, einen Punkt erhält; der Wert hierzu liegt oberhalb des Wertes, der einer mittleren Trennschärfe entspricht.

Der gemäß dieser Beziehung berechnete Reliabilitätskoeffizient des Tests beträgt r_{tt} = 0,89. Die Voraussetzungen zur Reliabilität sind damit gegeben (Schelten 1980, S. 98). Da mit der Bewertung der Probanden über die Merkmale des Simulationsmodells ein objektives Meßverfahren gewählt wurde, sind hiermit die formalen Voraussetzungen zur Validität des Tests gegeben.

Die Ergebnisse der durchgeführten Untersuchung und mögliche Folgerungen hieraus sollen im folgenden erläutert werden. Soll die Problemlösefähigkeit eines Probanden beurteilt werden, so kann zunächst pauschal der R o h w e r t des Probanden ermittelt werden. Hierzu wird die Anzahl der Punkte berechnet, die sich durch die Bewertung ergibt, ob der Proband die festgelegten Grenzwerte der Ausprägungen der jeweiligen Merkmale erreicht hat oder nicht, wobei die Aussage "erreicht" hierbei einem Punktwert entspricht. In Abbildung 3.15 ist die Verteilung der Rohwerte der Probanden, nach fallenden Rohwerten sortiert, aufgetragen.

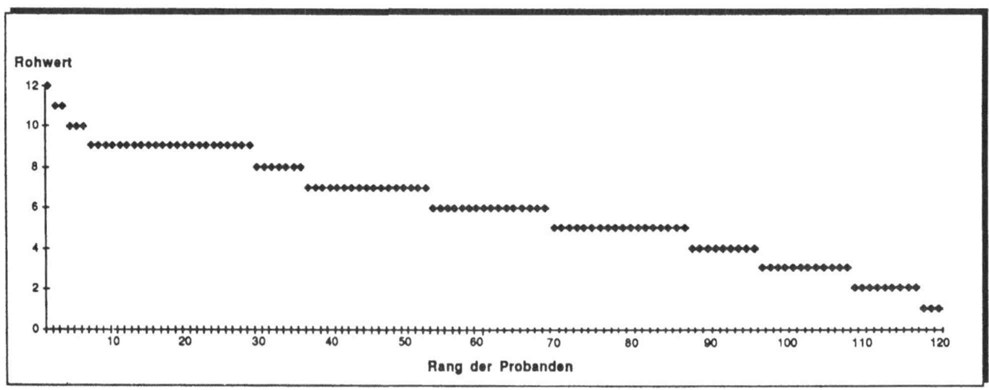

Abb. 3.15:   Verteilung der Rohwerte der Probanden (in fallender Rohwertfolge)

Da jedes Merkmal einen Punkt erzeugen kann, aber den Faktoren bzw. den Schlüsselqualifikationen gemäß Abbildung 3.7 eine unterschiedliche Anzahl an Merkmalen zugeordnet wird, ergibt sich eine andere Verteilung der Rohwerte, wenn die Bewertung der Probanden nicht über eine Gewichtung nach Merkmalen, sondern über eine Gewichtung nach Faktoren bzw. nach Schlüsselqualifikationen erfolgt.

Hierzu müssen die Merkmale gewichtet werden, indem das Gesamtgewicht aller Merkmale gleich 1 gesetzt wird. Damit erhalten die fünf Schlüsselqualifikationen je eine Gewichtung von 1/5 (dementsprechend auch die Faktoren). Die Merkmale erhalten dann Gewichtungen von $g = 1/5 \times 1$ bis $g = 1/5 \times 1/4$ ($=1/20$) in Abhängigkeit davon, wie viele Merkmale des Simulationsmodells dem jeweiligen Faktor zugeordnet sind. Die Gewichte werden in Tabelle 3.2 zusammengestellt.

	Schlüssel-qualifikation	Gewicht	Faktor	Gewicht	Merkmal	Gewicht
Bewertungssumme = 1	logisches Denkvermögen	1/5	Geschwindigkeit der Problemlösung	1/5	Ackerendbestand	1/15
					Beginn einer positiven Bilanz der Ackerbestände	1/15
					Anzahl der Zyklen	1/15
	strukturierte Vorgehensweise	1/5	Regelverhalten	1/5	Bevölkerungswachstum	1/15
					Regelung der Ernährung	1/15
					Endbestand der Bevölkerung	1/15
	Fähigkeit des Erkennens von Systemverhalten und Grundzusammenhängen	1/5	Erkennen der optimalen Strategie	1/5	Weizenvorratshaltung	1/20
					Erfolgsstrategie beim Ackerwachstum	1/20
					optimaler Eingabealgorithmus	1/20
					durchschnittliche Auswanderungsrate	1/20
	Transformationsfähigkeit	1/5	Reaktion auf unerwartete Situationen	1/5	Einschwingen der Bevölkerungszahl nach einer 1. Bevölkerungsverringerung	1/5
	selbstreflektierte Vorgehensweise	1/5	Lernen aus unerwarteten Situationen	1/5	Einschwingen der Bevölkerungszahl nach einer 2. Bevölkerungsverringerung	1/5

Tab. 3.2: Übersicht über die Gewichtungsfaktoren der Merkmale des Simulationsmodells

Über die Wahl der Gewichte besteht dann auch die prinzipielle
Möglichkeit, die Problemlösefähigkeit von Probanden bezüglich
besonders gesetzter Schwerpunkte einzelner Schlüsselqualifikationen
zu beurteilen.

Tabelle 3.3 enthält die Datenmatrix eines Probanden. Die Faktorwerte
und die damit über Tabelle 3.2 den Faktoren zuzuordnende Schlüsselqualifikation sind für diesen Fall in der Abbildung 3.16 dargestellt.

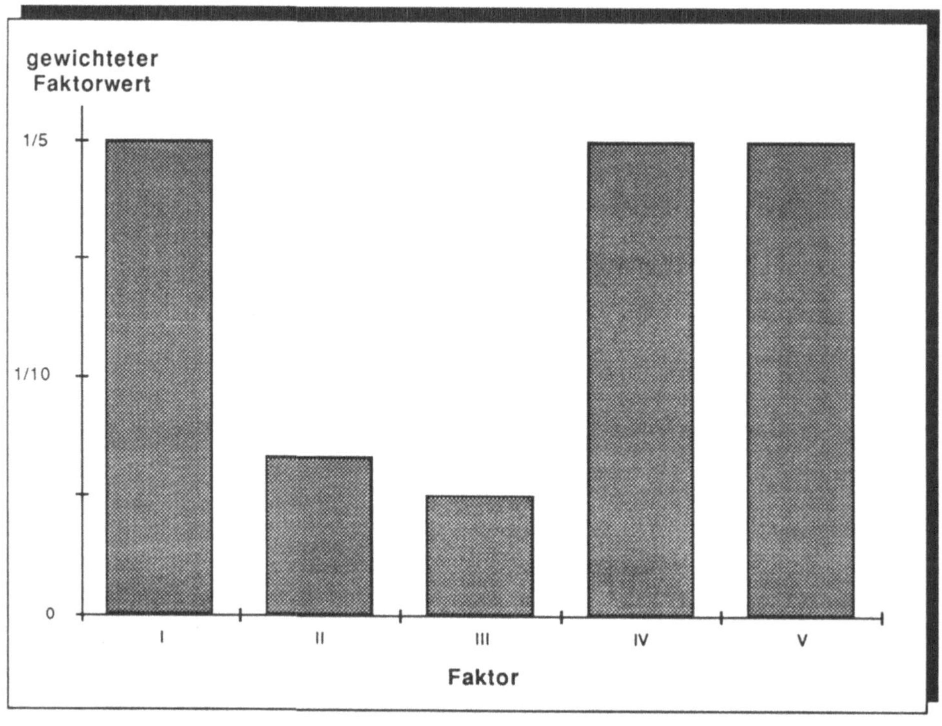

Abb. 3.16:   Werte der einzelnen Faktoren für einen Probanden
             (Datenmatrix in Tabelle 3.3)

	A	B	C	D	E	F	G	H	I	J	K	L
1	0	0	0	0	5	100	3000	200	20	2800	1000
2	0	800	205	60	3	43	3015	299	20	2114	1005
3	-50	50	200	41	4	6	2865	494	20	3070	955
4	-150	600	30	0	5	11	2415	909	20	4636	805
5	0	400	100	0	6	17	2865	197	20	1289	955
6	-5	50	120	15	7	9	2850	213	20	1426	950
7	-50	700	50	4	8	13	2700	283	20	1568	900
8	-20	50	60	11	9	11	2640	314	20	1754	880
9	-10	55	66	9	10	12	2610	311	20	1753	870
10	0	70	60	9	11	14	2610	275	20	1558	870
11	0	84	100	14	12	12	2700	137	20	987	900
12	0	72	100	9	13	16	2700	144	20	1021	900
13	0	100	130	11	14	19	2700	142	20	1104	900
14	0	110	160	14	15	20	2700	152	20	1242	900
15	0	120	170	14	16	22	2700	172	20	1375	900
16	0	160	200	14	17	25	2730	152	20	1363	910
17	0	130	220	19	18	24	2790	120	20	1263	930
18	0	180	230	15	19	28	2835	111	20	1247	945
19	0	280	270	14	20	34	2880	88	20	1254	960
20	0	340	300	17	21	38	2937	64	20	1220	979
21	0	40	38	36	22	24	3000	123	20	732	1000
22	-20	300	200	9	23	38	2940	122	20	1210	980
23	-10	380	330	19	24	43	2910	144	20	1711	970
24	0	550	400	16	25	52	2970	93	20	1668	990
25	0	600	450	22	26	56	3030	73	20	1720	1010
26	0	700	50	21	27	62	3120	65	20	480	1040
27	-20	620	500	31	28	59	3060	1	20	1509	1020
28	0	600	570	29	29	59	3090	70	20	2064	1030
29	0	700	500	24	30	65	3180	85	20	1929	1060
30	0	650	500	33	31	63	3330	4	20	1525	1110

Bedeutung der Spalten   A - L :

A : Simulationszyklus / Zyklen
B : Anzahl gekaufter Äcker / Äcker
C : Nahrungsausgabe / Bündel Weizen
D : Anzahl bepflanzter Äcker / Äcker
E : Anzahl ausgewanderter Personen / Personen
F : Anzahl eingewanderter Personen / Personen
G : Bevölkerungszahl/ Personen
H : Ernte / Bündel Weizen
I : Weizenverlust / Bündel Weizen
J : Preis pro Acker / Bündel Weizen
K : Speichervorrat / Bündel Weizen
L : Ackerbestand / Äcker

	A	B	C	D	E	F	G	H	I	J	K	L
1	20	1	5	3	2	2	3	20	1	0	0	0
2	9	1	1	1	8	1	0	0	0	0	0	30
3	3	27	21	0	56	29	65	8	0	1	1	1110
4	1	1	-1	-1	-1	1	-1	1	-1	1	1	1
5	7	0	0	0	0	0	0	0	0	0	0	0

Bedeutung der Feldplätze   A1 - L5 :

Feldplätze A1 - L1 : Antworten des Fragebogens
Feldplätze A2 - K2 : Antworten des Fragebogens
Feldplatz   L2   : Anzahl der Simulationszyklen des Probanten
Feldplätze A3 - L3 : absoluter Wert der Merkmale (vgl. Anhang A I)
Feldplätze A4 - L4 : Einstufung der Merkmale durch die Bewertung
                     mit Hilfe der festgelegten Intervallgrenzen
Feldplatz   A5   : Rohwerte der Probanden
Feldplätze A5 - L5 : frei verfügbare Feldplätze zur Belegung mit
                     Ergebnissen der Bewertung der statistischen
                     Auswertung, etc.

Tab. 3.3:   Vollständige Datenmatrix eines Probanden

Während die Werte der Schlüsselqualifikationen

- abstraktes Denken,
- Transformationsfähigkeit und
- selbstreflektierte Vorgehensweise

voll ausgeprägt sind (relativ zur Testgruppe), ergeben sich für die strukturierte Vorgehensweise und die Fähigkeit des Erkennens von Systemverhalten und Grundzusammenhängen im Vergleich zur gesamten Testgruppe jeweils geringere Werte. Hierbei wurde eine Gewichtung in der beschriebenen Art und Weise über die Faktoren durchgeführt. In der Abbildung 3.17 werden die Rohwerte gemäß Abbildung 3.14 zusammen mit dem Grobziel des Simulationsmodells - möglichst hoher Wohlstand (ausgedrückt über die Anzahl an Äckern) - dargestellt.

Hier zeigt sich, daß das Problemlöseverhalten nicht durch das Erreichen eines Grobziels zu beschreiben ist. Während beispielsweise Proband 41 mit einem Ackerbestand von 300 Äckern ein sehr schlechtes Ergebnis in dieser Hinsicht erzielt, liegt er bei der Bewertung bezüglich der Problemlösekriterien im mittleren Bereich.

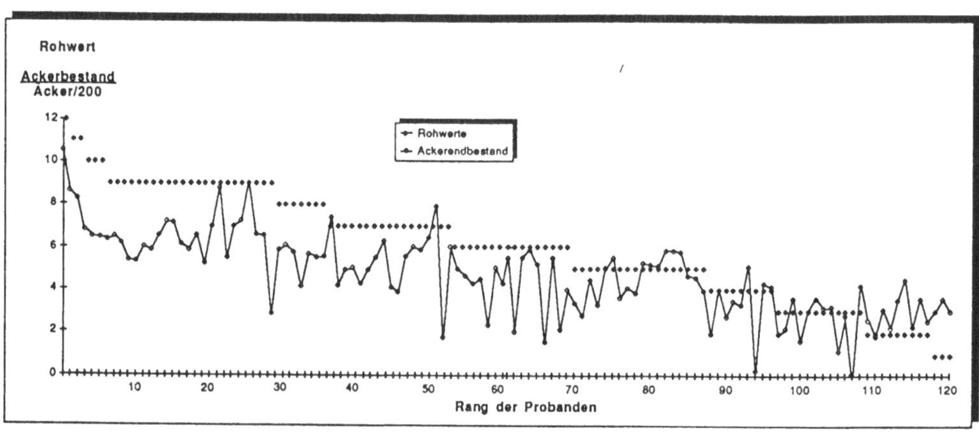

Abb. 3.17:   Rohwerte der Testgruppe und Ackerbestände (als Grobziel des Simulationsmodells) der jeweiligen Probanden (die Verbindung der Meßpunkte soll die Erkennung der im Text beschriebenen Zusammenhänge erleichtern)

Nach dem experimentellen Nachweis, daß das Problemlöseverhalten operationalisierbar und meßbar ist, soll im folgenden gezeigt werden, daß mit dem hier entwickelten Modell auch eine Überprüfung der Gestaltung eines Mensch-Computer-Dialogs nach softwareergonomischen Kriterien möglich ist. Es geht dabei um den Versuch, handlungstheoretisch begründbare Aussagen "experimentell" nachzuweisen.

4. Analyse des Problemlöseverhaltens unter dem Einfluß software-ergonomischer Maßnahmen bei der Gestaltung des Dialogsystems

Die Untersuchung soll darüber Aufschluß geben, ob das Problemlöseverhalten durch unterschiedlich gestaltete Nutzeroberflächen des Dialogsystems beeinflußt wird. Darüber hinaus soll eine Aussage darüber erzielt werden, welche der Merkmale und welche Schlüsselqualifikationen insbesondere beeinflußt werden. Des weiteren soll ermittelt werden, ob derartige Aussagen wiederum von der Zusammensetzung der Probandengruppe abhängig sind, d.h. ob Einflußgrößen wie formale schulische Qualifikation oder Lerngewohnheit (bzw. -ungewohnheit) hier eine Rolle spielen.

4.1 Dialogsystem-Versionen

Um den Einfluß software-ergonomischer Gestaltungsverfahren als determinierende Größe des Problemlöseverhaltens zu untersuchen, wurde das in A b s c h n i t t 3 vorgestellte Simulationsmodell um zwei Versionen erweitert. Der Verlauf selbst, die Merkmale des Modells sowie der logische Aufbau und die Reihenfolge der Eingaben sind bei allen Versionen gleich. Die Versionen unterscheiden sich lediglich in der Ausgestaltung der Nutzeroberfläche:
- Version 1
    stellt eine übliche, dialogorientierte Textversion dar (Abb.4.1),
- Version 2
    ist mit einer fensterorientierten Bildschirmoberfläche mit drei Fenstern ausgestattet (Abb. 4.2) und
- Version 3
    beinhaltet gegenüber Version 2 ein weiteres aktives Fenster zur grafischen Darstellung eines Teils der Bilanz der Testläufe (Abb. 4.3).
Die Versionen 2 und 3 enthalten darüber hinaus ein "help"-Menü.

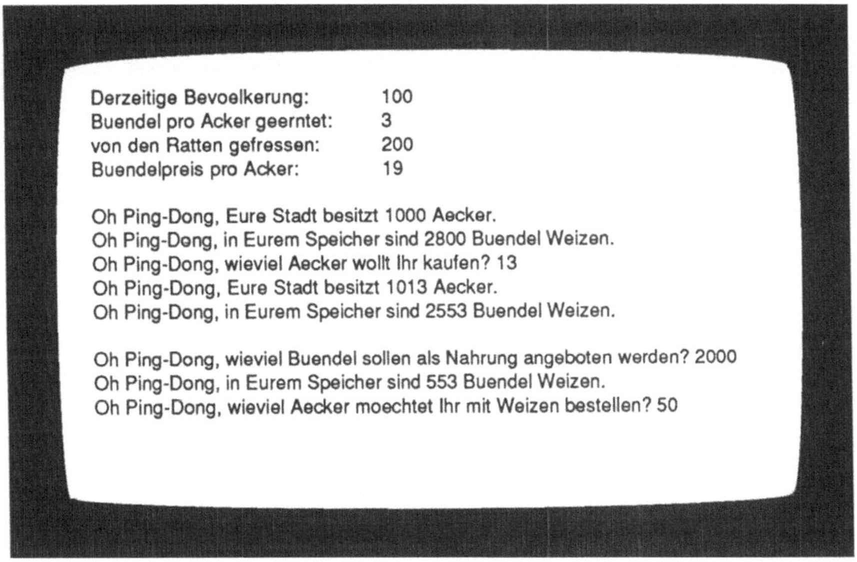

Derzeitige Bevoelkerung: 100
Buendel pro Acker geerntet: 3
von den Ratten gefressen: 200
Buendelpreis pro Acker: 19

Oh Ping-Dong, Eure Stadt besitzt 1000 Aecker.
Oh Ping-Dong, in Eurem Speicher sind 2800 Buendel Weizen.
Oh Ping-Dong, wieviel Aecker wollt Ihr kaufen? 13
Oh Ping-Dong, Eure Stadt besitzt 1013 Aecker.
Oh Ping-Dong, in Eurem Speicher sind 2553 Buendel Weizen.

Oh Ping-Dong, wieviel Buendel sollen als Nahrung angeboten werden? 2000
Oh Ping-Dong, in Eurem Speicher sind 553 Buendel Weizen.
Oh Ping-Dong, wieviel Aecker moechtet Ihr mit Weizen bestellen? 50

Abb. 4.1:   Beispiel einer Bildschirmmaske der dialogorientierten
              Textversion des Simulationsmodells (Version 1)

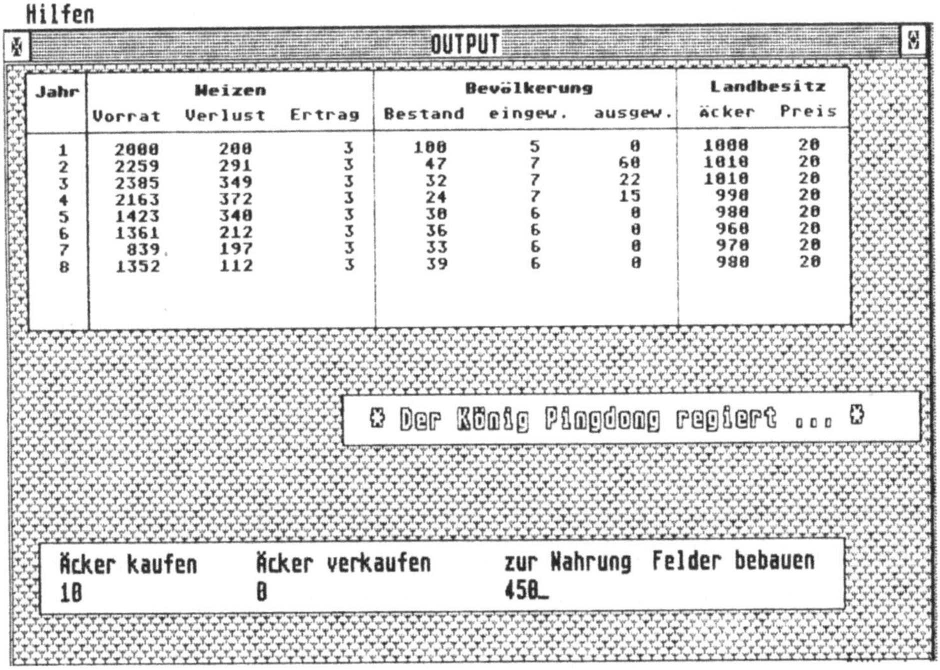

Hilfen

OUTPUT

Jahr	Weizen			Bevölkerung			Landbesitz	
	Vorrat	Verlust	Ertrag	Bestand	eingew.	ausgew.	äcker	Preis
1	2000	200	3	100	5	0	1000	20
2	2259	291	3	47	7	60	1010	20
3	2385	349	3	32	7	22	1010	20
4	2163	372	3	24	7	15	990	20
5	1423	340	3	30	6	0	980	20
6	1361	212	3	36	6	0	960	20
7	839	197	3	33	6	0	970	20
8	1352	112	3	39	6	0	980	20

♢ Der König Pingdong regiert ... ♢

Äcker kaufen	Äcker verkaufen	zur Nahrung	Felder bebauen
10	0		450_

Abb. 4.2:   Beispiel einer Bildschirmmaske der fensterorientierten
              Oberfläche der Version 2 des Simulationsmodells

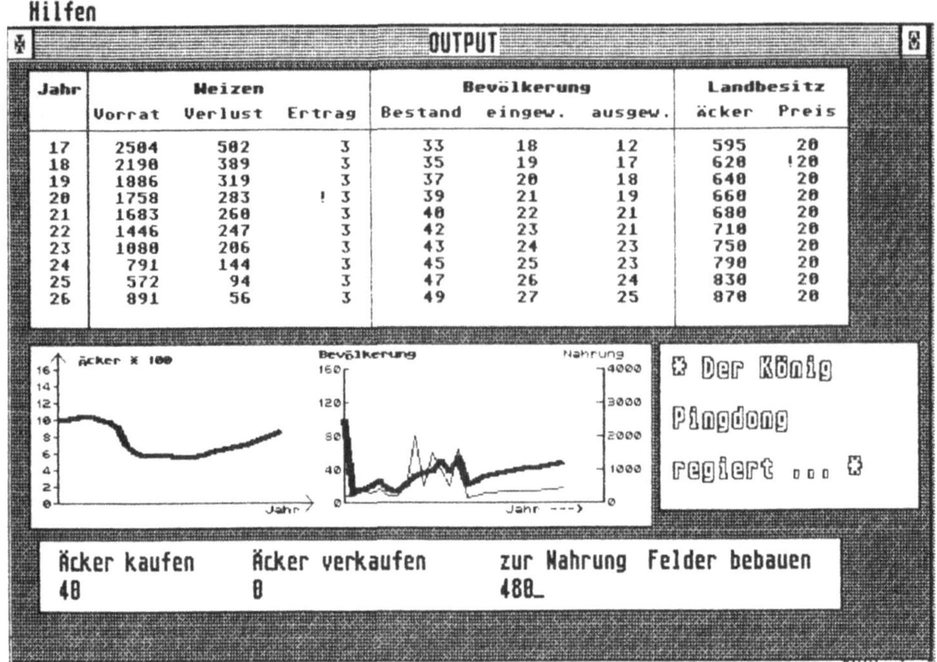

Abb. 4.3:   Beispiel einer Bildschirmmaske der fensterorientierten Oberfläche der Version 3 des Simulationsmodells

4.2 Rahmenbedingungen der Untersuchung

Der Untersuchung liegen die Ergebnisse von insgesamt 250 Probanden zugrunde. Hierbei läßt sich die Gesamtheit der Probanden in zwei Testgruppen unterteilen. Die Testgruppe 1 besteht aus 120 Studenten verschiedener Fachrichtungen, die Testgruppe 2 aus 130 Personen diverser Berufsqualifikation (siehe hierzu die Zusammenstellung in Tabelle 4.1).

Wie der Tabelle 4.1 zu entnehmen ist, bilden die 130 Versuchspersonen eine sehr inhomogene Gruppe bezüglich ihres beruflichen Werdeganges; bezüglich ihrer formalen schulischen Ausbildung verfügt die Mehrzahl über einen Hauptschulabschluß. Beide Gruppen wurden mit allen Versionen des Simulationsmodells getestet (im Abstand von jeweils einigen Monaten).

Anzahl	Berufsgruppe	Alter	Vorbildung
75	vorw. kaufm. Berufe: Sachbearbeiter, Bürokaufleute etc.	17-37 Jahre Durchschnittsalter: 29 Jahre	vorwiegend Hauptschulabschluß, wenige Realschule
55	Hausfrauen, Selbständige, techn. Berufe etc. (Teilnehmer an EDV-Kursen)	20-50 Jahre Durchschnittsalter: 34 Jahre	Hauptschule 66% Realschule 24% Gymnasium 10%

Tab. 4.1:   Übersicht über die berufliche und schulische Vorbildung der Probanden der Testgruppe 2

4.3 Ergebnisse der durchgeführten Untersuchung bei Einsatz verschiedener software-ergonomisch gestalteter Nutzeroberflächen

Die Analyse der Auswirkungen verschiedener software-ergonomischer Maßnahmen erfolgte mit beiden Testgruppen. Im folgenden werden die Ergebnisse der Untersuchungen mit der Testgruppe 1 (Studentengruppe) dargestellt, während die Unterschiede der beiden Gruppen im Abschnitt 4.4 behandelt werden.

Die Ergebnisse der Analyse von Schwierigkeitsgrad und Trennschärfe der Merkmale in den drei verschiedenen Versionen für die "Studentengruppe" sind in Tabelle 4.2 aufgelistet und in grafischer Form in der Abbildung 4.4 dargestellt. Aus dem Vergleich der Schwierigkeitsgrade ergeben sich unterschiedliche Merkmalswerte in den verschiedenen Versionen.

Merkmal		Ausprägung der Merkmale					
		Version 1		Version 2		Version 3	
Nr.	Bezeichnung	Schwierig-keitsgrad	Trennschärfe-koeffizient	Schw.-keitsgrad	Tr.schärfe-koeffizient	Schw.-keitsgrad	Tr.schärfe-koeffizient
1	Beginn einer positiven Bilanz der Ackerbestände	0,60	0,51	0,58	0,84	0,67	0,82
2	Erfolgsstrategie beim Ackerwachstum	0,00	-1,00	0,08	0,36	0,46	0,67
3	Bevölkerungswachstum	0,20	0,57	0,38	0,35	0,23	0,25
4	optimaler Eingabealgorithmus	0,70	0,57	0,75	0,40	0,56	0,66
5	durchschnittliche Aus-wanderungsrate	0,60	0,39	0,63	0,57	0,27	0,45
6	Anzahl der Zyklen	0,30	0,07	0,54	0,44	0,56	0,41
7	Endbestand der Bevölkerung	0,30	0,62	0,33	0,93	0,50	0,70
8	Regelung der Ernährung	0,80	0,60	0,88	0,38	0,98	0,00
9	Weizenvorratshaltung	0,10	0,18	0,25	0,38	0,23	0,22
10	Einschwingen der Bevölkerungs-zahl nach einer 1.Bevöl-kerungsverringerung	0,60	0,22	0,75	0,46	0,88	0,31
11	Einschwingen der Bevölkerungs-zahl nach einer 2.Bevöl-kerungsverringerung	0,80	0,52	0,54	0,44	0,81	0,26
12	Ackerendbestand	0,30	0,55	0,54	0,80	0,56	0,77

Tab. 4.2: Ergebnisse der Analyse von Schwierigkeitsgrad und Trennschärfe der drei Versionen des Simulationsmodells für die Testgruppe 1

Zur Bewertung werden die Schwierigkeitsgrade - wie bereits beschrieben - faktorenbezogen gewichtet und der entsprechenden Schlüsselqualifikation zugeordnet. Tabelle 4.3 zeigt die hierüber ermittelten gewichteten Faktoren. Diese werden in der Abbildung 4.5 für jede der drei Versionen in grafischer Form dargestellt. Durch Vergleich der durchschnittlich erreichten Werte der einzelnen Faktoren sind Unterschiede in den drei Versionen bezüglich des Einflusses auf die Problemlöse- und Entscheidungsfähigkeit der Probanden zu erkennen.

Insbesondere zeigen sich folgende Unterschiede:
- bei den Faktoren Geschwindigkeit der Problemlösung (I), Regelverhalten (II) und Reaktion auf unerwartete Situationen (IV) zeigen die Ergebnisse der Untersuchung eine deutliche Verbesserung der Werte bei Einsatz der ergonomisch verbesserten Oberflächen,

- der Faktor: "Erkennen der optimalen Strategie" (III) weist bei der grafisch aufwendigsten Version (Version 3) der Oberflächengestaltung des Simulationsmodells durchschnittlich geringere Werte auf als bei der Version 2 und
- beim Faktor "Lernen aus unerwarteten Situationen" (V) wird bei Version 1 und Version 3 ein gleicher durchschnittlicher Schwierigkeitsgrad erreicht.

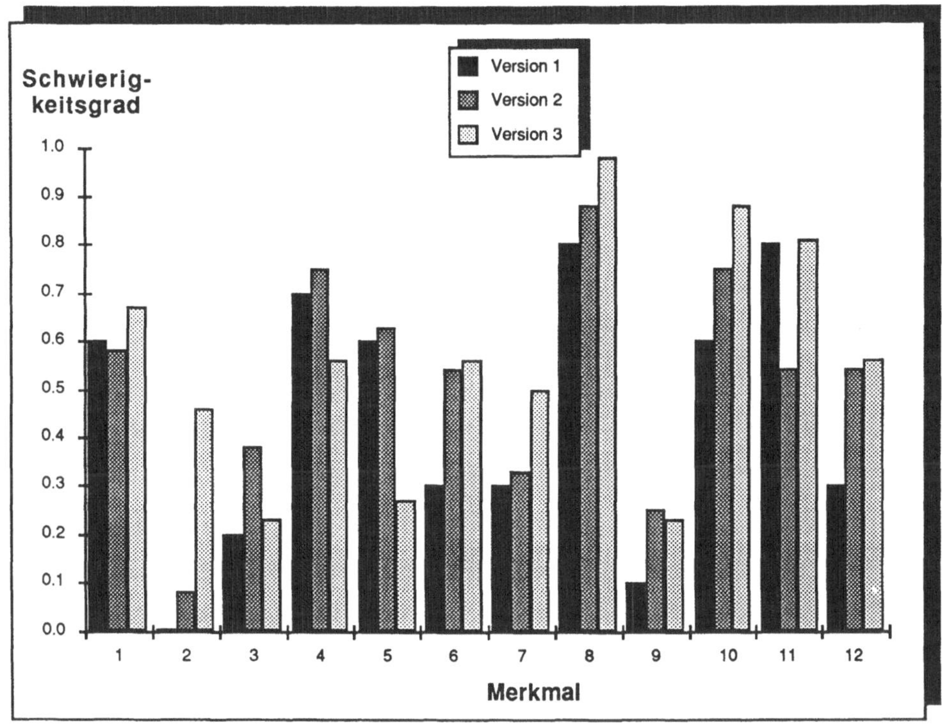

Abb. 4.4: Schwierigkeitsgrade der einzelnen Merkmale des Simulationsmodells in den Versionen 1, 2 und 3 für die Testgruppe 1

Diese Sachverhalte lassen sich folgendermaßen interpretieren: Die Geschwindigkeit der Problemlösung, wie auch die Entscheidungsgeschwindigkeit (Merkmal 5 (Anzahl der Zyklen)) wird deutlich durch eine ergonomisch günstiger gestaltete Oberfläche verbessert. Wird nun dieser Faktor der Schlüsselqualifikation "logisches Denkvermögen" zugeordnet, so bedeutet dies, daß eine derart verbesserte Oberfläche diesen Anteil des Problemlöseverhaltens eines Probanden verbessert. Zusammenhänge, die logisches Denkvermögen erfordern, werden hierüber leichter zugänglich gemacht.

Nr.	Faktor	gewichteter Faktorwert		
		Version 1	Version 2	Version 3
I	Beginn einer positiven Bilanz der Ackerbestände	0,40	0,55	0,60
II	Regelverhalten	0,43	0,53	0,57
III	Erkennen der optimalen Strategie	0,35	0,41	0,38
IV	Reaktion auf unerwartete Situationen	0,60	0,75	0,88
V	Lernen aus unerwarteten Situationen	0,80	0,54	0,81

Tab. 4.3:   Gewichtete Faktorwerte der drei Versionen des Simulationsmodells für die Testgruppe 1

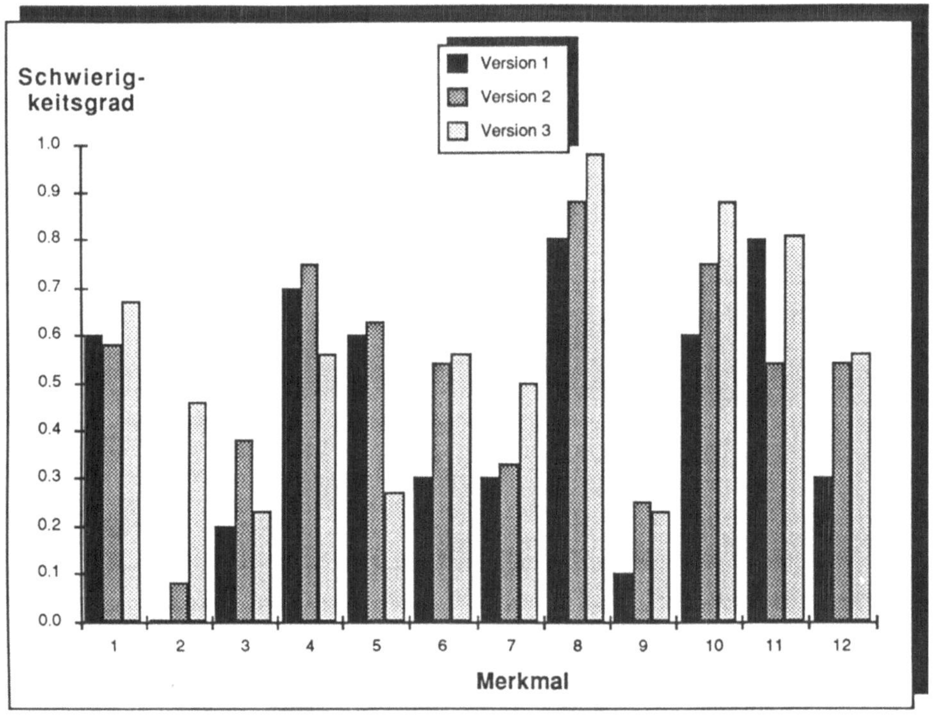

Abb. 4.5:   Gewichtete Faktorwerte der drei Versionen des Simulationsmodells für die Testgruppe 1

Darüber hinaus wird deutlich, daß komplexe Problemlöse- und Entscheidungssituationen, die ein strukturiertes Vorgehen erforderlich machen, bei ergonomisch verbesserten Versionen erheblich weniger zusätzliche Probleme bieten. Eine dialogorientierte Textversion erfordert offensichtlich allein zur reinen Bedienung soviel Strukturierungsaufwand vom Benutzer, daß damit eine weitere (notwendige) Strukturierung des eigentlichen Problems zwangsläufig vernachlässigt werden muß. Eine ähnliche Bewertung ergibt sich bezüglich Faktor IV (Reaktion auf unerwartete Situationen), der der Schlüsselqualifikation Transformationsfähigkeit zugeordnet ist. Hier zeigt eine Verbesserung der Oberflächengestaltung, daß weniger Transformationsfähigkeit beim Benutzer für ein gleiches Softwaresystem nötig ist bzw. gleiche Transformationsfähigkeiten die Problemschwellen durch eine ergonomisch gestaltete Oberfläche besser überwinden lassen. Bei dem Faktor III (Erkennen der optimalen Strategie) und dem Faktor V (Lernen aus unerwarteten Situationen) wird diese Tendenz nicht deutlich. Während bezüglich Faktor III die Version 2 die besten Werte erhält, befinden sich bei Faktor V die Versionen 1 und 3 auf einem gleichen Bewertungsniveau. Hier scheinen offensichtlich die software-ergonomischen Maßnahmen, die in dem speziellen Fall verwendet werden, weniger Einfluß auf diese Faktoren des Problemlöse- und Entscheidungsverhaltens zu nehmen.

Zusammenfassend werden die Ergebnisse in der Abbildung 4.6 dargestellt, wobei die Bewertung der Oberflächen durch die Faktorenwerte als "Bewertungsprofil" dargestellt sind. Die Beeinflussung des Problemlöse- und Entscheidungsverhaltens durch verschieden gestaltete Oberflächen wird in Abbildung 4.7 verdeutlicht. Hier ist die Verbesserung der Problemlösefähigkeit durch eine ergonomisch gestaltete Nutzeroberfläche deutlich zu erkennen. Mit einem durchschnittlichen, relativen Schwierigkeitsgrad $p_{Version\ 3} = 0{,}65$ erleichtert die Oberfläche der Version 3 das Problemlöseverhalten in diesem Modell deutlich. Der durchschnittliche relative Schwierigkeitsgrad von Version 1 beträgt $p_{Version1} = 0{,}52$.

Die relative Verbesserung der Problemlösefähigkeit wirkt sich natürlich auch auf das Grobziel des Simulationsmodells "möglichst hoher Ackerbestand" und damit auch auf die verbesserten Leistungen eines Software-Nutzers bei verbesserter Bildschirmoberflächenausgestaltung aus.

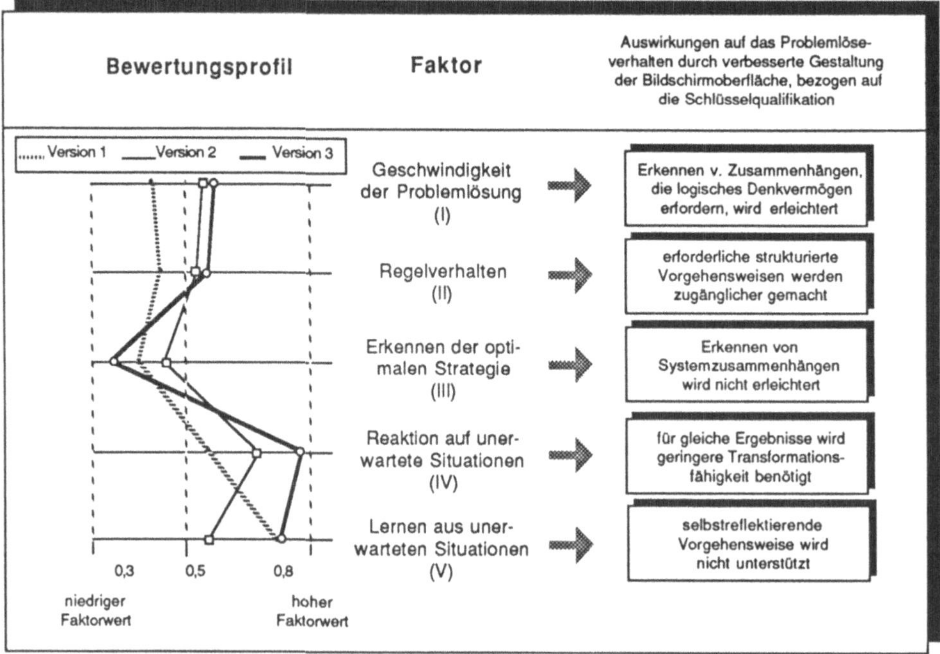

Abb. 4.6: Bewertungsprofil zur Darstellung der Beeinflussung des Problemlöse- und Entscheidungsverhaltens der Probanden durch unterschiedliche Versionen des Simulationsmodells

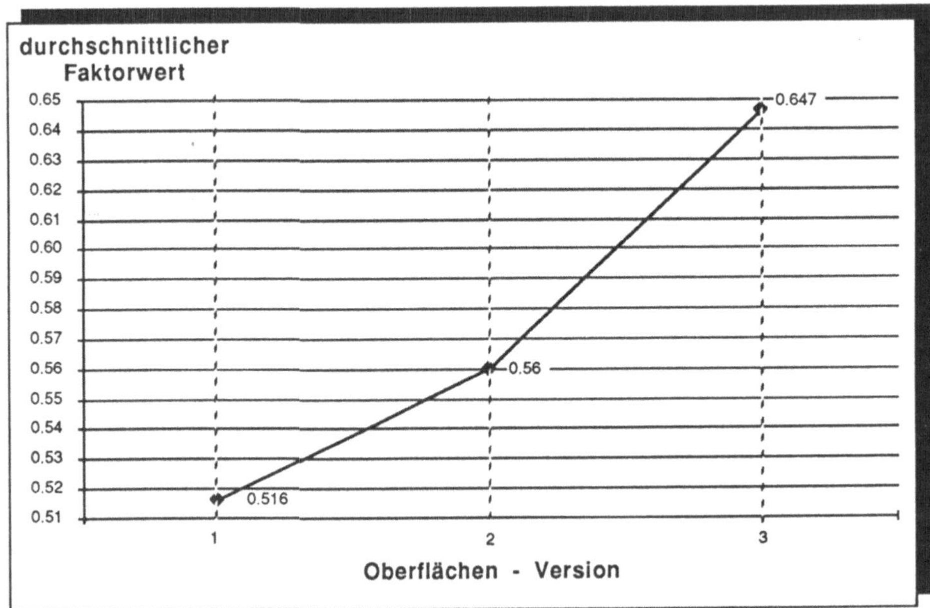

Abb. 4.7: Vergleich der durchschnittlichen relativen Faktorwerte der drei Versionen des Simulationsmodells (die Verbindung der Meßwerte dient lediglich der Verdeutlichung)

Dies sei anhand der Abbildung 4.8 erläutert, bei der die Ackerbestände der 10 besten Probanden bei Version 1 und Version 3 aufgetragen sind.

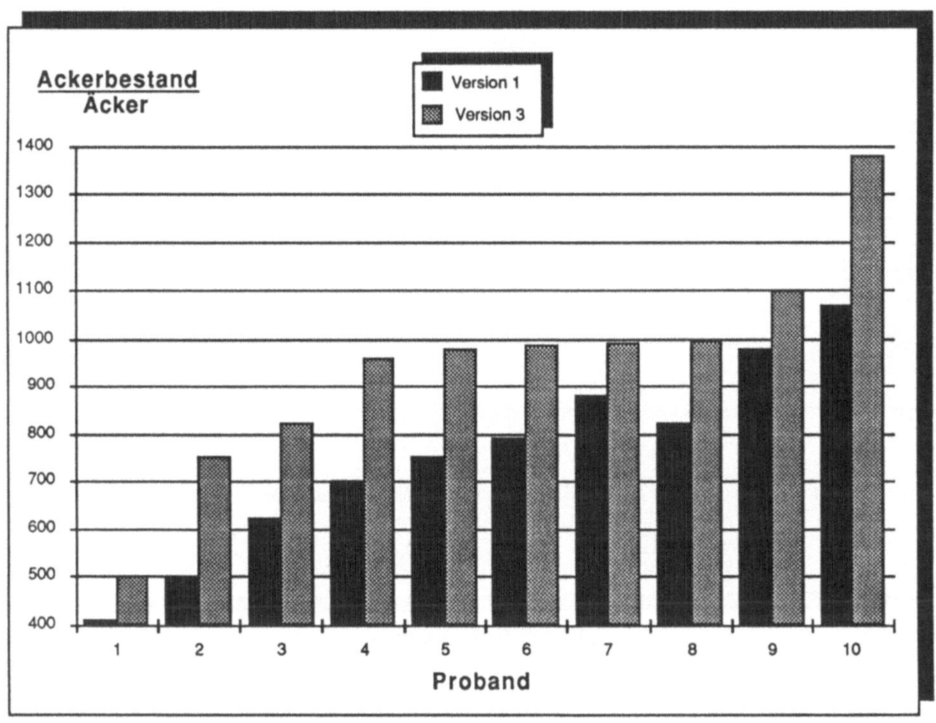

Abb. 4.8:   Vergleich der Ackerendbestände der jeweils zehn besten Probanden bei der Durchführung der Testläufe der Version 1 und der Version 3

4.4 Gruppenspezifische Ergebnisse der Untersuchung des Problemlöseverhaltens bezüglich software-ergonomischer Gestaltung der Nutzeroberfläche

Zur Untersuchung des hier vorliegenden Problembereiches werden die Ergebnisse der Testgruppe 1 (120 Studenten) und der Testgruppe 2 (130 Personen diverser Qualifikation) mit der Version 1 (Textversion) und der Version 3 (verbesserte Bildschirmoberfläche) herangezogen. Die Werte der Merkmale des Simulationsmodells der beiden Gruppen bei den Testläufen für beide Versionen sind der Tabelle 4.4 und der Abbildung 4.9 zu entnehmen.

Merkmal	Schwierigkeitsgrad			
	Gruppe 1		Gruppe 2	
	Version 1	Version 3	Version 1	Version 3
1	0,60	0,67	0,18	0,55
2	0,00	0,46	0,00	0,09
3	0,20	0,23	0,18	0,27
4	0,70	0,56	0,18	0,18
5	0,60	0,27	0,36	0,45
6	0,30	0,56	0,07	0,91
7	0,30	0,50	0,18	0,18
8	0,80	0,98	0,45	0,45
9	0,10	0,23	0,36	0,18
10	0,60	0,88	0,57	0,91
11	0,80	0,81	0,45	0,73
12	0,30	0,56	0,03	0,27

Tab. 4.4:   Übersicht über Merkmalswerte der Gruppe 1 und 2 bei den Testläufen der Version 1 und 3 des Simulationsmodells

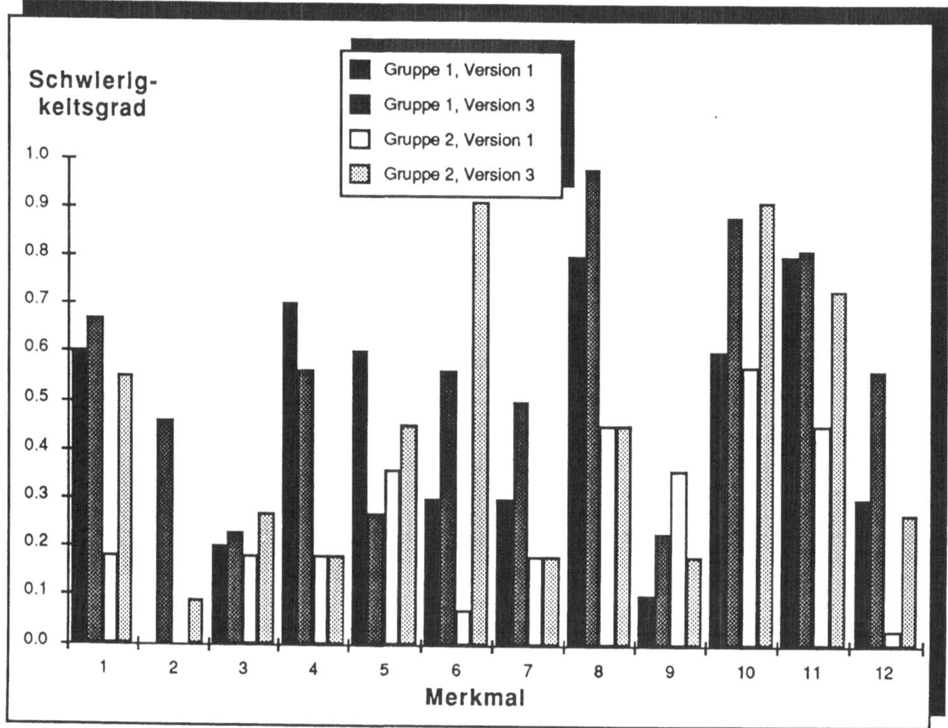

Abb. 4.9:   Schwierigkeitsgrade der Merkmale für zwei Testgruppen und zwei Versionen des Simulationsmodells

Die Ergebnisse lassen zwei prinzipielle Aussagen zu:
1. Es ergeben sich allgemeine Unterschiede im Problemlöseverhalten der beiden Gruppen. So erreicht Gruppe 2 in der Version 1 geringere durchschnittliche Schwierigkeitsgrade der einzelnen Merkmale.
2. Bezüglich der Oberflächengestaltung sind ebenfalls unterschiedliche Schwierigkeitsgrade der einzelnen Merkmale bei beiden Gruppen erkennbar; hier gelingt es durch Einsatz software-ergonomischer Maßnahmen, durchschnittlich bessere Ergebnisse zu erzielen.

Um die U n t e r s c h i e d e   i m   P r o b l e m l ö s e v e r - h a l t e n (bezogen auf dieselbe Simulationsmodell-Version, d.h. bei gleicher Ausgestaltung der Oberfläche) zu erfassen, werden die durchschnittlichen Schwierigkeitsgrade von Gruppe 1 und Gruppe 2 ermittelt. Anschließend wird eine Variation der Merkmalsgrenzen der Gruppe 2 dergestalt durchgeführt, daß wiederum die gemittelten Schwierigkeitsgrade der beiden Gruppen annähernd identisch sind. Die erforderliche Verschiebung der jeweiligen Grenzwerte gibt darüber Aufschluß, bei welchem Merkmal und in welcher "Richtung" eine derartige Verschiebung erfolgen muß. Die erforderliche Variation der Grenzwerte ist in Tabelle 4.5 aufgelistet. Das Ergebnis wird in grafischer Form in Abbildung 4.10 dargestellt. Bei den Merkmalen des Faktors "Erkennen der optimalen Strategie"
- Erfolgsstrategien beim Ackerwachstum (1),
- durchschnittliche Auswanderung (4),
- Weizenvorratshaltung (8) und
- optimaler Eingabealgorithmus (3)
muß beispielsweise eine Verschiebung der Grenzen bis zu 100 % erfolgen, um einen gleichen Schwierigkeitsgrad bei beiden Gruppen zu erhalten. Die übrigen durchzuführenden Verschiebungen der Merkmalsgrenzen sind der Abbildung 4.10 zu entnehmen. Insgesamt zeigt Gruppe 2 ein schlechteres Problemlöseverhalten als Gruppe 1. Durch die Betrachtung der den Merkmalen zugeordneten Faktoren kann das Problemlöse- und Entscheidungsverhalten der beiden Gruppen relativ zueinander beurteilt werden. Wie hierüber der Abbildung 4.10 zu entnehmen ist, sind die Faktoren "strukturierte Vorgehensweise", "logisches Denkvermögen" und insbesondere die "Fähigkeit des Erkennens von Systemverhalten und Grundzusammenhängen" bei Gruppe 2 im Durchschnitt erheblich schlechter ausgeprägt als bei Gruppe 1.

Merkmal	Verschiebung der Merkmals- grenzen von Gruppe II
1	-15%
2	-100%
3	-15%
4	-35%
5	-50%
6	0
7	-30%
8	+30%
9	-50%
10	+80%
11	0
12	-25%

Tab. 4.5:   Variation der Merkmalsgrenzen zur Angleichung der Schwierigkeitsgrade der Merkmale für die Testgruppe 2 an die der Testgruppe 1

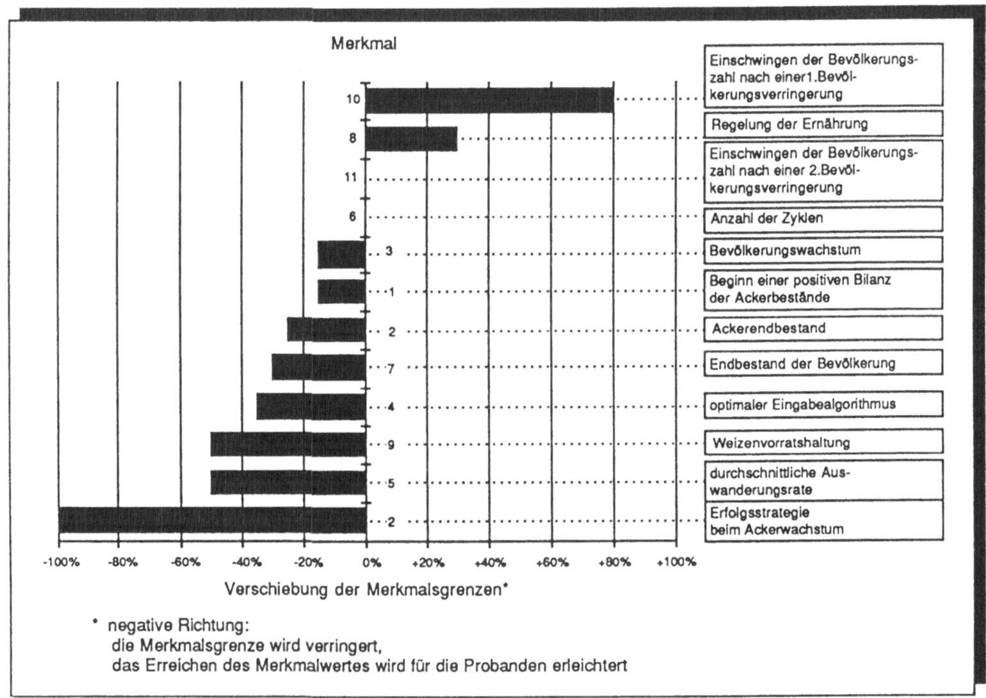

Abb. 4.10:   Erforderliche Verschiebungen der Merkmalsgrenzen, um die Schwierigkeitsgrade der einzelnen Merkmale der Testgruppe 2 an die der Testgruppe 1 anzupassen

In der Schlüsselqualifikation "selbstreflektierte Vorgehensweise" sind keine Unterschiede zwischen den Gruppen erkennbar. Die Transformationsfähigkeit scheint bei Gruppe 2 sogar ausgeprägter zu sein als bei Gruppe 1. Wie aus der Beschreibung der Gruppen hervorgeht, sind die Probanden der Gruppe 2 durchschnittlich weniger lerngewohnt und auch in ihrer formalen schulischen Qualifikation niedriger einzustufen. Ihre Problemlösefähigkeit hat bis auf eine relativ bessere Transformationsfähigkeit (ein großer Teil der Probanden dieser Gruppe ist bereits länger praktisch tätig) eine geringere Ausprägung der einzelnen Werte als die der Gruppe 1.

Bezüglich der o b e r f l ä c h e n b e z o g e n e n U n t e r - s c h i e d e d e r P r o b l e m l ö s e f ä h i g k e i t bei Gruppen unterschiedlicher Zusammensetzung sind folgende Aussagen möglich: Der Zielerreichungsgrad des Grobzieles des Simulationsmodells "Ackerendbestand-Mehrung" für verschiedene Versionen ist in Tabelle 4.6 dargestellt.

durchschnittlicher Ackerendbestand		
	Version 1	**Version 3**
Gruppe I	695	1030
Gruppe II	618	869

Tab. 4.6: Durchschnittswerte der erwirtschafteten Äcker der Gruppen 1 und 2 bezüglich der Versionen 1 und 3 des Simulationsmodells

Zur differenzierten Unterscheidung der gruppenspezifischen Unterschiede in den Schlüsselqualifikationen bei verschiedenen Oberflächen werden in den Abbildungen 4.11 und 4.12 die gewichteten Faktorwerte von Version 1 und Version 3 aufgelistet. Die Problemlösefähigkeit wird bei beiden Gruppen durch die Anwendung software-ergonomischer Maßnahmen verbessert. Bei keinem Faktor ist eine Verringerung der Werte feststellbar. Die Untersuchung ergibt folgende Ergebnisse:

- zu Gruppe 1:

  Die Veränderungen der Faktorwerte, die bereits im vorhergehenden
  Abschnitt 4.3 beschrieben wurden, betreffen die Faktoren
  - Geschwindigkeit der Problemlösung (logisches Denkvermögen),
  - Regelverhalten (strukturiertes Vorgehen) und
  - Reaktion auf unerwartete Situationen (Transformations-
    fähigkeit).
- zu Gruppe 2:

  Hier sind Verbesserungen der Faktorwerte
  - Geschwindigkeit der Problemlösung (logisches Denkvermögen),
  - Reaktion auf unerwartete Situationen (Transformationsfähig-
    keit) und
  - Lernen aus unerwarteten Situationen (selbstreflektorische
    Vorgehensweise) zu vermerken.

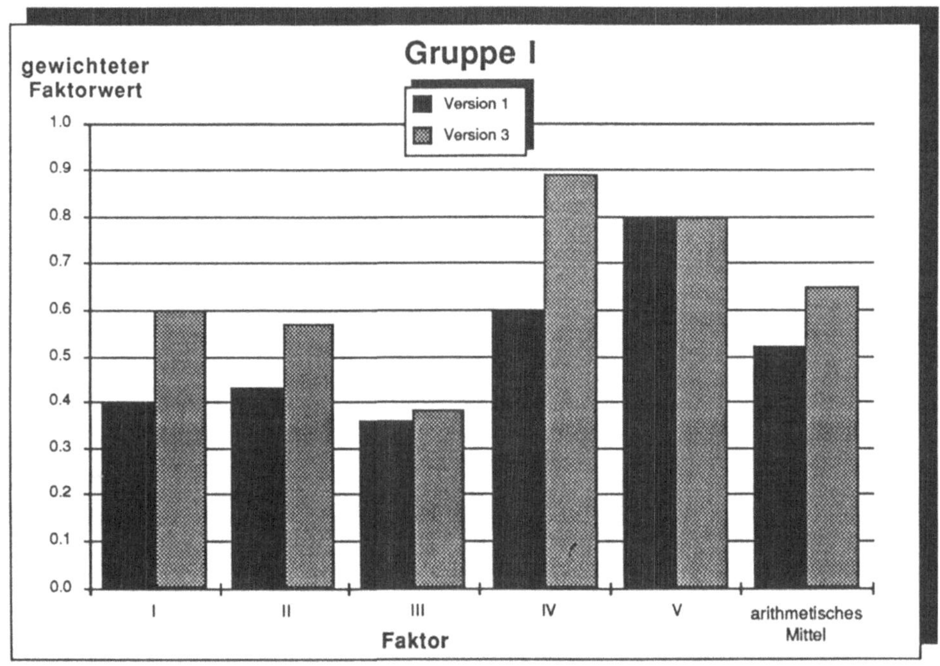

Abb. 4.11:   Gewichtete Faktorwerte der Testgruppe 1 bezüglich
              der Simulationsmodellversionen 1 und 3

Software-ergonomische Maßnahmen wirken sich insgesamt bei Gruppe
2 stärker aus. So verbessert sich der durchschnittliche Faktorwert
(der nach Faktoren gewichteter Schwierigkeitsgrad) von p = 0,32 auf
p = 0,55 (Δ = 0,23). Bei Gruppe 1 erfolgt eine Verbesserung des

Nr.	Faktor	gewichteter Faktorwert			
		Testgruppe I		Testgruppe II	
		Version 1	Version 3	Version 1	Version 3
I	Beginn einer positiven Bilanz der Ackerbestände	0,40	0,60	0,09	0,58
II	Regelverhalten	0,43	0,57	0,27	0,30
III	Erkennen der optimalen Strategie	0,35	0,38	0,23	0,23
IV	Reaktion auf unerwartete Situationen	0,60	0,88	0,57	0,91
V	Lernen aus unerwarteten Situationen	0,80	0,81	0,45	0,73
	durchschnittlicher gewichteter Kriterienwert	0,52	0,65	0,32	0,55

Tab. 4.7:   Faktorwerte der Testgruppen 1 und 2 bei den Simulationsmodell-Versionen 1 und 3

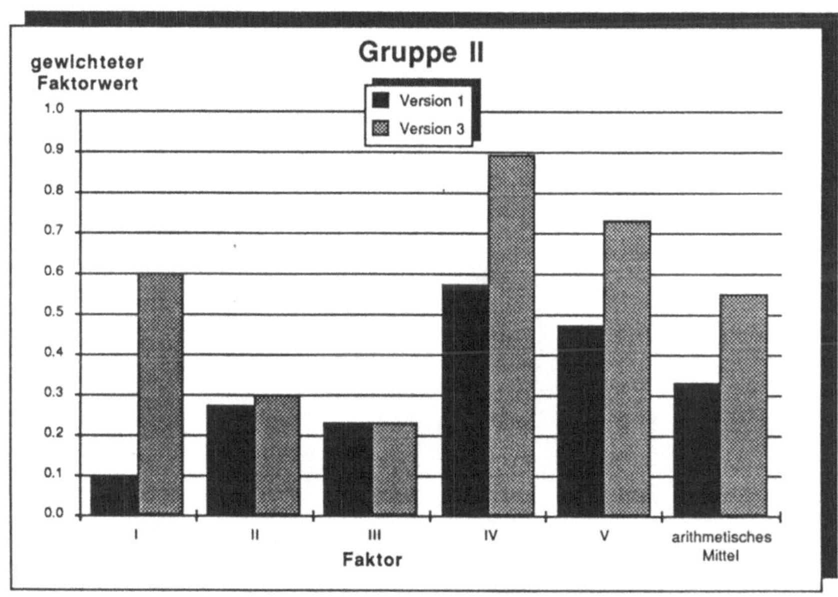

Abb. 4.12:   Gewichtete Faktorwerte der Testgruppe 2 bezüglich der Simulationsmodellversionen 1 und 3

durchschnittlichen Faktorwertes von p = 0,52 auf p = 0,65 (Δ= 0,13). Die einzelnen Faktorenwerte werden in Tabelle 4.7 (S. 85) dargestellt.

Die gruppenspezifischen Schwierigkeiten der Angehörigen der Gruppe 2 bezüglich ihres Problemlöseverhaltens können nur zu einem Teil mit software-ergonomischen Maßnahmen aufgefangen werden (Geschwindigkeit der Problemlösung, Regelverhalten). Nicht verbessert wird beispielsweise der Faktor "Erkennen der optimalen Struktur". Hier müssen in der betrieblichen Realität Maßnahmen der Qualifizierung und der Arbeitsorganisation Anwendung finden, um einen gewissen Ausgleich zu schaffen (abgesehen von einer Erhöhung der schulischen Bildung als Langfristmaßnahme). Insgesamt zeigt sich, daß die Grafikversion (Version 3) die Mitglieder der Gruppe 2 bezüglich etlicher Parameter des Problemlöseverhaltens befähigt, bessere Ergebnisse zu erhalten als die Mitglieder der Gruppe 1 bei der Arbeit mit dem textorientierten Simulationsmodell (Version 1) - ein eindeutiger Nachweis für die Auswirkungen software-ergonomischer Maßnahmen (Abbildung 4.13).

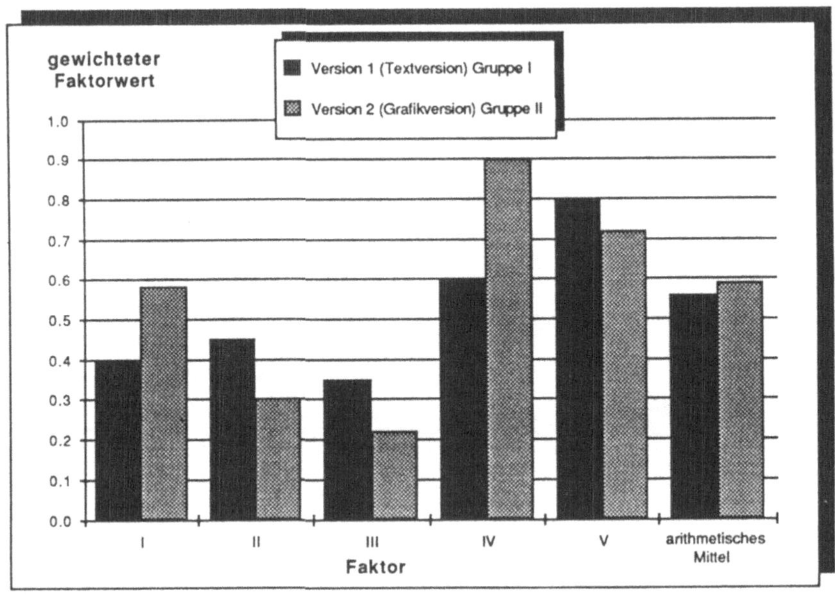

Abb. 4.13:   Vergleich der Faktorwerte der Version 1 (Textversion) der Testgruppe 1 und der Version 3 (Grafikversion) der Testgruppe 2

5. Ausgestaltung von Dialogsystemen nach software-ergonomischen Kriterien

Nachdem der experimentelle Nachweis von Beeinflussungsmöglichkeiten des Problemlöseverhaltens durch software-ergonomische Maßnahmen (Abschnitt 4.3 und 4.4) erbracht wurde, soll im folgenden ein grundlegendes Konzept zur Ausgestaltung realer Dialogsysteme erstellt werden. Eine grundsätzliche Vorbemerkung zur Übertragbarkeit von Ergebnissen, die bei Simulationsmodellen erreicht wurden, in die betriebliche Realität sei an dieser Stelle vorangestellt. Bezüglich des Zusammenhanges zwischen dem Problemlöseverhalten, das ein Proband im Umgang mit einem derartigen Simulationsmodell zeigt, und der betrieblichen Realität, in der er tagtäglich Probleme lösen muß, sind einige Betrachtungen angebracht:

Betriebliches Handeln bedeutet zugleich soziales Handeln, das von Personen, Gruppen oder Organisationen (als Handlungsträger) in Gegenseitigkeit sinnhaft aufeinander bezogen ist (Weber 1964). Insofern ist betriebliches Handeln weder auf Problemlöseverhalten reduzierbar, noch auf Laborbedingungen, sondern stets eingebunden in soziale Prozesse. Entsprechende arbeitssoziologische Problemstellungen manifestieren sich etwa in Hierarchieverhältnissen (Macht und Herrschaft), Leistungsanforderungen, Interessendivergenzen usw. Dennoch ist die Problemlöse- und Entscheidungsfähigkeit eine notwendige Voraussetzung in der betrieblichen Praxis, um zu effizienten und akzeptablen Entscheidungen zu gelangen, wobei die soziale Umwelt einen Teil der Rahmenbedingungen bildet und daher zwangsläufig Berücksichtigung finden muß.

5.1 Beeinflussung des Problemlöseverhaltens durch software-ergonomische Maßnahmen

Das in Abschnitt 2 vorgestellte Handlungsmodell von Kaminski bedingt zur Erstellung eines optimalen Handlungsraumkonzeptes die Zurverfügungstellung aller erforderlichen Daten als Informationen (Abbildung 2.3 auf Seite 18). Darüber hinaus wird in Abschnitt 2 ausgeführt, daß der Handlungsspielraum von der Ausgestaltung der jeweiligen Technik stark beeinflußt wird (Abbildung 2.5 auf Seite 20). Bei beiden Punkten ist eine wesentliche Unterstützung durch software-ergonomische Maßnahmen möglich.

5.1.1   Software-Ergonomie

Durch software-ergonomische Maßnahmen ist es auf der einen Seite möglich, die vom EDV-System bereitgestellten Daten in einer Darstellungsform bzw. Aufbereitungsform dem Nutzer darzubieten, daß es ihm wesentlich erleichtert wird, hieraus seine Entscheidungen abzuleiten. Auf der anderen Seite kann eine entsprechende software-ergonomische Ausgestaltung die Einarbeitung und die Handhabung des jeweiligen Systems sehr erleichtern sowie Möglichkeiten einer alternativen Arbeitsgestaltung liefern. Hierbei wird Software-Ergonomie in folgendem Sinne aufgefaßt:

Software-Ergonomie ergibt für die Arbeitswissenschaft ein Teilgebiet, welches die Gestaltung von Softwareprodukten in Mensch-Maschine-Systemen und die Untersuchung der Auswirkungen dieser Softwareprodukte umfaßt. Hierbei finden alle für die Anpassung der Maschine an den Menschen (Gestaltung aller Nutzeroberflächen) relevanten biologischen, psychologischen, sozialen und technischen Aspekte Berücksichtigung.

Nach Stadler, Schwab und Wehner (1979, S. 40) besitzen antizipative Strukturen "eine operative Komponente, das Aktionsprogramm, welches der eigentlichen Handlungsausführung vorausgeht, und eine perzeptive Komponente, mit der das wahrgenommene Ergebnis der Handlung verglichen wird und die damit der Orientierung der Handlung dient". Dies wird im Handlungsablauf in den Komponenten Ho und Hr (Handlungsraumkonzepte in Abb. 2.3 auf Seite 18) ausgestaltet, die alle erforderlichen Daten benötigen, wie die Informationen zur Handhabung des Programms sowie zur Lösung des Problems. Diese Daten werden entsprechend dem Verlauf für den Teil des Handlungsraumkonzeptes D_O, der Handlungsorientierung, und dem Teil des Handlungsraumkonzeptes D_r, der Handlungsrealisierung, benötigt. Diese Informationen müssen nun

a) dem Programmnutzer in geeigneter Weise dargeboten,

b) vom Nutzer wahrgenommen und

c) von diesem verarbeitet werden,

wobei die Art und Weise der Darbietung die kognitiven Prozesse bei der Informationsverarbeitung berücksichtigen muß.

5.1.2 Informationen zur Problemlösung

Ein Problem wird für einen Sachbearbeiter um so einfacher zu lösen sein, je mehr es gelingt, durch software-ergonomische Maßnahmen die Problemschwierigkeit bezüglich der Problemmerkmale (Abbildung 3.2 auf Seite 38) zu reduzieren. Hieraus leiten sich folgende Fragen ab:

a) Kann der Umfang des Problems reduziert bzw. in überschaubare Teilprobleme aufgegliedert werden?

b) Läßt sich die Komplexität des Problems verringern?
    Dabei im einzelnen:

b_1) Kann der Barrieretyp verändert werden?
         Läßt sich z.B. durch genauere Beschreibung der Zielangabe ein dialektisches Problem in ein synthetisches Problem reduzieren?

b_2) Kann die Anzahl der Variablen verringert bzw. die Vernetzung reduziert werden?

b_3) Kann die Transparenz erhöht werden?
         Insbesondere hierbei:
         Sind dem Benutzer alle Variablen bekannt?
         Kann die Verknüpfung der Variablen dargestellt werden (z.B. als Tabelle, Funktion, graphischer Zusammenhang)?

Dabei ist zu berücksichtigen, wie die angebotenen Daten im Gedächtnis des Programmnutzers verarbeitet werden.

Nach Dörner (1976) und Card, Moran und Newell (1983) deuten die Gedächtnisuntersuchungen auf das Zusammenwirken eines sensorischen

Speichers, eines Kurzzeit- und eines Langzeitgedächtnisses hin. Während der sensorische Speicher (der "die in nervöser Erregung umgesetzte physikalische Energie der Reize" enthält (Dörner 1976, S. 28)) eine sehr große Kapazität besitzt, ist die des Kurzzeitgedächtnisses sehr begrenzt, die des Langzeitgedächtnisses wiederum sehr groß. Dabei wird das Gedächtnis als Netzwerkmodell angesehen (Anderson und Bower 1973, Lindsay und Norman 1972). Das Langzeitgedächtnis ist nun als Netz mit Knoten strukturiert (semantisches Netz), das als Datenbasis fungiert; Informationen (Knoten) liegen dabei im Gehirn nicht ungeordnet vor, sondern können mit anderen Informationen verknüpft werden. Damit wird erklärbar, daß "Informationen nicht als solche, sondern anhand von auffälligen und/oder als relevant erachteten ... Merkmalen/Aspekten/Komponenten aufgefaßt, diskriminiert und gespeichert werden. ... Um Kapazität freizusetzen (u.a. für die Erschließung und Speicherung der Bedeutung aufgenommener Information), ist es erforderlich, Einzelmerkmale zu Informationen und diese wiederum zu chunks zusammenzufassen. ... Chunks entstehen dadurch, daß Informationsmerkmale konsistent aufgefaßt (immer die gleichen Merkmale), weiterverarbeitet ... und langzeitig gespeichert werden (eindeutige Verknüpfung)" (Geuss 1979, S. 96).

Berücksichtigt man in diesem Zusammenhang, daß nur ca. 7 Einheiten im Kurzzeitgedächtnis gleichzeitig gespeichert bzw. bearbeitet werden können, leitet sich daraus eine entscheidende Forderung für softwareergonomische Maßnahmen ab. Es ist aufgrund dieser beschränkten Speicherkapazität anzustreben, möglichst viele Einzelinformationen vor der Einspeisung in das Kurzzeitgedächtnis zu Chunks zusammenzufassen. So ist es beispielsweise je nach Art der vorliegenden Aufgabenstellung wesentlich effektiver, anstelle einer Tabelle von Zahlenwerten deren graphische Darstellung auf dem Bildschirm wiederzugeben; ein vorhandener Zusammenhang zwischen den Zahlen muß nicht erst erarbeitet werden (Blockade des Kurzzeitgedächtnisses für andere Informationen), sondern kann direkt als e i n e Informationseinheit abgespeichert werden. Dies wird auch durch die vorstehend beschriebenen Untersuchungsergebnisse bestätigt.

5.1.3 Informationen zur Handhabung von Programmen

Bei der Interaktion zwischen Mensch und Rechner ist nach Norman (1983) u.a. in bezug auf ein bestimmtes Funktionsprinzip t ("target system") zu differenzieren zwischen einem konzeptuellen Modell C(t), das der Programmdesigner unter Berücksichtigung seiner Vorstellungen über die Arbeitsweise des späteren Benutzers dem System zugrunde legt, und einem mentalen Modell M(t), welches sich der Sachbearbeiter über das Funktionsprinzip bildet. Daneben erfolgt die Konzeptualisierung des mentalen Modells M(t) in dem Modell C(M(t)), das sich der Programmdesigner über das mentale Modell des Benutzers macht - falls er überhaupt hierüber nachdenkt, was gar nicht so selbstverständlich ist - (Abbildung 5.1).

Nach Streitz ist bei ICAI-Systemen (Intelligent Computer Assisted Instruktion-System) zusätzlich ein Modell S(M(t)) zu berücksichtigen, das das System sich über den Benutzer bildet. Streitz unterscheidet weiterhin zwischen dem allgemeinen Funktionsprinzip t und der Systemimplementation S(t). "Das Editieren von Texten oder das Arbeiten mit einem Kalkulationsprogramm basiert auf allgemeinen Funktionsprinzipien t und kann in abstrakter Weise (z.B. mit Algorithmen) beschrieben werden, während eine spezielle Softwarerealisierung auf einer konkreten Hardwarekonfiguration zur Systemimplementation S(t) führt" (Streitz 1985, S. 284). Die durch das System realisierte Implementation S(t) basiert danach auf C(t), stimmt aber aufgrund der Randbedingungen (z.B. technischer Art) nicht vollkommen mit C(t) überein. Hieraus leitet Streitz folgende "These zur Benutzerorientiertheit als Forderung nach kognitiver Kompatibilität" ab: "Ein interaktives System ist umso benutzerorientierter, je geringer die Diskrepanz zwischen den Repräsentationen S(t) und M(t) ist" (Streitz 1986, S. 7).

In Relation zu dem hier zugrundegelegten Handlungsmodell (Abbildung 2.3 auf S. 18), in dem der Problemlöser ein bestimmtes Handlungsraumkonzept über die Problemlösestrategie aufbaut, ist der Programmablauf so zu strukturieren, daß er mit dem Handlungsraumkonzept möglichst gut übereinstimmt. Hierbei bildet das Modell M(t) des Nutzers als Endnutzer einen Teil seines Handlungsraumkonzeptes. Deutlich wird dabei

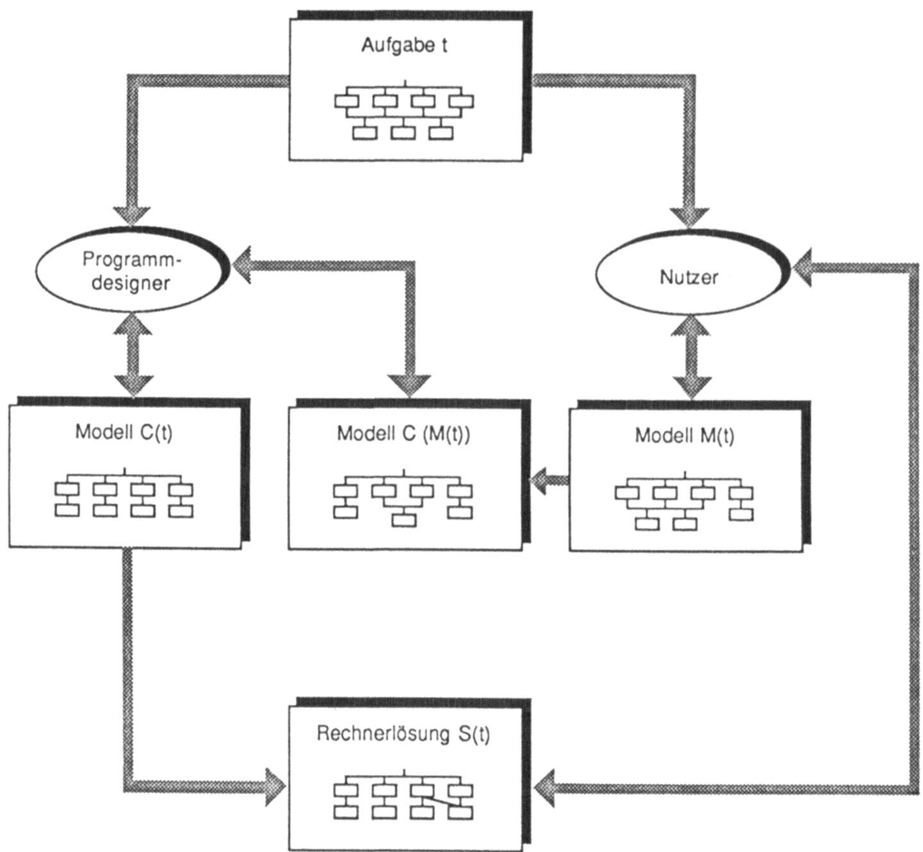


```
t        = Aufgabe (Funktionsprinzip)
C(t)     = Modell des Programmdesigners von der Aufgabe t
C(M(t))  = Modell des Programmdesigners vom mentalen Modell des
           Sachbearbeiters (Nutzers)
M(t)     = Modell des Sachbearbeiters von der Aufgabe t
S(t)     = Rechnerimplementation der Lösung der Aufgabe t
```

Abb. 5.1:   Modellvorstellungen von Nutzer und Programmdesigner
                 bei der Gestaltung und Anwendung von Programmen

auch der potentielle Vorteil von "intelligenten" Dialogsystemen, die
je nach Benutzeranforderung verschiedene Lösungsstrategien realisieren können, da in der Regel zur Lösung eines Problems mehrere Strategien denkbar sind. Zur praktischen Umsetzung kann dies im einfachsten
Fall beispielsweise bedeuten, daß die Reihenfolge der Eingabe nicht
fest vorgegeben ist, sondern vom Nutzer frei gewählt werden kann. Lassen sich nun Diskrepanzen zwischen S(t) und M(t) nicht ganz eliminie-

ren, so sind dem Nutzer Mittel zur Verfügung zu stellen, die ihm eine Selbstqualifizierung ermöglichen. Hier ist an den Einsatz von Help-Bildschirmen, Window-Technik usw. zu denken.

5.1.4   Einfluß der Dialoggestaltung im Mensch-Computer-Dialog

Zu den software-ergonomischen Maßnahmen wurde ausgeführt, welche Informationen aus handlungstheoretischer Sicht benötigt werden, wie diese Informationen im Hinblick auf eine effektive Gedächtnisverarbeitung hin aufbereitet werden müssen, und daß die Programmstruktur – und damit Umfang und Struktur des Informationsangebotes – auf die Problemlösestrategien abzustimmen sind. Einen weiteren Untersuchungsgegenstand ergibt die Fragestellung, in welcher Darstellungsart die Informationen auf dem Bildschirm angeboten werden sollen, um das Problemlöseverhalten zu optimieren. So kann beispielsweise die Darstellung eines Meßwertes digital oder analog erfolgen mit mehr oder weniger formaler oder ikonischer Zeichengebung. Untersuchungen zum Vergleich der Darbietungstypen nach ihren spezifischen Vor- und Nachteilen haben gezeigt, daß digitale Meßwertdarbietung unter sonst gleichen Bedingungen zu qualitativ und quantitativ besseren Ableseleistungen beiträgt, analoge Darstellungsformen hingegen die Lösung von Klassifikationsaufgaben begünstigen (Raum/Stocklöw 1980, S. 10). Die Bewertung einer Gestaltungsvariante sollte deshalb nicht nur von äußerlichen Effekten im Leistungsbild ausgehen, sondern diese strukturellen Änderungen der Aufgabenbewältigung einschließen. Auch die Ergebnisse der vorliegenden Untersuchung sind in diesem Zusammenhang relevant: die Grafik des Simulationsmodells Pingdong unterstützt stärker als die Textversion und die Tabellenversion das Problemlöse- und Entscheidungsverhalten, insbesondere das Regelverhalten und die Geschwindigkeit der Problemlösung (Abschnitte 4.3 und 4.4). Bedeutsam erscheint ferner, daß die Gestaltung des Dialoges nach software-ergonomischen Kriterien zu einer Verminderung der mentalen Belastungs-/Beanspruchungswerte führen kann (Heeg 1986c, S. 202).

5.2 Zusammenfassende Darstellung der Leitregeln für software-ergonomische Maßnahmen

Die bisherigen Abhandlungen zum Problemlöse- und Entscheidungsverhalten und deren Beeinflussung durch software-ergonomische Maßnahmen galten der Bestätigung der handlungstheoretischen Aussagen und dem Erhalt einer Vorgehensweise zur Bewertung der ergonomischen Maßnahmen in quantifizierter Form. Daraus lassen sich verschiedene Gestaltungsregeln für software-ergonomische Maßnahmen ableiten, die einer Verbesserung des Problemlöseverhaltens gelten.

5.2.1 Software-ergonomische Hauptforderungen

Die Nutzerschnittstelle gilt es so zu gestalten, daß ein Optimum an problembezogenem Handlungsvermögen gewährleistet wird. Der Nutzer soll sein Handlungsraumkonzept, das er sich über die jeweilige Aufgabe bzw. über das Problem gebildet hat, in einer Form antreffen, in der eine möglichst geringe Diskrepanz zwischen seinem mentalen Modell $M(t)$ und dem des Rechnermodells $S(t)$ auftritt. Für die Gestaltung in der Praxis ergeben sich damit folgende Hauptforderungen:

- die bisherigen Fähigkeiten und Fertigkeiten sowie das bisherige Wissen müssen in der Regel weiter zur Lösung der anstehenden Aufgaben und Probleme Verwendung finden können; sie sollen soweit wie möglich fortentwickelt werden können (von Ausnahmefällen abgesehen, in denen Menschen bewußt ein anderes Tätigkeitsfeld anstreben),
- der Einsatz Neuer Technologien darf nicht ein vertieftes Spezialwissen an EDV-technischen Kenntnissen erforderlich machen (außer wiederum, wenn bewußt und "gewollt" ein derartiger Kenntnisstand angestrebt wird); dies gilt insbesondere für die Mitarbeiter, die bereits seit langer Zeit ihrem Tätigkeitsbereich angehören oder/ und die der Gruppe "Lernungewohnte" zuzuordnen sind und
- die bisherigen Tätigkeitsstrukturen müssen ihre Abbildung in der Nutzerschnittstelle finden, soweit nicht bewußt gravierende Veränderungen vorgenommen werden, weil vorhandene Strukturen von den

Betroffenen und ihren Vorgesetzten als nicht mehr sinnvoll akzeptiert werden (wobei vielerlei Gründe hierfür vorliegen können).

Die Erfüllung dieser Forderungen ist Voraussetzung dafür, daß im Arbeitsalltag die spezifischen Stärken der EDV-Unterstützung zum Tragen kommen können mit der Folge einer e c h t e n Hilfestellung für den Menschen durch Schaffung von Freiräumen für kreative und innovative Leistungen und durch Befreiung von Routinetätigkeiten oder monotonen Tätigkeiten (neben gefährlichen und gesundheitsschädlichen Tätigkeiten). Dafür ist dann auch eine Akzeptanz eher gewährleistet in der wahren Bedeutung des Begriffes. So lassen sich Arbeitsbedingungen schaffen, die den Mitarbeitern im Hinblick auf den Abbau der Belastung und der Entfaltung der Persönlichkeit (optimaler Handlungsspielraum) nutzen. Ihre Zustimmung zu den Arbeitsbedingungen wird um so deutlicher sein, je stärker sie am Entstehungsprozeß beteiligt waren, um für ihre spezifischen Interessen und Bedürfnissse Berücksichtigung zu finden, die sie in "ihren Tätigkeits- und Wissenstrukturen" im neuen System "wiederfinden" können.

Die angesprochene Nutzerschnittstelle - oft auch Benutzerschnittstelle, Benutzeroberfläche oder Anwenderschnittstelle genannt - wird im allgemeinen in die
- Ein-/Ausgabe-Schnittstelle,
- Dialogschnittstelle,
- Werkzeugschnittstelle und
- Organisationsschnittstelle
unterteilt.

Als Strukturvorstellung dieser Schnittstelle wird heute oft das in Form eines Schichtenmodells angelegte Referenzmodell der europäischen Benutzergruppe IFIP W G 6.5 verwendet (Heeg, Schreuder 1986, S. 409), das in Abbildung 5.2 vorgestellt wird. Es dient auch als Basis der Schnittstellengestaltung. Die Ein-/Ausgabeschnittstelle als die dem Nutzer nächststehende Schnittstelle dient zur Überführung unterschiedlicher Ein-/Ausgabemodi in eine einheitliche, generalisierte Form. Die je nach Anwendungsbereich möglichen Dialogformen werden in der Dialogschnittstelle ebenfalls auf einen weiterverwendbaren Standard gebracht. Die Werkzeugschnittstelle regelt den Umgang des Nutzers mit den Software-Werkzeugen und Daten. Der Zusammenhang der Arbeitsaufgaben des Nutzers mit den Arbeitsaufgaben anderer Nutzer wird durch die Organisationsschnittstelle festgelegt.

Durch derartige standardisierende Konzepte können Modularität, Portabilität und Adaptivität von unterschiedlichen Softwaresystemen wirtschaftlich günstig realisiert und gegebenenfalls durch technische Weiterentwicklung bedingte Modifikationen integriert werden.

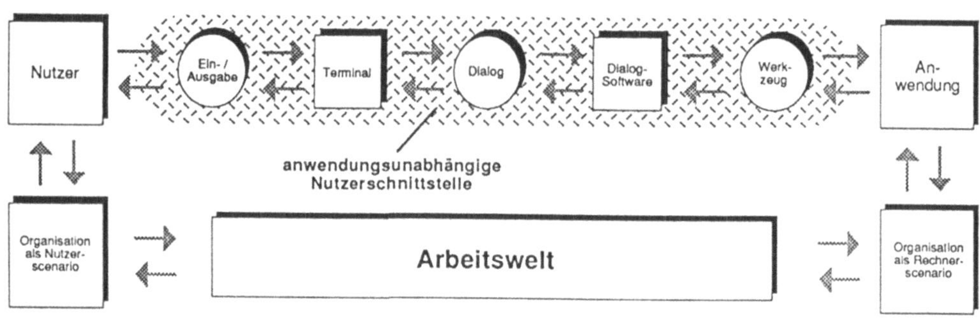

Abb. 5.2:   IFIP-Schnittstellenmodell (in Anlehnung an Raether, Fähnrich 1985)

Die Hauptforderung bezüglich der Ausgestaltung von Dialogsystemen bleibt in der Praxis bei der Ausgestaltung der Systeme noch weitgehend unberücksichtigt. Dies kann am Beispiel der Textverarbeitung gezeigt werden. Dazu seien die auszuführenden Arbeitsschritte und die dazugehörigen Denkvorgänge beim Schreiben auf einer Typenradmaschine mit einem Textsystem üblicher Ausgestaltung betrachtet (Heeg, Brodher 1986). Bei der Handhabung der Schreibmaschine liegen seitens des Benutzers relativ einfache geistige Leistungen vor; erforderlich sind Aufmerksamkeit und Konzentration zum Vermeiden von Schreibfehlern zur Durchführung einer optisch guten Seitenaufteilung usw. Daneben fallen relativ einfache Entscheidungsvorgänge an (wann wird Tipp-Ex verwendet, wann ist bei Korrekturen ein Absatz neu zu schreiben, wann kann mit Klebeband gearbeitet werden?).

Bei der Verwendung eines Textsystems kommen etliche zusätzliche Denkvorgänge, Merkvorgänge und Tätigkeiten hinzu, die systemspezifisch sind und keine Erleichterung bei der Ausführung bringen; so muß der Nutzer sich etliche Befehle merken (für die Durchführung des Schreibvorganges wie für Korrekturvorgänge), wobei je nach Aufgabenstellung etliche Befehle nur sehr selten benötigt werden, so daß Informationen hierüber dann dem entsprechenden Handbuch oder einem Hilfesystem entnommen werden müssen. Ein Beispiel hierfür ist der Vorgang Hoch- bzw. Tiefstellen ($\pm 8^\circ$): bei der Schreibmaschine geht man hierfür mit Rücktaste einen Schritt zurück und führt eine entsprechende Drehung der Walze durch; mit dem bei der Untersuchung beobachteten Textsystem sind folgende Schritte erforderlich:

- Eingabe von (CTRL)PT + (CTRL)PT
- Eingabe von (CTRL)PH
- Eingabe von (CTRL)PV - (CTRL)PV
- Eingabe von 8
- Eingabe von (CTRL)PT o (CTRL)PT.

Neben der Speicherung von Befehlen im Gedächtnis sind hier Dateinamen für komplette Texte, Textpassagen (bei Änderungen) u.ä. abzuspeichern - allesamt Vorgänge, die keinerlei Beitrag zum eigentlichen Problem "Erstellen eines Textes" leisten, sondern systembedingte Umwege bedeuten. Hier ist es zwar hilfreich - im Sinne von "Abmilderung des Übels" - wenn Hilfesysteme verwendet werden, die ein Suchen in oft unverständlichen und teilweise unkorrekten Handbüchern vermeiden helfen. Eine prinzipielle Verbesserung der Schwachstellen erfolgt durch derartige Maßnahmen aber nicht. Hier hilft nur eine konsequente Neugestaltung unter Verwendung der Möglichkeiten, die neue Hard- und Softwarelösungen heute implizieren. Dazu lassen sich Möglichkeiten der direkten Manipulation, der objektorientierten Vorgehensweise und der Fenstertechnik unter Multitasking nutzen; ferner können die Erkenntnisse aus Arbeitsanalysen für die Systemauslegung verwendet werden. Implementiert man diese Tätigkeiten, wie sie beispielsweise mit Schere und Klebzeug beim Umgestalten von Texten auftreten, in den Rechner (objektorientiertes Arbeiten über Maus o.ä. Eingabemedium), erhält man ein System, das schneller erlernbar und beherrschbar ist, das effektiver arbeitet und das im Aktionsumfang der Auslegung auch tatsächlich zum Einsatz kommt. Dadurch wird vermieden, daß Textsysteme oftmals nicht im vollen Umfang genutzt werden (Akzeptanzlücke, Hackstein 1985b, Heeg 1985b).

5.2.2 Abgeleitete Software-ergonomische Forderungen

Aus den formulierten Hauptforderungen lassen sich weitere Forderungen ableiten:

- Erfassung aller notwendigen Informationen zur Problemlösung und Programmsteuerung,

- Aufbereitung dieser Informationen zu Chunks im Hinblick auf eine Ausnutzung der Gedächtnisleistung,

- Optimierung von Programm- bzw. Dialogstruktur unter Berücksichtigung der Problemlösestrategie des Nutzers,

- Entwicklung von Help-Bildschirmen, Window-Multitasking-Technik u.ä. im Hinblick auf die Selbstqualifizierung und

- Bildung von Gestaltvarianten unter Berücksichtigung der Problemstellung zur Ermöglichung einer stufenweisen Höherqualifizierung der Nutzer.

Die Berücksichtigung dieser Forderungen trägt dazu bei, daß die Software-Benutzerfreundlichkeit einen höheren Grad erreicht. Im Zusammenhang mit solchen Maßnahmen stehen die Aspekte der Abbildung 5.3.

Als Leitfaden für Software-Ersteller und -Anwender (Nutzer) liegt das Normenwerk DIN 66234, Teil 8, vor. Darin werden fünf Gestaltungsgrundsätze aufgestellt, die der
- Aufgabenangemessenheit,
- Selbsterklärungsfähigkeit,
- Steuerbarkeit,
- Verläßlichkeit und
- Fehlertoleranz und Fehlertransparenz.

Diese seien im folgenden erläutert (Heeg, Schreuder, Schrader 1986).

A u f g a b e n a n g e m e s s e n h e i t : Das System soll dem Nutzer Routinetätigkeiten abnehmen, der Dialog dem Arbeitsablauf angepaßt sein und die von der Software zur Verfügung gestellten Arbeitsmittel der Arbeitsaufgabe angepaßt sein.

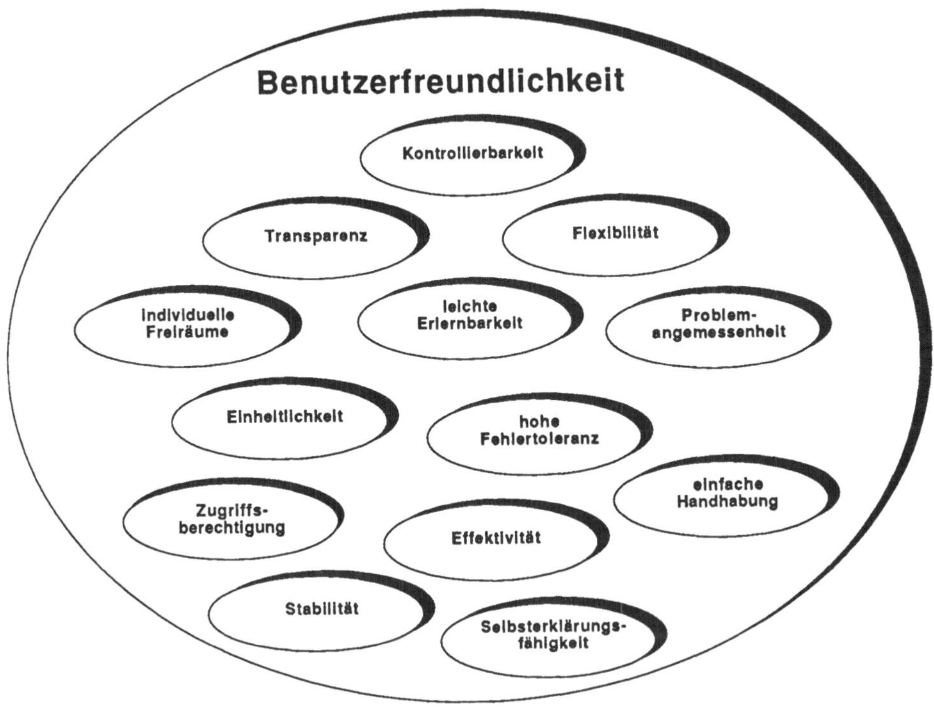

Abb. 5.3: Aspekte der Benutzerfreundlichkeit

S e l b s t e r k l ä r u n g s f ä h i g k e i t : Der Dialog soll
aus sich selbst verständlich sein und auf Wunsch situations- oder kon-
textabhängige Erklärungen geben können.

S t e u e r b a r k e i t : Der Nutzer soll sowohl die Geschwindigkeit als auch den Ablauf frei bestimmen können.

V e r l ä ß l i c h k e i t : Der Dialog soll bei ähnlichen Arbeitsaufgaben auch ähnlich gestaltet sein, so daß die Erwartungen des Nutzers erfüllt werden.

F e h l e r t o l e r a n z - F e h l e r t r a n s p a r e n z :
Offensichtliche Fehleingaben sollen vom System automatisch korrigiert
werden, dem Nutzer jedoch angezeigt werden. Fehlermeldungen sollen
keine Werturteile enthalten, wie etwa: "Wie bitte ...". Bei allen
nicht "automatisch" korrigierten Fehlern ist ein dem Arbeitsablauf

angepaßter, rechtzeitiger Hinweis erforderlich. Kann ein Fehler auf verschiedene Arten behoben werden, so sollten dem Nutzer Korrekturalternativen angegeben werden, ohne die Möglichkeit der Neueingabe auszuschließen. Weitere Angaben sowie Aussagen zur praktischen Umsetzung dieser abgeleiteten Forderungen sind im Anhang A III zu finden.

5.3 Entwicklung eines nutzerorientierten Werkstattprogrammiersystems für das Drehen unter besonderer Berücksichtigung handlungstheoretischer Aspekte

Auf der Basis der bisherigen Ausführungen wurde in Zusammenarbeit mit der Firma Digital Image ein Werkstattprogrammiersystem für das Drehen an Maschinen unterschiedlicher Hersteller entwickelt, wobei das Programmiersystem, das hier beschrieben wird, über eine eigene Schnittstelle mit verschiedenen Steuerungen von CNC-Drehmaschinen kommunizieren kann. Dabei werden die drei Komponenten Programmiersystem, Steuerung und Werkzeugmaschine (Abbildung 5.4) unterschieden (Heeg, Schreuder, Wagner 1986, S. 161ff).

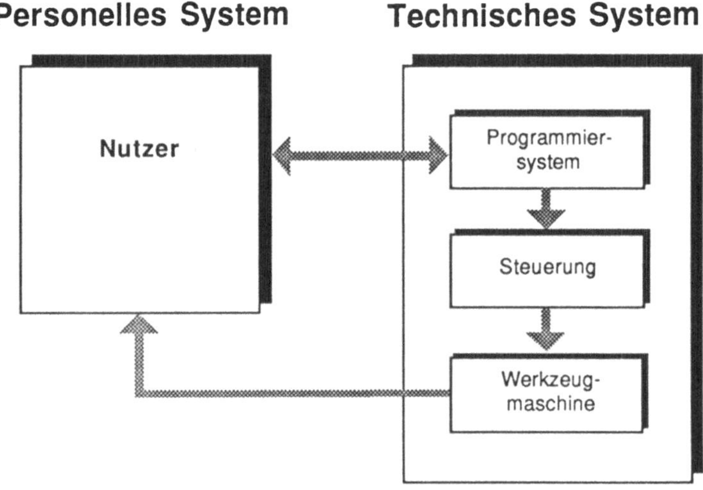

Abb.: 5.4: Erweitertes Handlungssystem zur CNC-Bearbeitung

5.3.1 C N C-Steuerung und Programmiersystem

Das Programmiersystem dient zur Vermittlung der Kommunikation zwischen Nutzer und Steuerung/Werkzeugmaschine, wobei die Kommunikation alle Informationen des Nutzers, durch die er der Steuerung mitteilt, welche Aktionen auszuführen sind und die Informationen des Systems Steuerung/Werkzeugmaschine über Beginn, Stand und Ende der Bearbeitung und Zusätze wie Störungsmeldungen usw., enthält. Im Programmiersystem ist die Nutzeroberfläche implizit enthalten - unabhängig davon, ob eine Online- oder Offline-Programmierung vorliegt. Die Ausgestaltung kann - muß jedoch nicht - in Abhängigkeit von der Wahl der Programmierart durchgeführt werden. Je nach Programmierart lassen sich dann wiederum verschiedene Programmiermethoden (oder -verfahren) unterscheiden (Cziuday 1985, S. 60 ff). Eine Steuerung hat allgemein die Aufgabe, die Arbeitsschritte der Werkzeugmaschine gemäß dem vorgegebenen Programm zu gewährleisten.

5.3.2 Entwicklung von C N C-Steuerungen und Programmiersystemen

Ein Grund für die Verdrängung konventioneller numerischer Steuerungen (N C) war der wesentlich erweiterte Funktionsumfang der C N C-Steuerungen bei der Bedienung, Programmierung, Überwachung und Störungsdiagnose (Weck 1979, S. 544 ff). Der Nutzer wurde in die Lage versetzt, intensiv Programme zu optimieren, zu korrigieren und auch in Form der Werkstattprogrammierung eine vollständige Teileprogrammierung vornehmen zu können (Walze 1981, S. 2). Erste Ansatzpunkte für eine Aufgabenbereicherung für Arbeitsplätze an C N C-Werkzeugmaschinen gingen in die Definition einer einheitlichen Dialog-Bedienerführung für die werkstattgerechte N C-Programmierung ein (Liese 1983, S. 37ff). Viele hieraus resultierende Forderungen werden von heutigen C N C-Steuerungen erfüllt. Allerdings führte die weitere technische Entwicklung primär zu einer Erhöhung der Leistungsfähigkeit der Steuerung und nur zu einem geringen Teil zur Aufgabenunterstützung des Endnutzers.

Neueste arbeitswissenschaftliche Erkenntnisse sowie fortgeschrittene software-ergonomische Konzepte finden bislang nur einen geringen

Eingang in die Entwicklung der CNC-Systeme. Nach Beobachtungen mehrerer Autoren muß festgestellt werden, daß der Software-Ergonomie im Produktionsbereich angesichts ihrer Relevanz zu wenig Aufmerksamkeit gewidmet wird (Bullinger, Raether, Fähnrich, Kaicher 1985, S. 86, Heeg 1986, S. 200). Bei der Beurteilung der Einsatzmöglichkeiten von Systemen der Werkstattprogrammierung spielen die Wirtschaftlichkeitsaspekte zum Programmierverfahren eine entscheidende Rolle.

Unter W e r k s t a t t p r o g r a m m i e r u n g soll hierbei folgendes verstanden werden:

"Erstellen des Urprogramms an der CNC-Werkzeugmaschine durch manuelle Eingabe oder an einem maschinennahen Programmierplatz manuell oder mittels maschinenungebundenem Programmiergerät und Korrigieren sowie Optimieren des Programms an der CNC-Werkzeugmaschine" (Schulte 1986, S. 9/10).

In der Praxis wird dabei entweder eine Aufgabenteilung vorgenommen, und zwar derart, daß der Einrichter oder der Werkstattprogrammierer oder eine andere Person des Werkstattpersonals das Urprogramm erstellt und der direkt an der Werkzeugmaschine beschäftigte Maschinenarbeiter es korrigiert und optimiert, oder eine Person des Werkstattpersonals erledigt diese Aufgaben allein oder es erfolgt eine s e l b s t b e s t i m m t e Aufgabenteilung innerhalb einer Arbeitsgruppe (beispielsweise bei flexiblen Fertigungssystemen), wobei aber jedes Mitglied der Arbeitsgruppe im Laufe der Zeit alle Aufgaben durchführen sollte.

Nach einer Untersuchung zur "Beurteilung der Wirtschaftlichkeit von CNC-Drehmaschinen unter organisatorischen Gesichtspunkten" (Lay, Boffo, Lemmermeier 1983) ergaben sich insgesamt folgende Abhängigkeiten zwischen der Organisation des Einsatzes von CNC-Werkzeugmaschinen und der Wirtschaftlichkeit der Fertigung:

1. Bei komfortablen CNC-Steuerungen ist die Werkstattprogrammierung an der Werkzeugmaschine einer rechnerunterstützten zentralen Programmierung in der Arbeitsvorbereitung wirtschaftlich überlegen (Dunkhorst 1986); diese Überlegenheit ist bereits dann gegeben, wenn die

Programmierung in vollem Umfang Maschinenstillstandszeiten verursacht; kann ganz oder teilweise parallel zur laufenden Maschine programmiert werden, nehmen die wirtschaftlichen Vorteile der Werkstattprogrammierung weiter zu.

2. Bei weniger komfortablen C N C-Steuerungen ist die Werkstattprogrammierung bei stehender Maschine einer Programmierung in der Arbeitsvorbereitung ohne Rechnerunterstützung nicht immer wirtschaftlich überlegen; kann jedoch überlappend zur Abarbeitung des vorherigen Loses programmiert werden, so kann auch hier die Werkstattprogrammierung generell kostengünstiger sein.

3. Ohne Rechnerunterstützung ist die maschinenferne Werkstattprogrammierung nur bei Werkstücken von geringer Komplexität einer rechnergestützten Programmierung in der Arbeitsvorbereitung wirtschaftlich überlegen.

5.3.3 Notwendige Gestaltungsmaßnahmen aus handlungsorientierter Sicht

Die bisher realisierten Systeme mit den bereits angesprochenen Gestaltungsdefiziten unterstützen die Arbeits- und Denkweise von Facharbeitern in zu geringem Maße. Dies ist das Resultat einer stark technisch-orientierten Projektion von Programmstrukturen (Definition von Rohteilgeometrie, Fertigteilgeometrie, Technologie-Daten usw.) auf Arbeitshandlungen ohne Freiheitsgrade für den Endnutzer. Vordergründig aufgabenorientiert anmutende Bedienerführungen zementieren dabei einen "kognitiven Taylorismus" durch eine Zerstückelung ehemals ganzheitlicher Fertigungsaufgaben und eine Aneinanderreihung der Aufgabenfragmente zu unnatürlichen, inhomogenen Definitionssequenzen. So kann es vorkommen, daß für einen Drehabschnitt die Schnittfestlegung 15 Eingabeschritte nach der Geometrieeingabe und weitere 20 Eingabeschritte später die Technologiefestlegung erfolgt, - mithin eine Arbeitsfolge vorliegt, die unkonventionelles Denken und hohe Gedächtnisleistung verlangt.

Hieraus folgt die Notwendigkeit der Gestaltung software-ergonomisch verbesserter Systeme, die neben einer hochwertigen technischen

Ausstattung auch über eine fortgeschrittene Software verfügen, die das konkret gegenständliche Arbeiten und die graphische Orientierung von Facharbeitern bestmöglich unterstützt. Darüber hinaus sind planende, ausführende, kontrollierende und selbstorganisierende Tätigkeiten an und im Umfeld der CNC-Werkzeugmaschinen zusammenzufassen, um schließlich als Ziel den Erhalt bzw. den Erwerb von Handlungskompetenz am Arbeitsplatz "CNC-Werkzeugmaschine" zu erreichen. Hierzu müssen Mittel eingesetzt werden, die dazu führen, daß der Facharbeiter durch die aus seinen Aufgaben resultierenden ständigen Anforderungen und Ergebnisse eine Selbstregulation auf hohem Kompetenzniveau erreicht. Praktisch bedeutet dies die Schaffung objektiver Handlungsspielräume, die sich nicht in komplexen Menübäumen (in den verwendeten Programmen) verlieren, sondern die für den Nutzer direkt sichtbar und "greifbar" sind, in denen er sich frei bewegen und selbstbestimmt arbeiten kann. Die hierfür einzusetzenden Instrumente bestehen in Systemen zur direkten Manipulation von Objekten, der Realisierung einer Bewegungsfreiheit bei der Manipulation der Objekte analog konventioneller Tätigkeiten, der körperlichen Darstellungsweise der zu manipulierenden Objekte sowie einer "Prompt-Simulation" von Eingabesequenzen und dem g l e i c h z e i t i g e n A b l a u f verschiedener Umgebungsprozesse durch Multitasking-Systeme:

1) Direkt manipulative Umgebungs-Software erlaubt den unmittelbaren Zugriff auf Bildschirmobjekte (Darstellungen, Daten, Fenster, Sinnbilder usw.) und deren Beeinflussung mittels handbedienter Zeigerinstrumente (Trackball, Steuerknüppel). Bisher realisierte Programmiersysteme (von Zeppelin 1986) unterstützen zwar eine graphische Darstellung von Objekten am Bildschirm (z.B. Werkzeug, Informationsfenster), verweigern dem Bediener jedoch einen direkten Zugriff darauf. Er erlebt eine "Welt hinter der Glasscheibe", die seinem konkreten Handlungsbedürfnis nur mittelbar entspricht. Der Einsatz von Tastaturen, Funktionstasten und Softkeys kehrt die Verhältnisse um: Das Programmiersystem demonstriert zwar die Ganzheitlichkeit seiner Arbeitsweise auf dem Bildschirm; jedoch wird der Nutzer gezwungen, über verschiedene, teilweise recht umständliche Menü-Wege und durch Angabe in vorstehend angesprochener Art und Weise zerstückelter Befehle zu versuchen, seine Ziele zu erreichen.

2) Mit der Notwendigkeit direkt manipulierbarer Bedienerumgebungen geht die Forderung nach freier "Beweglichkeit" in ihr einher. Diese findet ihre Entsprechung in der Realität, in der Arbeitsgegenstände bisweilen in weiten Grenzen veränderbar sind.

3) Um eine realistische, überschaubare Darstellung realer Objekte zu erzielen, ist eine "körperhafte" Darstellung anzustreben, die die verwirrende Linienzahl von Konturzeichnungen heutiger graphischer Programmiersysteme vermeidet. Dies ist möglich durch Ausfüllen von Flächen, Schattenwurf und ähnlichen plastischen Darstellungsmethoden.

4) Auf die direkte Beeinflussung von Objekten muß dann auch eine augenblickliche Reaktion folgen, die wiederum möglichst realitätsnah sein sollte. Die Geometriedefinition, die bislang separat von der Technologiefestlegung oder gar antizipiert erfolgt, ist programmtechnisch leicht zu realisieren, aber weit entfernt vom Erlebnishorizont der Facharbeiter. Stattdessen ist ein "Fertigen" am Bildschirm anzustreben, das zur rationellen Vorgehensweise alle unterstützenden Möglichkeiten einer fortgeschrittenen Informationsverarbeitung nutzt (beispielsweise neue Formmakros, Datenbank). Um den Zusammenhang zwischen Absichten und Aktionen des Menschen und den produzierten Wirkungen jederzeit erkennbar zu halten, ist soweit wie möglich eine P r o m p t - S i m u l a t i o n mit sofortiger Darstellung der Wirkung anstelle der bislang üblichen " I n   s p e "- S i m u l a - t i o n vorzusehen, bei der der Bediener weiß, daß er sich in einer integrierten Simulation all seiner Handlungen befindet, aber bei den Einzelhandlungen im Dunkeln "tappt". Eine Prompt-Simulation hingegen muß eine dynamische Werkstückänderung bewirken, die insbesondere die erwähnte körperliche Darstellung berücksichtigt.

5) Da die reale Fertigungsumgebung auch durch den gleichzeitigen Ablauf verschiedener Umgebungsprozesse gekennzeichnet ist, ist deren Abbildung - zumindest der fertigungsbezogenen - in der Programmiersystemumgebung notwendig. Dazu gehören neben dem eigentlichen Fertigungsprozeß Statusanzeigen sowie Störmeldungen und Fehlerdiagnosen. Durch eine Parallelprogrammierung wird - auch aus sicherheitstechnischen Gründen - eine reale Prozeßverfolgung durch Simulation des laufenden Bearbeitungsvorganges während der Programmierung des näch-

sten Teils auf dem Bildschirm sinnvoll. Dies kann nur über Anwendung des Multitasking realisiert werden. Hierbei kann dann auch jederzeit die jeweils aktuelle Task (z.B. Programmierung) in aktivem Zustand verlassen werden, um in einer anderen Task eine weitere Aufgabe zu lösen (z.B. Störung beheben, Eingriff in aktuellen Fertigungsablauf, Abruf von Maschinenstatus), um danach in die vorherige Task zurückzukehren (im hier angeführten Falle "Fortsetzung der Programmierung"). Dem Bediener wird dieser technische Vorgang nicht bewußt, er wechselt lediglich von einem Bildschirmfenster in ein anderes und wieder zurück.

5.3.4 Technische Voraussetzungen und Realisierung eines endnutzerorientierten Programmiersystems

Die beschriebenen Anforderungen an ein zielgruppenorientiertes Programmiersystem für Werkzeugmaschinen können nur auf der Basis fortschrittlicher Hard- und Software realisiert werden. Die Leistungsmerkmale der hier verwendeten Hardware sind hierbei in erster Linie durch die Verwendung von modernen 16/32 Bit Mikroprozessoren (Intel 80286 oder Motorola 68000/68020) gekennzeichnet. Darüber hinaus werden die Prozessoren durch Coprozessoren unterstützt, die spezielle Aufgaben wie Grafik oder DMA (Direct Memory Access) übernehmen und durch die Übernahme spezieller Aufgaben die Leistungsfähigkeit des Rechnersystems weiter steigern. Der Einsatz dialogorientierter, direktmanipulierbarer Grafik-Software (GEM, Windows, Intuition) sowie multitasking-fähiger Betriebssysteme ist erst auf Geräten dieser Leistungsklasse möglich bzw. sinnvoll geworden, da es sich in jedem Fall um große, Rechnerkapazität beanspruchende Benutzeroberflächen handelt, die jedoch nur einen geringen Teil der gesamten Rechnerleistung für sich beanspruchen dürfen, um genügend Kapazität für die Bewältigung der technischen Aufgaben zur Verfügung zu haben.

5.3.4.1 Systemkonzept

Das im folgenden beschriebene Systemkonzept für das Beispiel des
CNC-Drehens basiert auf dem Commodore Amiga, einem Personal Computer
der jüngsten Rechnergeneration (low-cost-System). Dieser mit einem
Motorola MC68000-Prozessor ausgestattete PC weicht in zentralen Punkten
seiner Architektur von den bisher üblichen Geräten dieser Preis-
klasse ab. Als wesentliche Merkmale sind zu nennen:

- Multiprozessor-Architektur (drei Custom-Chips übernehmen neben
  dem Hauptprozessor wesentliche Systemaufgaben),
- 16MB direkt adressierbarer Speicherbereich,
- Erweiterbarkeit a) des Multiprozessorkonzepts durch Hinzufügen
  von weiteren Prozessoren, wie z.B. eines Arithmetik-Coprozessors
  (Motorola MC68881) sowie b) Aufrüstung des Systems mit einem
  echten 32 Bit Prozessor (Motorola MC 68020), wodurch bis zu 8
  MIPs (Million Instructions Per Second) möglich werden,
- Multitasking-Betriebssystem (Amiga DOS) unter Einbeziehung einer
  visuell orientierten Benutzeroberfläche (Intuition) und
- offene Systemarchitektur auch in bezug auf die Software; das Betriebssystem befindet sich nicht in einem ROM, sondern wird über
  Diskette (3,5") oder Festplatte in ein Pseudo-ROM geladen und ist
  somit für spezielle Anwendungsfälle abänderbar.

Der Zentral-Prozessor übernimmt im wesentlichen die Steuerung des
Systems und die Verwaltung der Ressourcen, wie Zuweisung der Aufgaben
an die Coprozessoren, Aufteilung des zur Verfügung stehenden Speichers für die einzelnen Tasks und die Ablaufsteuerung von assemblier-
ten oder compilierten Userprogrammen. Die drei Coprozessoren (Copper,
Blitter, I/O) übernehmen in erster Linie den Aufbau der Farbgrafik
(max. 640 x400 Bildpunkte mit simultan maximal 32 Farben aus einer
Farbpalette von 4096 Farben) und den Aufbau von virtuellen Screens
- Fenster, in denen verschiedene Prozesse gleichzeitig graphisch
dargestellt werden können. Darüber hinaus steuern sie den Datentrans-
fer von und zu externen Ressourcen wie Festplatte, Drucker, Centro-
nics- und V24-Schnittstellen, Tastatur, Maus, Trackball, Lichtgriffel
usw. Die Erweiterbarkeit der Hardware wird durch einen extern zur

Verfügung stehenden Bus des MC68000 unterstützt und erlaubt den Anschluß von weiteren Coprozessoren, von Festplatten und von bis zu 8 MB Speicherkapazität externer RAM sowie die Integration des Industriestandards durch Zuweisung von eigener Task und Screen an eine angeschlossene oder eingebaute IBM-PC-Einheit.

Das Betriebssystem ist so ausgelegt, daß es die Fähigkeiten der Hardware auch in Bezug auf ihre Erweiterbarkeit voll unterstützt. Es gliedert sich im wesentlichen in drei Bereiche, in Exec (Multitask Executive) als Bestandteil des Kernel, Amiga DOS mit einem sog. Command Line Interface CLI, das eine zeilenorientierte Kommandoeingabe im Stil herkömmlicher PCs ermöglicht und Intuition, eine Maus-gesteuerte und graphisch durch Icons (sinnfällige Symbole) unterstützte Benutzeroberfläche.

5.3.4.2 Programmkonzept

Ein "Projekt" besteht in der zu lösenden Aufgabe des Facharbeiters mit der Maschine. Die dafür vorgesehene Benutzeroberfläche ist voll WIMP-orientiert (Windows, Icons, Mouse, Pull-down-Menüs) und nennt sich Workbench (siehe Abbildung 5.5a). Jedes Projekt gliedert sich in drei unabhängige, aber durch Datenaustausch verknüpfte Teilbereiche (Prozesse):
- Definieren
- Simulieren
- Produzieren.

Jeder dieser Prozesse steuert eine Vielzahl von Aufgaben (Tasks), die zu jeder Zeit aktiviert oder deaktiviert sowie gleichzeitig - auch über andere Prozesse hinweg - aktiv sein können (Multitasking). Die obere Menüleiste erlaubt die Auswahl der Tasks dieser Prozesse sowie zweier Sonderfunktionen (Maßstab und Spezial) durch Pull-Down- Menüs. Jede Task besitzt ihr eigenes Fenster (Abbildung 5.5b), das in seiner Größe sowie in seiner Lage auf dem Bildschirm durch sogenannte Gadgets veränderbar ist. Das Aktivieren der Funktion, die einem Bildelement (Pull-Down-Menü, Icon oder Gadget) entspricht, geschieht durch:

a) eine Zeigefunktion mit einem P o i n t e r (bewegt durch
    einen Trackball) auf ein bestimmtes Bildelement und

b) das Aktivieren der Funktion durch Drücken einer Taste am
    Trackball.

Für jede Task stehen genau die zu ihrer Lösung notwendigen
Hilfsmittel (T o o l s) am rechten Bildrand in einer Leiste zur
Verfügung (Abbildung 5.5b). Diese Hilfsmittel gliedern sich funktio-
nal in folgende Gruppen:

1) K o n t r o l l i n s t r u m e n t e
-   Schieblehre zur Kontrolle der Werkstückmaße relativ zum Bezugs-
    punkt, da die Vermaßung nicht permanent angezeigt wird;
-   Lupe zur Detailvergrößerung, beispielsweise von Werkstückkanten,
    Nuten oder sonstigen Formelementen, wobei punktuell der gewählte
    Maßstab verändert wird;
-   Bezugspunkt zum Setzen eines Basispunktes, auf den sich die in
    der Menüleiste angezeigten Maße Z und D beziehen (dieser Bezugs-
    punkt ist innerhalb des Fensters beliebig verschiebbar).

2) F o r m ä n d e r u n g s i n s t r u m e n t e
-   Stift zum Editieren der bauteilbeschreibenden Konturen (im Pull-
    Down-Menü Maßstab wird die Darstellungsform (Vorderansicht, Halb-
    schnitt oder Vollschnitt) gewählt; durch Verfahren der Z- und
    D-Werte in Schritten zu 1/mm, 10/mm, 100/mm und 1000/mm wird
    direkt dynamisch die Formänderung des Bauteils dargestellt; im
    anschließenden Simulations- und/oder Produktionsprozess wird
    anhand der "Expertendaten" das zur Formänderung notwendige Werk-
    zeug ausgewählt (Abbildung 5.6));
-   das W e r k z e u g - I c o n erfüllt die gleiche Aufgabe wie
    der Stift mit dem Unterschied, daß das zur Formänderung notwen-
    dige Werkzeug direkt ausgewählt wird;
-   der W i n k e l erlaubt dem Benutzer, schräge Bauteilkanten
    und Phasen unter jedem beliebigen Winkel anzutragen;
-   der Z i r k e l erfüllt die Funktion der Eingabe von Radien
    und Kurven am jeweiligen Bauteil.

110

3) S c h a l t e r
die Schalter-Icons beziehen sich auf die realen Schalter der
Maschine und ermöglichen das Ein- und Ausschalten von Maschinen-
funktionen wie Programmlauf, Werkstück spannen, Antrieb ein/aus,
schnell/langsam, Werkzeugwechsel, Kühlwasser, Handbedienung.

4) S o n s t i g e (Abbildung 5.7a)
- die W e n d e s c h n e i d p l a t t e ruft ein Fenster zum
Editieren genormter Schneidplatten auf;
- das A u s r i c h t u n g s - I c o n ruft ein Fenster zum
Editieren der Werkzeugausrichtung des einzumessenden Werkzeugs
auf.

Die Tools beziehen sich immer auf die zur Eingabe selektierte Task
und sind nur dann sichtbar. Eingabe-inaktive Tasks können an der
"Schattenschrift" des Tasknamens erkannt werden (Abbildung 5.5b).
Ist ein Prozeß inaktiv, sind auch alle seine Tasks inaktiv. Obwohl
der Projektablauf logisch streng dem Eingabe-Verarbeitung-Ausgabe-
Prinzip folgt, ist es dennoch möglich, daß gleichzeitig ein, zwei
oder alle drei Prozesse aktiv sein können mit der Folge, daß die
Bearbeitung mehrerer Projekte möglich ist (z.B. Definieren und Produzieren verschiedener Bauteile gleichzeitig). Innerhalb eines Prozesses kann nur ein Bauteil aktiv bearbeitet werden. Formal entspricht
die Verschachtelung der Prozesse und Tasks einer reinen (vertikalen)
Baumstruktur, d.h. ein Aufruf erfolgt über Baumstrukturen und der
Programmablauf parallel über Prioritätslevel. Inhaltlich - in Bezug
auf ihre Wichtigkeit - ist jede Task mit einem Prioritätslevel versehen, wodurch eine hierarchische Verschachtelung zwischen Vordergrund-
und Hintergrundtask (horizontal) resultiert. Die im Programmkonzept
festgelegten Prozesse werden im folgenden kurz erläutert.

1. D e f i n i e r e n
Über den Prozeß D e f i n i e r e n werden die geometrischen Strukturen der Rohteile und Fertigteile festgelegt (Geometriedaten). Der
Nutzer ist n i c h t an eine Eingabereihenfolge gebunden. Die Struktur der Werkzeuge und die Beschaffenheit der Werkstoffe werden über
separate Tasks erfaßt (Technologiedaten), die jedoch gleichzeitig

aufgerufen werden können. Die Geometriedaten von Roh- und Fertigteil
können wie folgt verarbeitet werden:

a) Einladen der Geometriedaten von bereits definierten Bauteilen
   oder C A D-Systemen,
b) Editieren von Geometriedaten als interaktiver, visuell unter-
   stützter Eingabeprozeß (Abbildungen 5.6 sowie 5.7b) und
c) Abspeichern der editierten Geometriedaten in einer Bauteiledatei
   (Rohteil sowie Fertigteil besitzen dasselbe Format und sind aus-
   tauschbar).

Möglichkeiten des Umgangs mit den T e c h n o l o g i e d a t e n
d e s   W e r k s t o f f s bestehen in:

a) Laden der werkstoffspezifischen Daten von Werkstoffen gemäß DIN
   oder Firmenstandard,
b) Editieren werkstoffspezifischer Daten, die für den jeweiligen
   Verarbeitungsvorgang relevant sind und
c) Abspeichern der Werkstoffdaten in einer Werkstoffdatei.

Die T e c h n o l o g i e d a t e n   d e r   W e r k z e u g e
können wie folgt behandelt werden:

a) Laden von bereits definierten (eingemessenen) Werkzeugen,
b) Editieren (Einmessen) eines Werkzeugs, bestehend aus DIN-Wende-
   schneidplatte und Halter sowie Festlegung der Orientierung des
   Werkzeugs (Abbildung 5.7a),
c) Zuordnen des Werkzeugs zur Spannvorrichtung (Nummer des Werkzeugs
   während der Verarbeitung),
d) Abspeichern eingemessener Werkzeuge in einer Werkzeugdatei.

2. S i m u l i e r e n
Das Simulieren eines Programms wird mit dem Compilieren des graphi-
schen Quellcodes in eine Metasprache für die notwendigen Bearbeitungs-
anweisungen eingeleitet. Das C o m p i l i e r e n erfolgt in zwei
Phasen (Passes):
1. P a s s : Lesen der Geometriedaten (Roh- und Fertigteil) sowie
Lesen der Technologiedaten (Werkzeug und Werkstoff);

2. P a s s : Bildung einer sinnvollen Verarbeitungsabfolge durch Lesen der "Expertendaten" (Prioritätslevel einzelner Arbeitsschritte. Abfolge der Zerspanung, Schruppen, Schlichten, Vorschubwahl durch Schnittvolumenberechnung usw.).
Daneben erfolgt die grafische Abarbeitung des Metacodes zur dynamischen Darstellung des Verarbeitungsablaufs in jeder gewünschten Geschwindigkeit, in Einzelschritten sowie als Vor- und Rücklauf (Abbildung 5.8). Eingriffe in die Verarbeitungsabfolge sind über das E d i t i e r e n der "Expertendaten" und Einbringen eigener Erfahrungen möglich. Die Änderungen dieser Daten werden vom System automatisch dokumentiert.

3. P r o d u z i e r e n
Der Vorgang des Produzierens beginnt mit dem Übersetzen der Metasprache in einen maschinensspezifischen Programmtext (Firmware Postprocessing) gemäß DIN oder Werkzeugmaschinen-Hersteller-Normen, da viele Hersteller Befehlscodes benutzen, die über den Standard-Satz nach DIN 66025 hinausgehen. Nach dem Übersetzen kann direkt mit der R e a l i s i e r u n g d e s A r b e i t s p r o z e s s e s begonnen werden. Die Rückmeldungen von Maschinendaten (Geometriedaten und Statusmeldungen) werden über eine Hintergrundtask überwacht und stellen den realen Verarbeitungsablauf ähnlich wie bei der Simulation graphisch dar. Durch Fehlermeldungen der Maschine gelangt diese Hintergrundtask direkt, d.h. mit höchster Priorität, in den Vordergrund und gibt eine Statusanzeige aus. Daneben existieren natürlich sämtliche Maschinensteuermittel wie beispielsweise N o t - A u s in Form entsprechender Druckschalter. Der Vorgang des P r o d u z i e r e n s wird in der Abbildung 5.9 ausschnittsweise dargestellt. Wird das System mit einer oder mehreren Werkzeugmaschinen im Off-line-Betrieb genutzt, kann der Objektcode direkt über V24/RS232 Schnittstellen oder über Lochstreifen übertragen werden, was eine größtmögliche Flexibilität in bezug auf das Anwendungsspektrum bedeutet.

Abb. 5.5:
a) "Workbench"
b) "Arbeitsraum" für
das CNC-Drehen
über ein direkt
manipulierbares,
objektorientiertes
System

Abb. 5.6:
Erstellen eines
Fertigteils

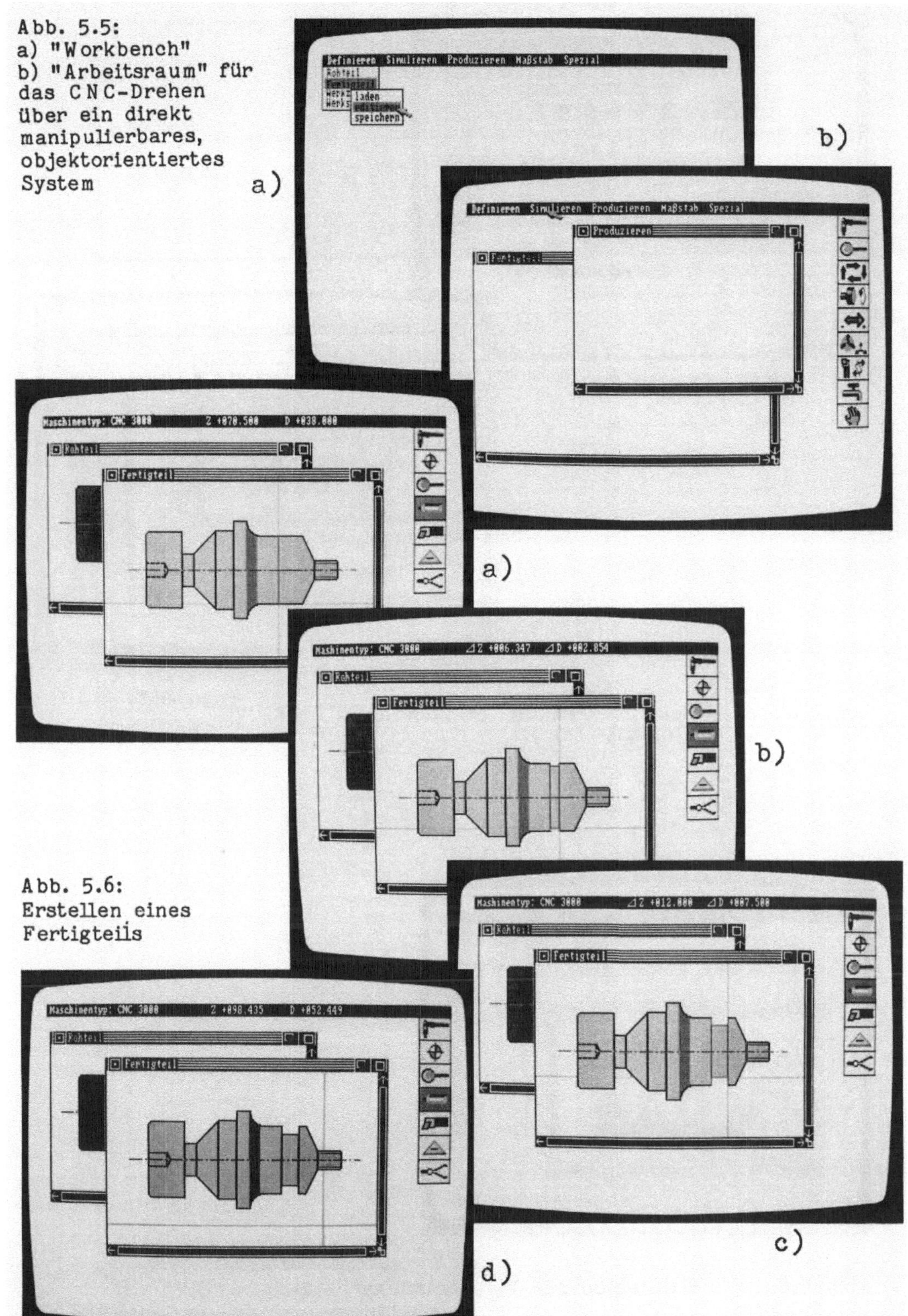

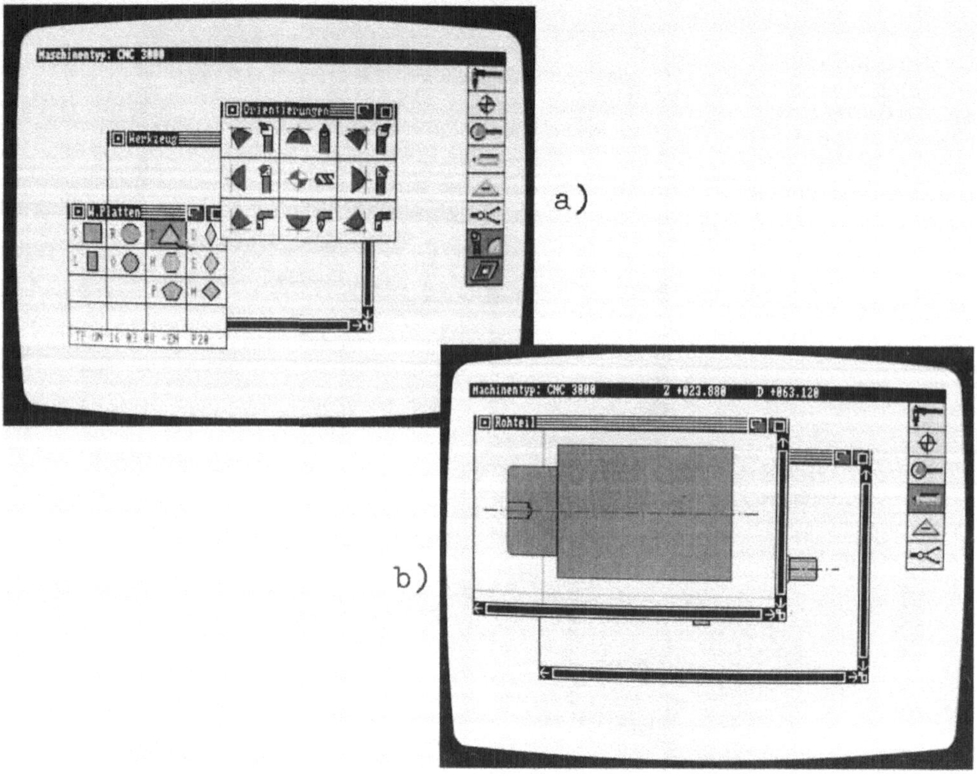

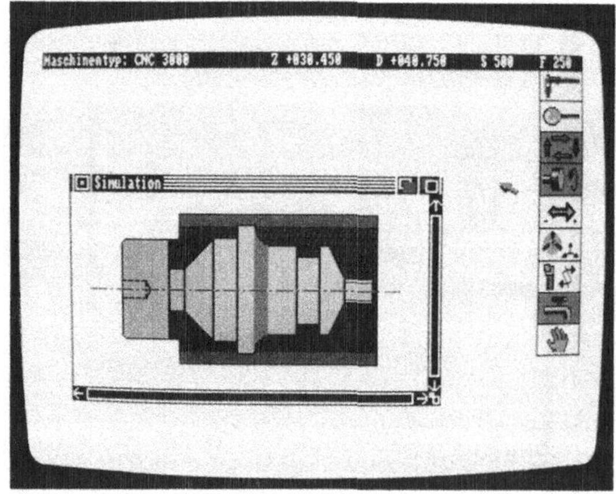

Abb. 5.7: Menü "Werkzeug" (a) und Hauptfunktion
"Rohteil" (b)

Abb. 5.8: Simulation des Verarbeitungsablaufs

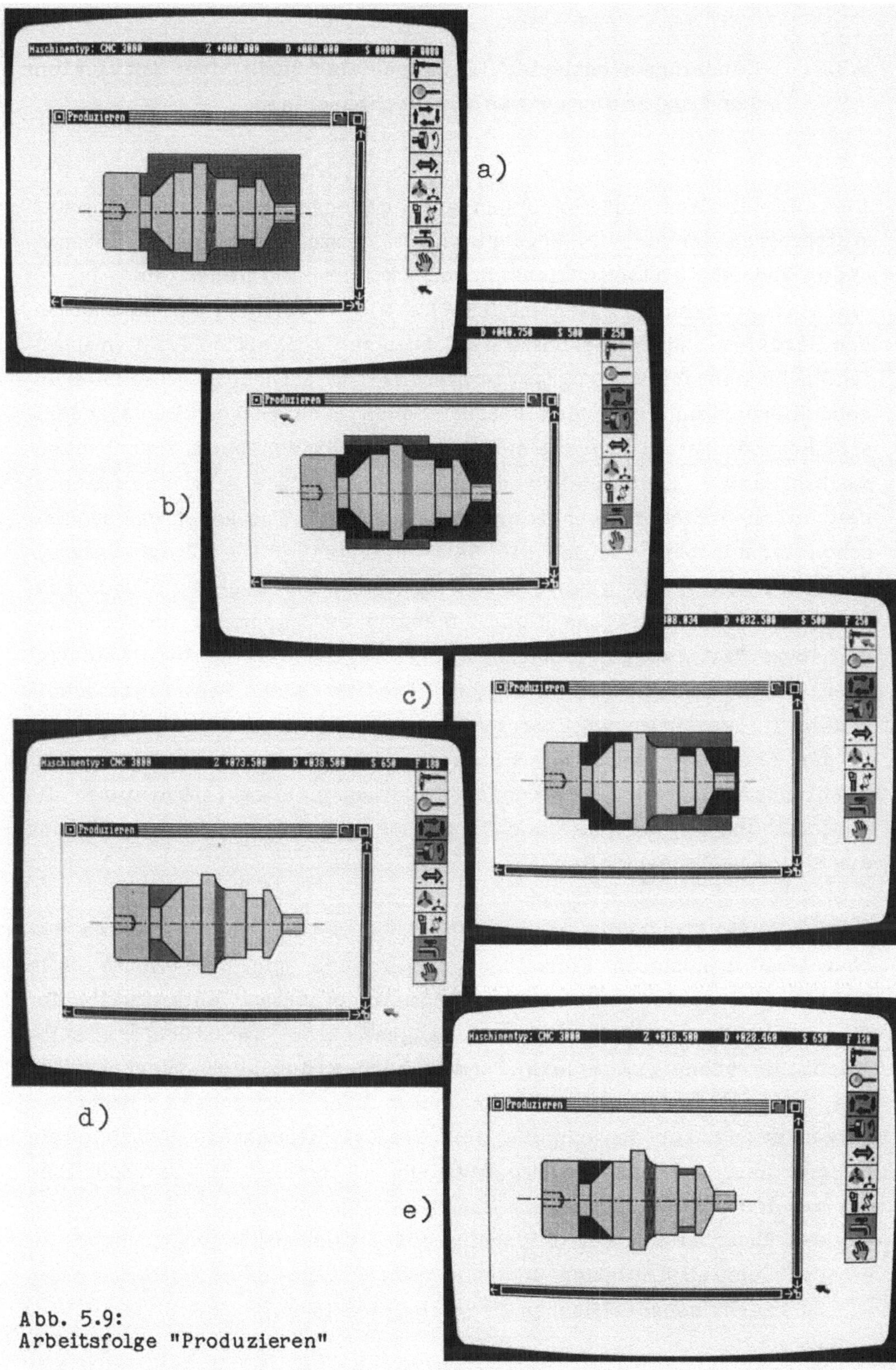

Abb. 5.9:
Arbeitsfolge "Produzieren"

5.3.5 Handlungsorientiertes Konzept als Basis der Entwicklung des Programmiersystems für Drehmaschinen

Die aufgestellten Anforderungen an eine endnutzerorientierte Werkstattprogrammierung, die Ergebnisse der vorstehend zitierten Untersuchung über die Wirtschaftlichkeit von C N C-Drehmaschinen (siehe hierzu die Ausführungen in Abschnitt 5.3.2) sowie Anwendung der beschriebenen Hardware und System-Software führen zur Konzeption des hier erläuterten Drehmaschinen-Programmiersystems für Standard-C N C-Steuerungen. Hierbei sind über den beschriebenen Sachverhalt hinaus technische Besonderheiten – beispielsweise Werkstückhandhabung, Spannbackenwechsel usw. – prinzipiell vorgesehen, ebenso wie eine Übertragbarkeit auf verschiedene Werkzeugmaschinen durch Austausch der spezifischen technischen Module. Die Leistungsfähigkeit des Programmiersystems orientiert sich grundsätzlich am Stand der Technik; insbesondere wurden die übertragbaren und zugänglichen Ergebnisse des Verbundvorhabens "Fertigungsorientierte Programmierverfahren" berücksichtigt (Kernforschungszentrum Karlsruhe, Projektträger Fertigungstechnik 1986). Die wesentlichen Unterschiede bzw. Erweiterungen zu bereits in der Praxis eingesetzten Systemen, über die Berücksichtigung der Handlungsorientierung des Konzeptes lassen sich am besten durch die Beschreibung der Arbeits- und Vorgehensweise bei der Programmierung aus Nutzersicht darstellen.

Der auf dem Bildschirm dargestellte Arbeitsraum enthält die vom Facharbeiter benötigten Funktionen, Werkzeuge und Instrumente. Alle Instrumente werden durch einen Geometrieprozessor unterstützt, der die notwendigen Stützpunkte der angestrebten Werkstückform selbständig errechnet. Komplexe Formen können durch den Facharbeiter wie beim realen Drehen ohne Taschenrechner und ohne Kenntnis der Trigonometrie zur Berechnung von Kreismittelpunkten, Stützpunkten usw. erzielt werden. Die Programmierung erfolgt in vier Schritten
- der Rohteilwahl,
- der "Bearbeitung" am Bildschirm mit Promptsimulation,
- der Echtzeitsimulation und
- der maschinenspezifischen Programmgenerierung.

Die Hauptfunktion R o h t e i l erlaubt die Erstellung (Definition)
neuer Rohteile, das Laden bereits erstellter Rohteile sowie das
Speichern erstellter Rohteile in eine Bibliothek zur späteren Weiterverwendung. Die Funktionen E d i t i e r e n , L a d e n und
S p e i c h e r n (Abbildung 5.5, Untermenü) stehen bei allen Hauptfunktionen zur Verfügung, soweit dies sinnvoll ist.

Wurde ein Rohteil geladen oder neu definiert (Abbildung 5.7b), so
kann mit der Erstellung des Fertigteils begonnen werden (es ist beispielsweise auch möglich, zu einem Fertigteil ein passendes Rohteil
aussuchen zu lassen). Hierbei ist der Dreher, wie bei konventionellen Drehmaschinen und wie gefordert, völlig frei in der Vorgehensweise, der Wahl der Instrumente und dem Einsatz der Werkzeuge. Die Werkzeugwahl und -definition erfolgt durch die Selektion von Orientierung
und Wendeschneidplatte aus Auswahlfenstern (Abbildung 5.7a). Nach
Auswahl der gewünschten Orientierung in einem Auswahlfenster kann
ein zweites Fenster aktiviert werden, das die möglichen Wendeschneidplatten enthält. Die richtige Platte kann ausgewählt werden und ergibt zusammen mit der Orientierung und evtl. weiteren notwendigen
Angaben die Werkzeugdefinition. Die hierbei aktiven Instrumente erscheinen in der Randleiste dann mit grüner Unterlegung. Bei der Wahl
einer Wendeschneidplatte erscheint in einer Editierleiste die Spezifikation gemäß DIN, die auch wesentliche Angaben zur Schneidenradiuskompensation enthält. Die Werkzeugkorrekturdaten können bei Aufruf von
" O r i e n t i e r u n g " als Absolut- oder Abweichungsmaß an der
Abbildung des Werkzeuges eingegeben werden.

Die Abbildung 5.6 zeigt die " B e a r b e i t u n g   a m   B i l ds c h i r m " und demonstriert die hieran gekoppelte Promptsimulation. Dabei wird ein Kreuzfadenzeiger (cross-hair-cursor), unterstützt
durch das aktivierte Instrument, mit Hilfe des Trackballs an das
Werkstück herangeführt und greift schließlich in dieses ein (Abbildung 5.6a). Gleichzeitig wird die werkstückbezogene Ist-Position
in der nun in eine Statuszeile umgeschalteten Menüleiste angegeben.
Eine digitale Eingabe der Verfahrdaten ist ebenfalls möglich. Der
Eingriffspunkt wird jeweils vom System "vermerkt". Nach erfolgtem
Eingriff wird der gewünschte Endpunkt angefahren. Dies erfolgt von
Hand beliebig schnell, da der Vorschub standardmäßig vorgegeben ist

bzw. zu jedem Zeitpunkt eingestellt werden kann. In der Abbildung 5.6b ist die sich beim Fahren des Meißels direkt einstellende körperliche Veränderung des Werkstückes zu erkennen, die zum Werkzeug proportional mitläuft (Abbildung 5.6c), und zwar so lange, bis der Facharbeiter den Endpunkt durch Drücken der Trackballtaste anzeigt. Danach ist der Meißel (Kreuzfadenzeiger) vom Werkstück gelöst (Abbildung 5.6d). Der nächste Arbeitsschritt kann durchgeführt werden.

Im hier dargestellten Falle wurde das Instrument Stift (grün unterlegt) gewählt, d.h. der Programmierer hat hierbei auf die Vorgabe eines Werkzeuges zunächst verzichtet. Die Wahl des Werkzeuges kann über die Auswahl des Werkzeugsymbols anstelle des Stiftsymbols in einfacher Art und Weise erfolgen. Einmal gewählte Werkzeuge können abgelegt und für einen anderen Bearbeitungsschritt wieder verwendet werden. Fehlerhafte Eingaben können jederzeit rückgängig gemacht werden. Darüber hinaus unterstützt das System den Nutzer soweit wie möglich. Es führt Plausibilitätsprüfungen durch und schlägt Standardeinstellungen vor, die jederzeit geändert werden können. Bei Bedarf erfolgt eine Realprozeßsimulation der gerade ablaufenden Fertigung (an der Werkzeugmaschine) in einem Multitasking-Fenster. Diese erfolgt unabhängig von der aktuellen Bildschirmprogrammierung und kann jederzeit aktiviert und aktiv gehalten werden.

Wurde ein Fertigteil erstellt, so kann die Simulation des Fertigungsablaufs erfolgen. Hierzu übersetzt ein Prozessor die erstellten Beschreibungs- und Technologieelemente und -folgen in CL Data-Code (gemäß DIN 66215 oder spezielle Codes). Es erfolgen verschiedene Optimierungen, die jedoch die Prozessorlaufzeit, die im Sekundenbereich liegt, nicht wesentlich erhöhen. Auf der Grundlage dieser Metasprachen erfolgt dann die Echtzeitsimulation mit Darstellung der Werkzeuge (Abbildung 5.8). Dabei werden zunächst Roh- und Fertigteil am Bildschirm übereinander gelegt, um anschließend für jeden Bearbeitungsschritt das jeweilige Spanvolumen abzutragen (wird durch eine Rotfärbung auf dem Bildschirm gekennzeichnet). Grün unterlegte Leistenfelder geben gleichzeitig wichtige Zustände an, die teilweise übersteuerbar sind. Die Simulation kann jederzeit unterbrochen werden, um Änderungen und Optimierungen durchzuführen. Hierbei erfolgt ein Rücksprung in den Fertigungsmodus, in dem eine komfortable

Überarbeitung möglich ist. Schließlich kann mit der Hauptfunktion " P r o g r a m m " der Zwischencode in einen maschinenorientierten Programmcode gemäß DIN 66025 oder in einen anderen Code übersetzt werden. Die Ausführung des Programms kann im Einzelsatz, im Folgesatz und mit relativer Geschwindigkeit erfolgen.

In der Abbildung 5.9 wird die Realprozeßverfolgung und -steuerung gezeigt, deren grafische Aufbereitung analog der Simulation erfolgt. Zunächst werden Roh- und Fertigteil übereinander gelegt. Anschließend wird " F o l g e s a t z " (rechte Leiste, 3. Feld) gewählt, um den Fertigungsvorgang einzuleiten (Abbildung 5.9b). In Abhängigkeit vom laufenden Programm erfolgen ebenfalls wichtige Statusanzeigen - beispielsweise Spindel ein (rechte Leiste, 4. Feld) und Kühlmittel ein (rechte Leiste, 8. Feld). Weitere Anzeigen weisen auf Spannbackenzustand (rechte Leiste, 6. Feld) und Werkzeugwechsel (rechte Leiste, 7. Feld) hin. Ein Vorschub-Override (rechte Leiste, 5. Feld) und Umschalten auf Handbetrieb (rechte Leiste, letztes Feld) ist jederzeit möglich. Die Abbildungen 5.9c bis 5.9e zeigen den weiteren Verlauf der Fertigung. Das Anzeigefenster kann vor der Programmierung des nächsten Teils beliebig verkleinert und in eine Bildschirmecke verschoben werden, wobei jedoch die Task " P r o d u z i e r e n " aktiv bleibt. Dies ermöglicht eine zügige Arbeitsweise des Nutzers, der so ständig seinen Fertigungsprozeß "im Auge" behalten kann.

Neben den dargestellten Elementen und Funktionen ist noch eine Vielzahl weiterer Hilfen und Maßnahmen gemäß dem Stand der Technik vorgesehen. Hierbei sei das immanent vorhandene Sicherheitskonzept erwähnt, sowie die Möglichkeit der Integration des Progammiersystems in zukünftige integrierte Fertigungssysteme durch entsprechende Schnittstellen, um auch Daten aus anderen Bereichen eines C A D / C A M-Systems für die Programmierung zur Verfügung zu stellen. Der Gefahr einer Aufgabenverlagerung wird gerade durch die Leistungsfähigkeit des beschriebenen endnutzerorientierten Programmiersystems und eine komfortable Möglichkeit der Daten-Integration vor Ort begegnet.

6. Vorgehensweise zur Neu- bzw. Umgestaltung von Software unter Beteiligung der Endnutzer

Zu einer Neu- bzw. Umgestaltung von Anwenderprogrammen sind die folgenden Punkte gemäß den bisherigen Ausführungen erforderlich:

- die bisherigen Fähigkeiten und Fertigkeiten sowie das Wissen der Nutzer muß weiterhin zur Lösung der anstehenden Aufgaben und Probleme verwendet und weiterentwickelt werden,
- die bisherigen Tätigkeitsstrukturen müssen in der Nutzerschnittstelle abgebildet werden,
- das System muß so gestaltet sein, daß es auch Nutzer ohne vertiefte EDV-spezifische Fachkenntnisse bei der Erfüllung ihrer Aufgaben optimal unterstützt (Abschnitt 5.2.1),
- die Aspekte der Benutzerfreundlichkeit sind zu berücksichtigen (Abschnitt 5.2.2 und Anhang A III),
- bei der Maskengestaltung sind die Gestaltgesetze sowie die Wechselbeziehungen zwischen Farbe, Körper und Raum zu beachten (Anhang A III),
- bei nicht isoliert vorliegenden Programmen, die heute im betrieblichen Alltag in der Minderzahl sein dürften, da im Zuge der Integration immer mehr Programme entstehen, die mit anderen Programmen kommunizieren sollen bzw. auf gemeinsame Datenbanken zugreifen o.ä., ist der entsprechenden Schnittstellengestaltung besondere Bedeutung beizumessen und
- die tatsächlichen Anforderungen der Endnutzer sind in die Ausgestaltung der neuen bzw. zu ändernden Programme einzubeziehen; hier gilt das von Heeg bezüglich der Einführung Neuer Technologien Ausgeführte in vollem Umfang: "Eine optimale Strategie zur Einführung Neuer Technologien muß von einer Beteiligung aller Betroffenen an den entstehenden Entscheidungen als Beginn des Einführungsprozesses ausgehen ('Gut ist, was akzeptiert wird - akzeptiert wird nur das, an dem man beteiligt war und ist'). Hieraus ergibt sich dann, daß
    - das neue System von den Mitarbeitern akzeptiert und daher später auch angewendet werden kann, da die Bedürfnisse der

Mitarbeiter bezüglich ihrer Arbeit ja hierin so weit wie möglich berücksichtigt sind,
- das neue System so ausgelegt ist, daß es den gestellten Anforderungen genügt,
- die Arbeitsabläufe optimal gestaltet sind und
- die organisatorischen Rahmenbedingungen den zu erfüllenden Aufgaben angepaßt sind" (Heeg 1986d, S. 46).

6.1 Endnutzerbeteiligung und Prototyping

Um die Forderung der Beteiligung der betroffenen Mitarbeiter bei der anstehenden Gestaltungsaufgabe zu erfüllen, sind die Kriterien zu berücksichtigen, die sich im Rahmen der Analyse von betrieblichen Gruppenaktivitäten als besonders bedeutungsvoll für eine erfolgreiche Arbeit herausgestellt haben (Heeg 1985b, S. 136-138). Da bei der vorliegenden Fragestellung oft mehrere Abteilungen, Bereiche o.ä. betroffen sind, empfiehlt sich hier eine Arbeit in der Gruppe von Repräsentanten der einzelnen Bereiche (zusammen mit Software-Experten und arbeitswissenschaftlichen Beratern). Die von Heeg (1986a, S. 37) entwickelte Vorgehensweise, die auf einer Untersuchung von Gruppenaktivitäten und deren Effizienz in deutschen Unternehmen und Übertragung der Ergebnisse auf die spezielle Fragestellung der Einführung Neuer Technologien beruht, geht von einer intensiven Beteiligung aller am Einführungsprozeß betroffenen Mitarbeiter und Führungskräfte bzw. von Repräsentanten dieser Gruppen aus (Abbildung 6.1). Sie ist mit modernen Methoden der Software-Erstellung und -Gestaltung zu kombinieren.

Als geeignetes Verfahren bietet sich hier das Prototyping (oft auch als "Rapid Prototyping (RP)" bezeichnet) an. Als Rapid Prototyping bezeichnet man ein in den letzten Jahren entwickeltes Verfahren für die Spezifikation und den Entwurf von Anwendungssoftwaresystemen. Diese für die Zukunft vielversprechende Methode basiert auf einer komfortablen Entwicklungsumgebung, die in relativ kurzer Zeit dem Benutzer alternative Problemlösungen anbieten kann.
Besondere Beachtung wird bei diesem Verfahren nicht der Speichereffizienz und dem Antwortzeitverhalten beigemessen, sondern der Funktionalität, die den realen Anforderungen des Benutzers entspricht. Insbe-

sondere bei umfangreichen Dialoganwendungen kann durch eine intensive Benutzerpartizipation ein hoher Bedienungskomfort und breite Akzeptanz gewährleistet werden. Als Voraussetzungen für dieses Verfahren müssen komfortable Editoren, Maskengeneratoren und Datenbanksysteme vorhanden sein.

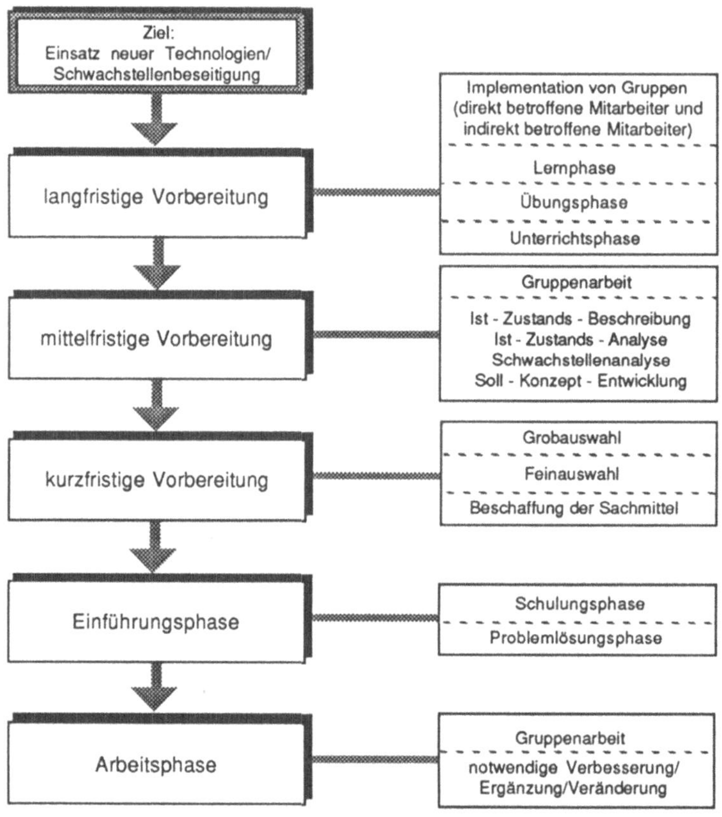

Abb. 6.1:   Vorgehensweise zur Einführung Neuer Technologien
              (nach Heeg 1986a, S. 37)

Der mit Hilfe der Endnutzer erstellte Prototyp bildet die Basis für den Systementwurf, bei dem dann auch die wesentlichen Qualitätsmerkmale, die an Software zu stellen sind, berücksichtigt werden (Ludwig 1986, S. 84), neben der hier selbstverständlichen Beachtung der Anforderungen an Dialog-Software der DIN 66234, Teil 8.

Die nach einer Baumstruktur geordneten Qualitätsmerkmale werden in der Abbildung 6.2 dargestellt.

Das Verfahren des Prototyping wird von Schöll wie folgt charakterisiert:

"Was bedeutet Prototyping? Das Konzept von Prototyping wurde dadurch geboren, daß man feststellte, daß alle Endanwender von Software erst dann wissen, was sie wollen, wenn sie sehen, was sie nicht wollen! Das heißt, bei der traditionellen Software-Erstellung haben sie zu dem Zeitpunkt, als das Produkt fertiggestellt war und ihnen vorgeführt wurde, gesehen, was sie nicht wollten und der Software-Entwickler und Systemanalytiker stand nun vor der Tatsache, ihnen dieses System verkaufen zu müssen, obwohl sie es nicht wollten. Woraus resultierte das? Die schriftliche Spezifikation der Softwarelösung ist fast immer als Grundlage für eine Bewertung der Angemessenheit von Problemstellungen und Problemlösungen ungeeignet. Bei vielen Entwicklungen, die sich an einer Top-Down Strategie oder an Konstruktion von Versionen orientierten, findet die Bewertung der Software und damit die Rückkopplung zwischen Anwender und Softwareproduktion erst nach Auslieferung der Systeme statt. Alle notwendigen und kostspieligen Rückkopplungsschritte werden unter dem Etikett "Wartung" durchgeführt. Diese Nachteile versucht man durch Prototyping zu umgehen, d.h. durch Installation von Pilotsystemen oder durch langsam wachsende Systeme (slowly growing systems). Prototyping dient dazu
- frühzeitig ablauffähige Prototypen des Zielsystems zu entwickeln,
- einen Prototypen als Hilfsmittel bei der Kommunikation zwischen den Entwicklern und Anwendern und den Endbenutzern einzusetzen,
- den Zusammenhang zwischen Spezifikation und Implementation zu wahren und
- eine erprobte Vorlage zur Konstruktion des Zielsystems zu verwenden.
Prototyping kann in unterschiedlichen Durchführungsformen praktiziert werden. Das idealste ist natürlich das langsam wachsende System, d.h. ein System, mit dem man die Ansätze dem Anwender schon einmal präsentieren kann; an diesem Skelett wird dann der weitere Aufbau der Anwendung aufgehängt" (Schöll 1986, S. 2-3).

Das Grundprinzip des Prototyping besteht aus den Schritten Problemspezifikation, Design, Implementation und Operation, die in mehrfachen Zyklen durchlaufen werden (Abbildung 6.3), wobei die Nutzer an allen Schritten beteiligt sind. Als wesentliche Eigenschaften des Prototyping können hierbei genannt werden:

- in der Regel ist der Endnutzer zugleich der Softwareentwickler; die Gestaltungsbeteiligung der Endnutzer wird dadurch wesentlich verstärkt,
- die Entwicklungszyklen sind relativ kurz; hierdurch sind schnelle

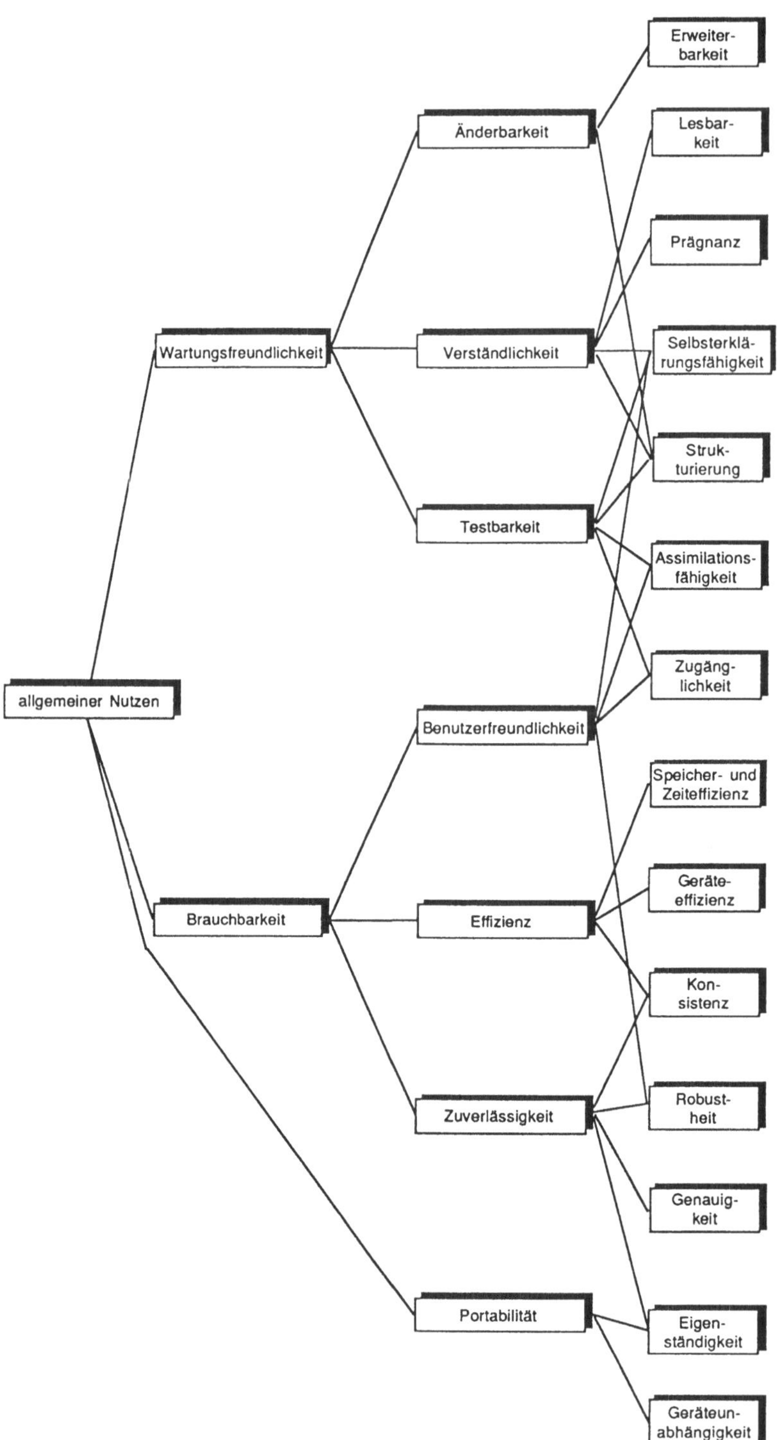

Abb. 6.2:   Baumstruktur der Qualitäts-Eigenschaften
             (nach Boehm u.a. 1978, S. 3)

Anwendungsrealisationen und kurzfristige Anpassungen derselben möglich,

- eine Fehlererkennung durch den Endnutzer resultiert in der Regel auch in einer Fehlerbeseitigung,
- die Anwendungsdokumentation kann automatisch und kontinuierlich erfolgen und
- die Lernzeit ist im Vergleich zu konventionellen Programmiersprachen gering (Heinzl, König 1986, S. 6-7).

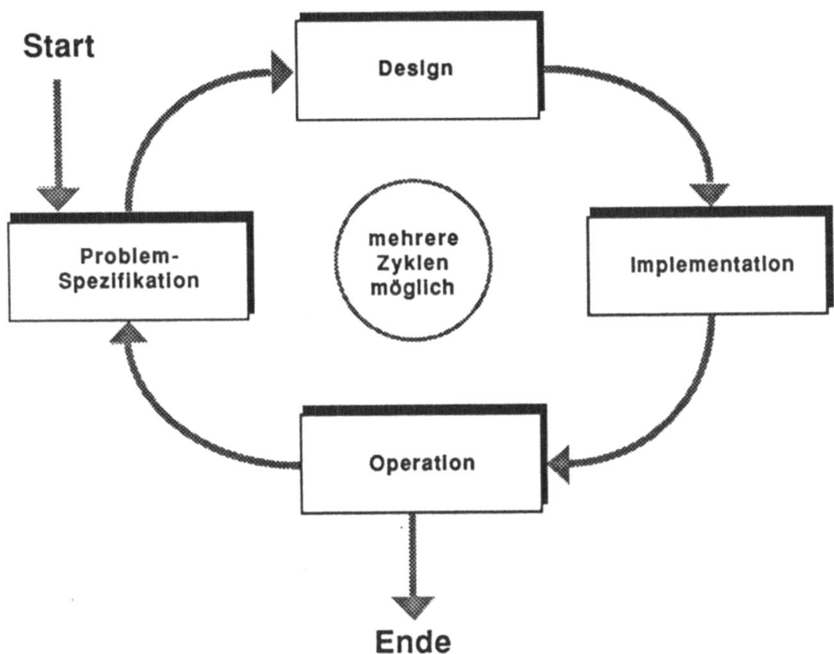

Abb. 6.3:   Das Konzept des Prototyping
                (in Anlehnung an Heinzl, König 1986, S. 6)

Die Unzulänglichkeiten der konventionellen Entwicklungsverfahren können durch das Verfahren des Rapid Prototyping (bei optimierter Vorgehensweise) vermieden werden, insbesondere hinsichtlich folgender Sachverhalte:

- nahezu 70 % aller Fehler entstehen während Spezifikation und Anwendungsentwurf,

- der Entwicklungszyklus dauert oft zu lange (häufig ändern sich zwischenzeitlich die Funktionsanforderungen an die Software),
- alle Entwicklungen laufen über die DV-Abteilung, die damit zum organisatorischen Engpaß wird,
- die Gestaltungsbeteiligung der Endnutzer ist oft zu gering,
- die Anwendungsdokumentation und -wartung wird vernachlässigt,
- Möglichkeiten zur inhaltlichen Projektkontrolle existieren nur in begrenztem Umfang,
- erkannte Fehler werden aufgrund des hohen Zeitdrucks nur selten korrigiert und
- eine restriktive Planung verhindert oft den Wiedereintritt in vorangegangene Phasen (Peschke 1984, S. 33 - 51).

6.2 Neun-Stufen-Plan zur Realisierung einer endnutzergerechten Software-Gestaltung

Für die Ausgestaltung vorhandener Systeme wie auch für die Gestaltung neuer Systeme steht eine vom IAW entwickelte Vorgehensweise zur Verfügung, die insbesondere software-ergonomische Aspekte berücksichtigt (Heeg, Schreuder, Buscholl 1987). Sie soll hier in einer Form vorgestellt werden, wie sie in sehr vielen Unternehmen zum Einsatz gelangen kann (Abbildung 6.4).

Hierbei wird in der e r s t e n   S t u f e der Gesamtzusammenhang, in dem die einzelnen DV-Systeme zu sehen sind, mit den betrieblichen Experten (Endnutzer, Führungskräfte der zuständigen Fachabteilungen, zuständige Stabsabteilungen, EDV-Fachleute usw.) abgeklärt. Insbesondere werden in dieser die verschiedenen Softwarepakete analysiert, speziell im Hinblick darauf, in welchen Bereichen des Unternehmens sie genutzt und zu welchem Zweck sie eingesetzt werden. Hierüber wird der Rahmen für die dann folgende Abgrenzung der für die Untersuchung wesentlichen Systeme geschaffen. Diese werden dazu im einzelnen anhand von Systembeschreibungen, anderen verfügbaren Unterlagen sowie Zusatzinformationen der Betriebs-Experten erörtert. Die Thematisierung spezieller Problemkreise aus der Sicht der Unternehmen und der Endnutzer bilden den Abschluß der Gespräche in der Stufe 1.

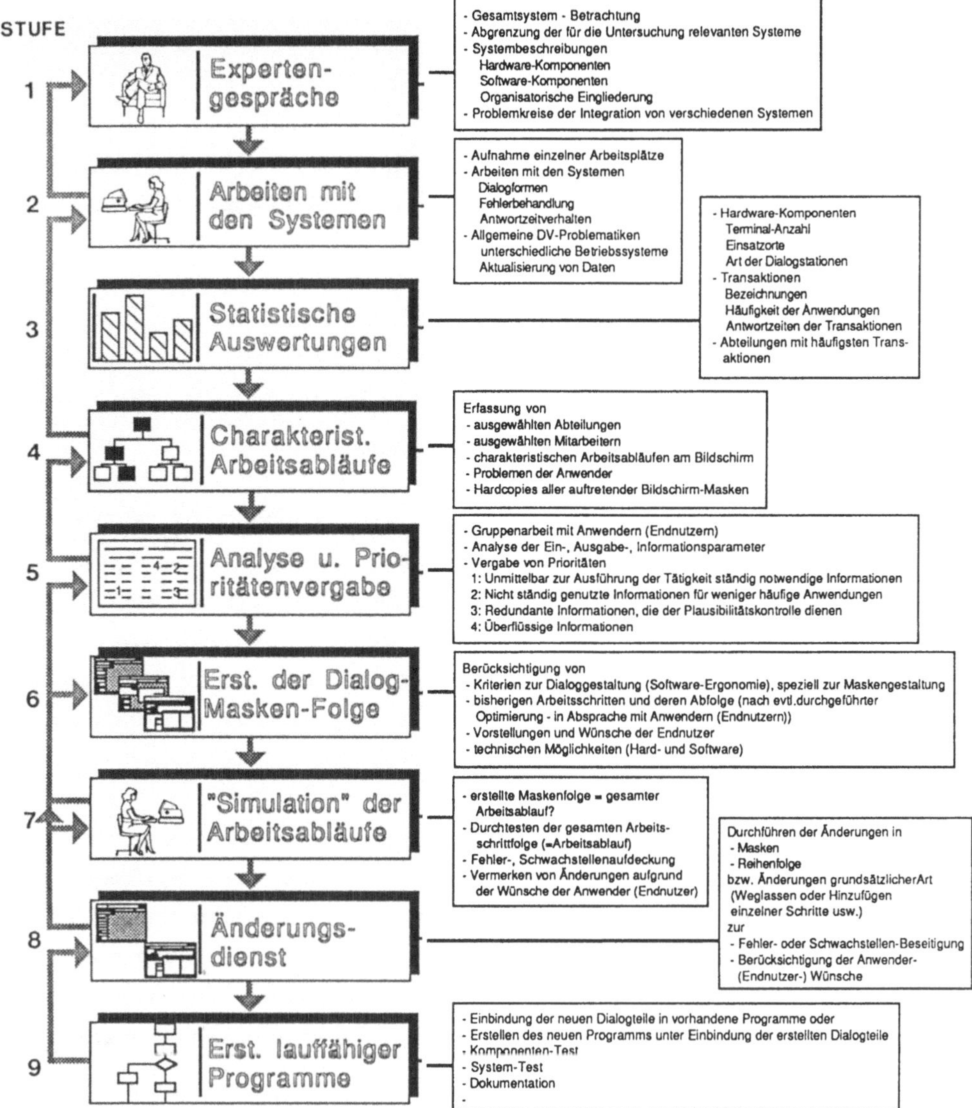

Abb. 6.4:   Vorgehensweise zur Neugestaltung betrieblicher
Software-Systeme unter besonderer Beachtung software-
ergonomischer Erkenntnisse

In der z w e i t e n   S t u f e   werden die zu untersuchenden
Systeme am Terminal "erprobt". Hierüber können bereits im Vorfeld
die typischen Abläufe geklärt werden. Darüber hinaus wird hierbei

den arbeitswissenschaftlichen Beratern die Möglichkeit geboten, selbst mit den Systemen zu arbeiten und so über eigenes "Tun" Unzulänglichkeiten in den vorhandenen Systemen bzw. im Umgang mit diesen festzustellen. Dies ist u.a. deshalb von besonderer Bedeutung, da oftmals ein außenstehender Arbeitssystemanalytiker Schwachstellen entdeckt, auf die die an den Umgang mit dem System gewöhnten Nutzer nicht mehr hinweisen, da sie diese (die Schwachstellen) als normale Arbeitsweisen angenommen haben. Die Anpassung an die Unzulänglichkeiten ist dabei oftmals so weit fortgeschritten, daß Überlegungen hinsichtlich möglicher Verbesserungen der bisherigen Arbeitsabläufe und der Handhabung gar nicht auftreten oder nur in einzelnen Fällen geäußert werden.

In der dritten Stufe wird eine statistische Auswertung der im Rechenzentrum vorliegenden Daten bezüglich Häufigkeit der Aufrufe einzelner Transaktionen vorgenommen. So können im Unternehmen diejenigen Abteilungen für die weiteren Betrachtungen ermittelt werden, welche die zu untersuchenden Systeme am intensivsten nutzen und bei denen die größte Erfahrung im Umgang mit den zu analysierenden Systemen vorliegt.

In der vierten Stufe werden die in Stufe drei ermittelten Abteilungen hinsichtlich der gesamten Informationsflüsse sowie der Arbeitsabläufe und einzelnen Tätigkeiten analysiert. Mit den Anwendern wird ein für sie typischer Ablauf "durchgespielt", und alle hierbei verwendeten Bildschirmmasken werden in Form von Hardcopies (als Abbild auf Papier) zur weiteren Verwendung festgehalten.

Die fünfte Stufe beinhaltet - unter Verwendung der erstellten Hardcopies - eine intensive Befragung der Nutzer. Feld für Feld der einzelnen Dialogschritte wird nach dem in Abbildung 6.4 aufgeführten Prioritätenschlüssel untersucht. Außerdem werden für jede Maske alle positiven und negativen Erfahrungen der Betroffenen registriert.

In der sechsten Stufe werden auf der Basis der durchgeführten, möglichst umfassenden Analyse die neuen Dialog-Masken erstellt und gemäß der real durchgeführten Arbeitsschritt-Folge in eine sinnvolle Abfolge gebracht. Hierbei sind insbesondere die in Abbildung 6.4 zu dieser Phase aufgeführten Punkte zu berücksichtigen, wobei bei vielen Systemen die real vorhandene Technik Grenzen setzt;beispielsweise erlauben sehr viele im Einsatz befindliche EDV-Systeme nicht die Verwendung einer direkt manipulativen, objektorientierten Software.

In der siebten Stufe erfolgt die "Simulation" der Dialogschritte am Bildschirm (Teilnehmer: Anwender (Endnutzer, zuständige Führungskräfte), EDV-Experten und arbeitswissenschaftliche Berater). Hierbei werden gegebenenfalls Fehler und Schwachstellen bei der Dialoggestaltung, falsche Abfolgen bzw. fehlende Schritte entdeckt. Des weiteren können jetzt Anregungen, Verbesserungsvorschläge, Änderungswünsche der Anwender behandelt werden (Gruppensitzungen).

Die achte Stufe dient der Umsetzung der Ergebnisse der siebten Phase, woraufhin wiederum gegebenenfalls in die siebte Phase gewechselt wird (iterative Vorgehensweise).

In der neunten Stufe dieses hier vorgestellten Prozesses erfolgt dann die Erstellung des lauffähigen Programms. Hierbei sind die Erkenntnisse bezüglich Anwendung von Software-Engineering-Verfahren und geeigneten Software-Werkzeugen zu berücksichtigen (siehe Abschnitte 5.3 und 6.1).

6.3 Anwendung des Neun-Stufen-Plans zur Software-ergonomischen Neugestaltung betrieblicher DV-Systeme bei der Integration der Fertigungs-DV-Systeme in einem Unternehmen der Luft- und Raumfahrtindustrie

Die Praktikabilität dieser handlungstheoretisch begründeten, aus der eigenen Erfahrung bei der Gestaltung verschiedener betrieblicher Systeme und der vom Verfasser durchgeführten Analyse von Gruppenprozessen abgeleiteten Vorgehensweise wurde in einem Projekt, das im Auftrag eines Unternehmens der Luft- und Raumfahrtindustrie durchgeführt wurde, aufgezeigt.

Hierbei wurde im Rahmen der Maßnahmen dieses Unternehmens zur Integration der Fertigungs-DV-Systeme das Institut für Arbeitswissenschaft (IAW) der RWTH Aachen beauftragt, die vorhandenen Dialog-Anwendungsprogramme hinsichtlich ihrer Benutzerfreundlichkeit zu analysieren und alternative Verbesserungsvorschläge für die bestehende Hardware-Lösung als auch im Hinblick auf zukünftige neue Rechnersysteme zu entwickeln.

Ausgehend von den vorstehend angeführten allgemeinen Kriterien zur Ausgestaltung von Dialogsystemen sowie von den Ergebnissen einer in Zusammenarbeit mit den Nutzern und der zentralen Industrial Engineering-Abteilung entwickelten und durchgeführten Schwachstellenanalyse wurden konkrete Anforderungen an die bestehenden Systeme aufgestellt, die dann in reale Software-Lösungen umgesetzt werden.

6.3.1   Situation

Auf einige wesentliche Ergebnisse dieses Projektes soll im folgenden eingegangen werden, wobei bei einem ausgewählten System aus dem Bereich der Arbeitsplanung die bislang vorhandenen Dialogschritte den neu erstellten gegenübergestellt und Unterschiede aufgezeigt werden. Insgesamt wurden für die vorhandenen Software-Pakete drei Verbesserungsstufen entwickelt, die zum einen direkt – d.h. bei unveränderter Hard- und Software-Ausstattung – realisierbar sind, zum anderen neue mögliche, nutzergerechte Dialogformen für zukünftige Systeme gestatten.

Hier gilt allgemein, daß die Dimensionen für die Gestaltung der Benutzerschnittstelle eines Software-Systems durch "Zeitpunkt" und "Tiefe" charakterisiert werden (Mielke 1985, S. 207), wobei sich
- der "Zeitpunkt" auf die Erarbeitung von software-ergonomischen Gestaltungsmaßnahmen bezüglich Systemplanung und -erstellung,
- die "Tiefe" auf den Umfang, mit der die software-ergonomischen Maßnahmen in das Software-System eingreifen,
bezieht. Eine mögliche zeitliche Klassifizierung der software-ergonomischen Gestaltungsmaßnahmen kann nach korrektiven, präventiven und prospektiven Maßnahmen erfolgen (Ulich 1980, zitiert in Mielke 1985,

S. 207 - 208). Hierbei beinhaltet eine korrektive Arbeitsgestaltung die "nachträgliche" Anpassung von Arbeitssystemen an den Menschen. Die präventive Arbeitsgestaltung berücksichtigt die arbeitswissenschaftlichen Erfordernisse im Stadium des Entwurfs von Arbeitsplätzen bzw. Arbeitssystemen und die prospektive Arbeitsgestaltung bedeutet die gedankliche Vorwegnahme von Möglichkeiten der Persönlichkeitsentwicklung und das gezielte Auslegen von Arbeitssystemen zur Schaffung objektiv erweiterter Handlungsspielräume. Erst in der prospektiven Arbeitsgestaltung treten somit software-ergonomische Überlegungen in r e a l g l e i c h b e r e c h t i g t e r F o r m neben die Forderungen zur Funktionalität von Software-Systemen.

Sehr stark abhängig vom Zeitpunkt der Erarbeitung software-ergonomischer Maßnahmen ist die Tiefe, mit der eine Gestaltungsmaßnahme durchgeführt werden kann. Bei bestehenden und bereits im Einsatz befindlichen Systemen (Standardsoftware) kann lediglich eine korrektive Arbeitsgestaltung durchgeführt werden. Eine in beschränktem Umfang mögliche präventive Gestaltung ist noch bei den in der Entwicklungs- oder Testphase befindlichen Systemen möglich. Bei der Systemplanung hingegen kann die System- oder Datenbankstruktur unter Beachtung von software-ergonomischen Gesichtspunkten prospektiv gestaltet werden (Mielke 1985, S. 208). Im vorliegenden Falle können alle drei Maßnahmen greifen, da das vorhandene System korrektiv verändert wird, eine präventive Auslegung eines neuen Systems durchgeführt werden soll und für zukünftige Anwendungsfälle im Sinne einer prospektiven Arbeitsgestaltung Richtlinien zur Gestaltung von "fortgeschrittenen Systemen" entwickelt werden sollen, die dann zukünftig umgesetzt werden.

Zu der im Rahmen der Projektbearbeitung erforderlichen Analyse werden vorbereitete Analyseinstrumentarien verwendet, beispielsweise Checklisten. Im folgenden sei der Teil der Checklisten, der sich mit der software-ergonomischen Beurteilung von "Masken-Layouts" beschäftigt, exemplarisch vorgestellt.

A n a l y s e   d e s   M a s k e n i n h a l t e s :

- Ist der Maskenname definiert?
- Sind die Funktionscodes definiert?
- Sind die Systemmeldungen eindeutig?
- Werden Datum und Uhrzeit angezeigt?
- Sind alle verwendeten Begriffe (Modalität) verständlich?
- Sind alle benutzten Abkürzungen eindeutig verständlich?
- Werden Abkürzungen innerhalb der Maske und im Gesamtsystem einheitlich verwendet?
- Werden alle Maßeinheiten und Prozentangaben eindeutig gekennzeichnet?
- Sind die zur Durchführung der Arbeitsaufgabe erforderlichen Informationen ausreichend?
- Existieren redundante Informationen?
- Existieren unwichtige Informationen?
- Werden alle inhaltlich zusammengehörigen Begriffe gruppiert?
- Sind Standardtexte sinnvoll und umgangssprachlich formuliert?

A n a l y s e   d e r   g r a f i s c h e n
M a s k e n g e s t a l t u n g :

- Wird im Unternehmensbereich ein standardisiertes Maskenlayout verwendet?
- Besteht Groß- und Kleinschreibung?
- Wird der Funktionscode im ersten Eingabebereich eingetragen?
- Erfolgt die Angabe des Maskennamens in der Maskenkopfzeile? Wird der Maskenname (z.B. durch Versalinen) hervorgehoben?
- Erfolgt die Angabe des Datums in der Kopfzeile?
- Findet eine Trennung der Kopfzeile von den übrigen Maskeninformationsklassen statt?
- Erfolgt die Anordnung der notwendigen Arbeitsinformationen nach Prioritätsgesichtspunkten?
- Werden zu vergleichende Daten übersichtlich gruppiert?
- Werden inhaltlich zusammenhängende Daten zu Datenblöcken zusammengefaßt?
- Erfolgt die Anordnung von Datenblöcken nach Prioritätsgesichtspunkten?
- Findet eine Gruppierung der verwendeten Zahlen oder Zeichen statt?
- Geschieht die Verwendung von Doppelpunkten und Sonderzeichen sinnvoll?
- Erfolgt eine zentrale Anordnung von einzelnen Datenblöcken?
- Ist die Zusammenstellung von platzgleichen Datengruppen achsenbündig (z.B. von der Mittelachse ausgehend rechts- oder linksbündig)?
- Erfolgt die Ausgabe von Systemmeldungen in einem bestimmten Maskenbereich?
- Werden führende Nullen unterdrückt?

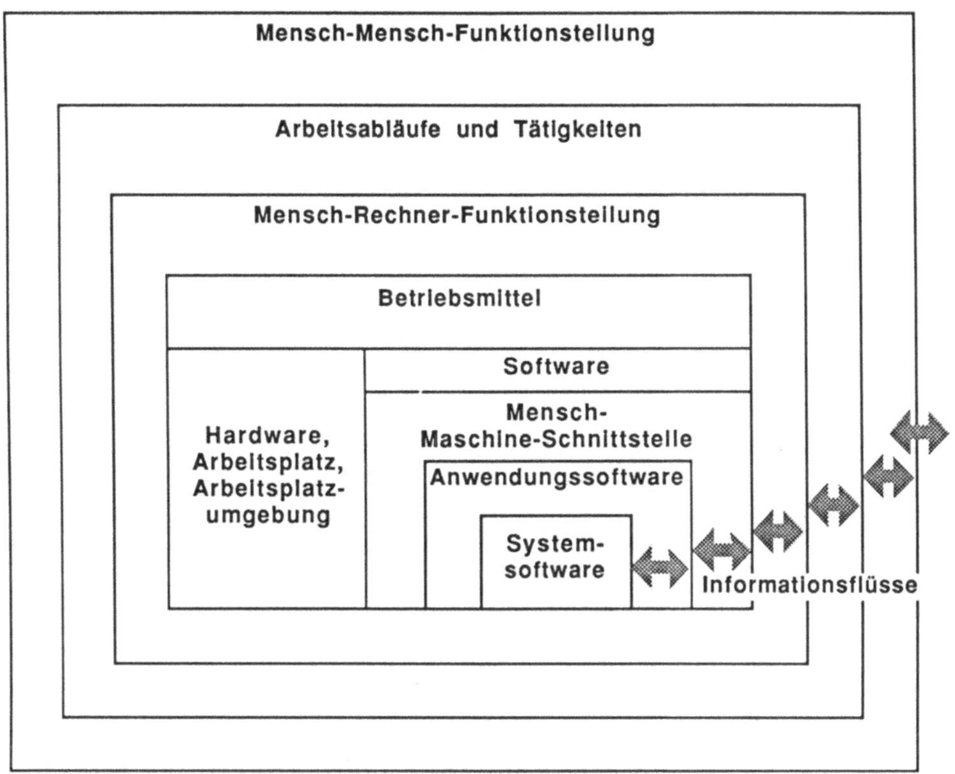

Abb. 6.5:   Gestaltungsebenen zur Auslegung eines nutzergerechten
                Arbeitssystems

Sehr wesentlich ist bei der vorgestellten Vorgehensweise, daß keine
isolierte Betrachtung von Maskenfolgen o.ä. erfolgt oder eine isolierte Neugestaltung der Software, sondern daß in einem arbeitswissenschaftlich verantworteten integrierten, iterativen Prozeß insbesondere folgende Komponenten der betrieblichen Leistungserstellung analysiert und neugestaltet werden:

- Mensch-Mensch-Funktionsteilung,
- Arbeitsabläufe und Tätigkeiten,
- Mensch-Rechner-Funktionsteilung,
- Betriebsmittel

134

- Software,
- Mensch-Maschine-Schnittstelle,
- Anwendungssoftware,
- Systemsoftware,
- Hardware,
- Arbeitsplatz und
- Arbeitsplatzumgebung.

Diese Komponenten stehen in Inklusionsbeziehungen zueinander, wie in Abbildung 6.5 gezeigt wird (in Anlehnung an Rödiger 1985, S. 460 und Heeg 1986c, S. 199).

In Relation zur konkreten Situation sind in zwei Werken des untersuchten Unternehmens Programm-Systeme in die Betrachtungen einbezogen worden, wie sie in den Abbildungen 6.6 und 6.7 veranschaulicht werden.

6.3.2 Neugestaltung der Software zur Analyse der Arbeitsabläufe (ANA/ZEBA-DATA)

Mit ANA/ZEBA-DATA wird ein Software-Produkt (Datenbanksystem) der Deutschen MTM Vereinigung e.V. (DMTMV) bezeichnet, mit dessen Hilfe es möglich ist, Arbeitsablaufanalysen durchzuführen und Vorgabezeiten für Arbeitsgänge zu ermitteln (ANA = Analysieren, ZEBA = Zeitbausteine). Hierbei werden Arbeitsinhalte erfaßt (Datenanalyse) und in Form von Zeitbausteinen dargestellt. Dabei bestehen die Ebenen der Zeitbausteine in Grundbewegungen, Bewegungsfolgen, Grundvorgängen, Vorgangsschritten, Vorgangsfolgen und Arbeitsvorgängen. Je nach Aufgabenstellung werden die letzten vier Ebenen dann als Kalkulationsgrundlage verwendet. Das hierbei zugrundeliegende Analyseverfahren ist das "Methods-Time-Measurement"-Verfahren (MTM-Verfahren). Dieses basiert auf der Zerlegung komplexer Arbeitsvorgänge in kleinste Elemente. Für diese Kleinstelemente wurde ein umfassender Katalog erstellt, der neben der Beschreibung des Vorganges eine Zeitvorgabe enthält. Soll eine Vorgabezeit für einen Arbeitsvorgang ermittelt werden, wird dieser in die definierten Elemente zerlegt (Analyse); die jeweils benötigten Zeiten werden addiert und hierüber die Gesamtzeit ermittelt (Hackstein 1977b, S. 606ff).

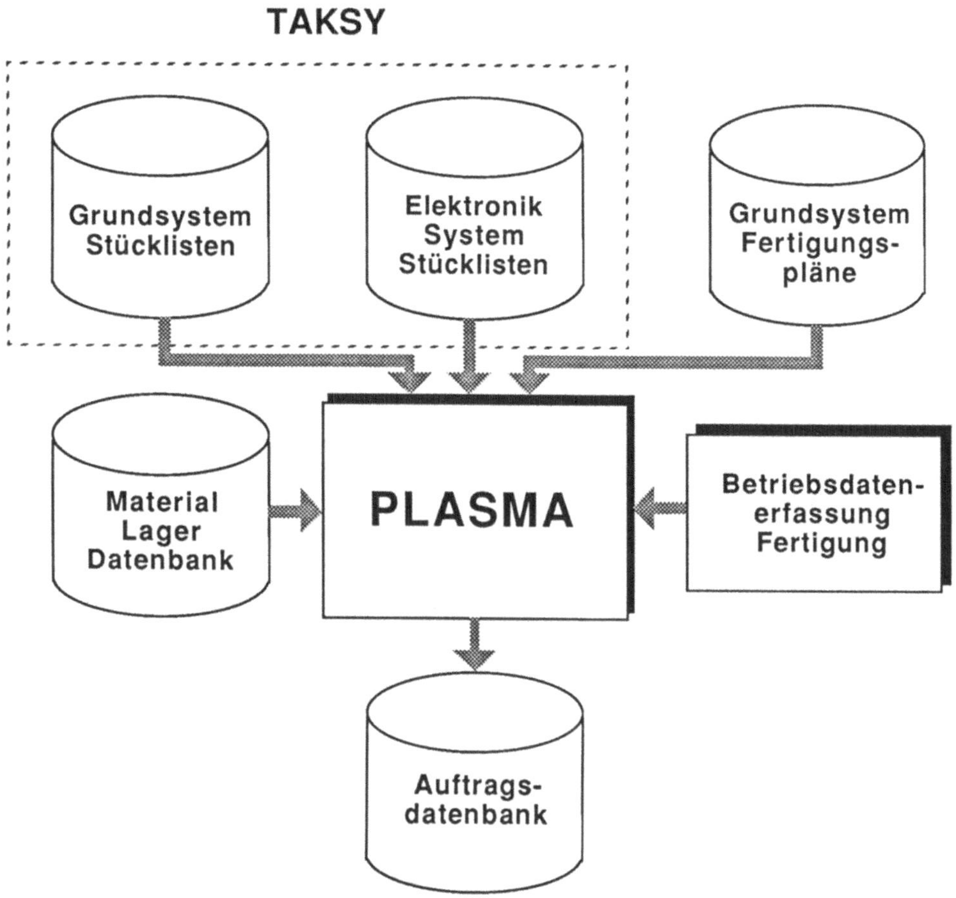

TAKSY

Grundsystem Stücklisten

Elektronik System Stücklisten

Grundsystem Fertigungspläne

Material Lager Datenbank

PLASMA

Betriebsdaten-erfassung Fertigung

Auftrags-datenbank

TAKSY ≙ Technisch administratives Konstruktions-datenverwaltungs System

PLASMA ≙ Planungs-/Dispositions-System für Bauteile

Abb. 6.6:   Software-System Plasma und angebundene Programme und Datenbanken

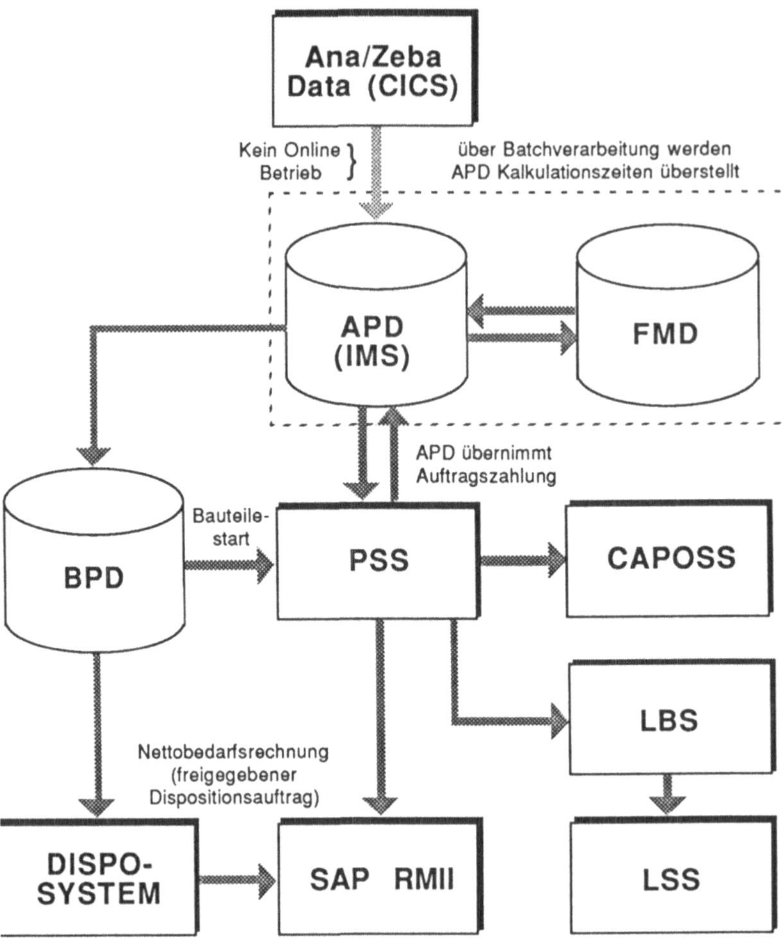

Abb. 6.7: ANA/ZEBA-DATA im System der Software zur Fertigungs-Planung und -Steuerung

6.3.2.1 Verwendung von ANA/ZEBA-DATA in der Arbeitsplanung

Das Programmpaket ANA/ZEBA-DATA unterstützt den Arbeitsplaner durch:

- Bereitstellung der einzelnen Elemente in einer umfassenden Datenbank und

- automatisches Addieren der Einzelzeiten.

Darüber hinaus können bereits existierende ähnliche Analysen als Grundlage für neue benutzt werden. Die bisherige Analyse wird kopiert, mit den notwendigen Änderungen versehen und als neue Zeitanalyse abgespeichert. Außerdem werden vom System Vorschläge über ähnliche, bereits gespeicherte Arbeitsabläufe gemacht, aus denen der Benutzer die geeignetste auswählen kann.

Die mit ANA/ZEBA-DATA ermittelten Zeiten dienen der Arbeitsplan-Erstellung (Abbildung 6.7). Hierin sind alle zur Fertigung eines Teiles notwendigen Informationen enthalten, beispielsweise Fertigungsmittel und Fertigungszeiten. Diese Daten werden wiederum von der Produktionssteuerung benötigt. Die Produktionssteuerung vergleicht den Bruttobedarf mit dem Lagerbestand und ermittelt so den Nettobedarf. Unter Berücksichtigung der Fertigungskapazitäten und der Arbeitspläne wird die Fertigung mit dem Nettobedarf beauftragt. Außerdem wird die Kaufteildisposition über die zu beschaffenden Teile informiert. ANA/ZEBA-DATA liefert die für diesen komplexen Ablauf notwendigen Zeitdaten, die zur Fertigung eines bestimmten Bauteils benötigt werden.

Im betrachteten Unternehmen wird ANA/ZEBA-DATA unter dem Datenbanksystem CICS der Firma IBM und deren Hardware eingesetzt. Da die übrige Software dieses Unternehmens, die auf Informationen aus ANA/ZEBA-DATA zurückgreifen muß, unter dem Datenbanksystem IMS (Information Management System) - ebenfalls von IBM - arbeitet, werden die in CICS gespeicherten Daten im Batch-Betrieb in IMS überstellt. Dies beinhaltet als Nachteil u.a. eine Zeitverzögerung, da die Batch-Verarbeitung im allgemeinen über Nacht vorgenommen wird, mit der Folge, daß die neuen Daten aus ANA/ZEBA-DATA erst 24 Stunden später im IMS verfügbar sind. Dieser Nachteil entfällt zukünftig bei der Verwendung einer neuen ANA/ZEBA-DATA-Version, die dann unter IMS arbeitet.

6.3.2.2. Arbeitsfolge bei Verwendung des bisherigen ANA/ZEBA-DATA-Systems

Der Nutzer gelangt nach einer recht umfangreichen Einlogprozedur in das ANA/ZEBA-DATA-Grundmenü (Abbildung 6.8). Aus diesem Grundmenü wählt der Nutzer die Funktion "Analysiersystem" durch Eingabe eines "A" über die Tastatur. Das A erscheint oben links auf der Maske (Abbildung 6.9 a). Nachdem diese Eingabe mit der Funktionstaste F 10 bestätigt wurde, erscheint auf dem Bildschirm ein Menü für das Arbeiten mit dem Analysiersystem (Abbildung 6.9 b). Hier wählt der Nutzer die Funktion "Anzeigen Datenkarte" durch Eingabe der Buchstabenfolge "AD". Auch diese Eingabe erscheint oben links auf dem Bildschirm und wird mit F 10 bestätigt. Nun folgt die Maske "Bearbeiten Analysenkopf" (Abbildung 6.9 c). In dieser Maske werden alle für die Fertigung relevanten Daten eingetragen, angezeigt oder geändert.

Durch Drücken der ´Enter´-Taste wird der Cursor in einer vorgegebenen seriellen Folge durch die Eingabe-Felder bewegt. Bei einer neuen Analyse muß der Nutzer alle Felder mit Daten füllen, bei einer bereits existierenden muß er nur noch die entsprechenden Felder korrigieren. Durch Drücken der Taste F 9 wird die Datenkarte angezeigt. In ihr werden alle Arbeitsgangelemente gezeigt (Abbildung 6.9 d). Der Nutzer positioniert den Cursor auf das gewünschte Element und übernimmt diesen in die Analyse durch Drücken der F 11-Taste. In der Maske "Bearbeiten Analysezeilen" werden die Daten durch Angabe der Anzahl und Häufigkeit ergänzt (Abbildung 6.9 e). Diesen Vorgang wiederholt der Zeitplaner so oft wie nötig, bis der Arbeitsgang vollständig beschrieben ist. In der untersten Zeile der Bildschirmmaske werden ständig die Belegungen der Funktionstasten, die hierzu notwendig sind, angezeigt. Zum Schluß wird vom System die Gesamtzeit berechnet und die Analyse abgespeichert (Abbildung 6.9 f).

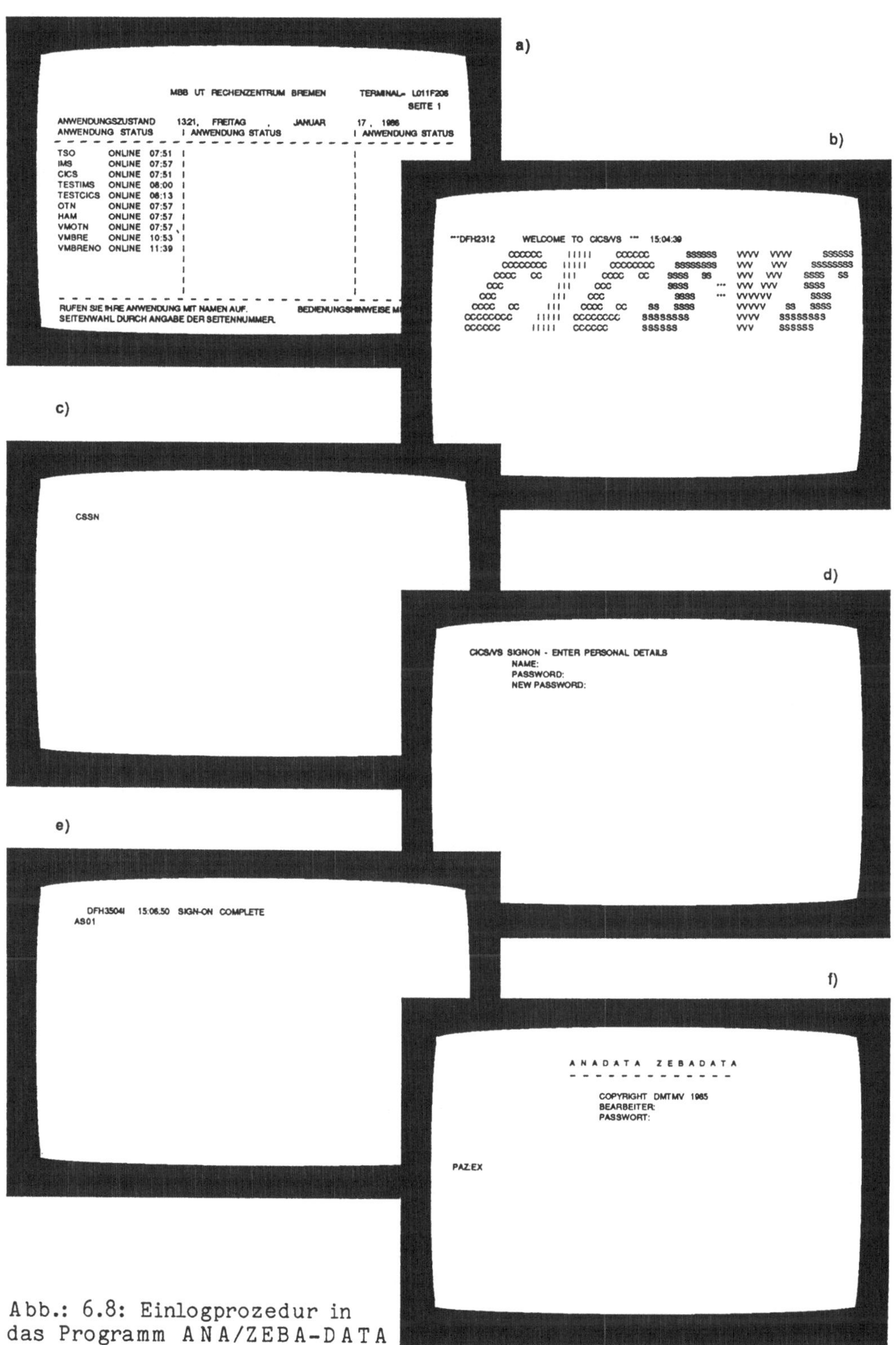

Abb.: 6.8: Einlogprozedur in
das Programm A N A / Z E B A - D A T A

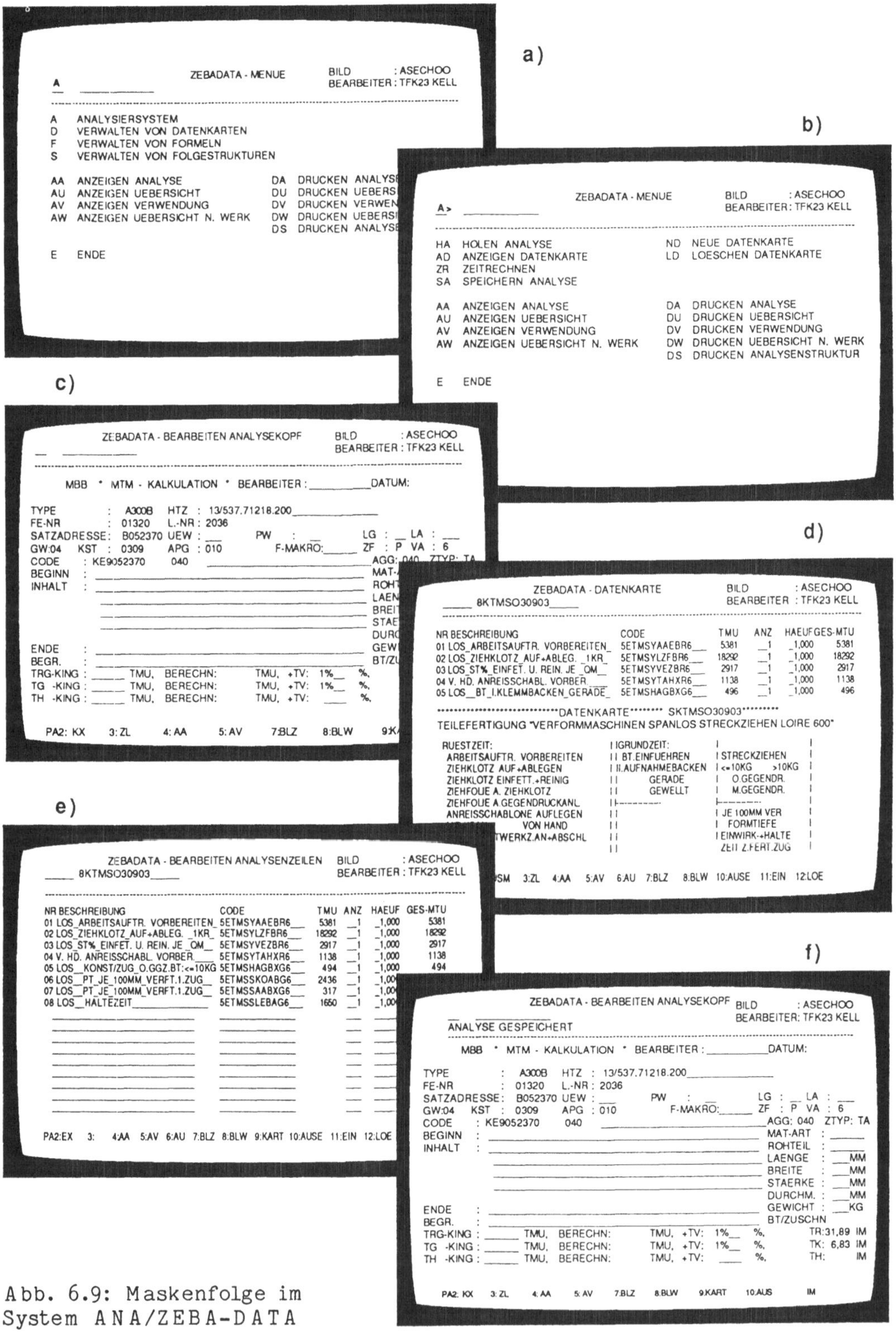

Abb. 6.9: Maskenfolge im System ANA/ZEBA-DATA

6.3.2.3. Verbesserungsstufen der ANA/ZEBA-DATA-Software

Im Rahmen der Arbeiten des Instituts für Arbeitswissenschaft (IAW) der RWTH Aachen wurden - wie bereits ausgeführt - drei Stufen der Verbesserung erarbeitet.

Die erste Verbesserungsstufe geht von der zukünftigen Verwendung gleicher Hardware und gleicher Software aus. Als direkt realisierbare Lösung kann lediglich diese Verbesserungsstufe Anwendung finden.

Die zweite Verbesserungsstufe verlangt eine Erweiterung der bestehenden Hardware unter Weiterverwendung der gleichen Software wie bisher.

Die dritte Verbesserungsstufe bedeutet für das Unternehmen eine Erweiterung sowohl der Hardware, als auch der Software.

Für die Gestaltung zukünftiger Systeme bietet sich aus den Aussagen der vorliegenden Arbeit die dritte Verbesserungsstufe an. Zur Gestaltung des Dialoges ist hierbei eine prospektive Vorgehensweise möglich.

In der ersten Verbesserungsstufe kann eine Verbesserung des Maskenaufbaus über die Realisierung der folgenden Punkte erreicht werden:
- Gewichtung der dargestellten Informationen,
- Trennung von Eingabe- und Informationsfeldern,
- Wegfall überflüssiger Informationen,
- Strukturierung nach wahrnehmungspsychologischen Kriterien,
- Groß- und Kleinschreibung,
- Blockbildung und
- Rasterung.

Die **z w e i t e   V e r b e s s e r u n g s s t u f e** verlangt den
Einsatz von

- grafikfähigen Bildschirmen,
- farbiger Darstellung,
- Fenstertechnik (statisch) sowie die
- Visualisierung von Prioritäten durch unterschiedliche Darstellungsgröße.

Die **d r i t t e   V e r b e s s e r u n g s s t u f e** beinhaltet
eine Verwendung von

- Visualisierungs-Möglichkeiten,
- objektorientierten Systemen,
- direkter Manipulation,
- Fenstertechnik (dynamisch) und
- Hilfesystemen.

Im folgenden werden die erste und die dritte Verbesserungsstufe vorgestellt. Verbesserungsstufe 2 ist - wie die diesbezüglichen Untersuchungsergebnisse zeigen - ungeeignet, da Aufwand und Nutzen in einem ungünstigen Verhältnis zueinander stehen.

E r s t e   V e r b e s s e r u n g s s t u f e

Die Masken in Abbildung 6.10 a-e zeigen im wesentlichen den gleichen Arbeitsablauf, wie die Masken in den Abbildungen 6.8 a-e und 6.9 a-f. Die Einlogprozedur wird hierbei auf eine Maske beschränkt (Abbildung 6.10 a). Darüber hinaus erfolgt eine klare Gliederung der Masken. Als weitere Gestaltungselemente werden Umlaute, Groß-/Kleinschreibung verwendet, Blöcke gebildet, die Anzeige nach Prioritäten geordnet und einfache graphische Hilfsmittel zur Trennung der Funktionsbereiche eingesetzt.

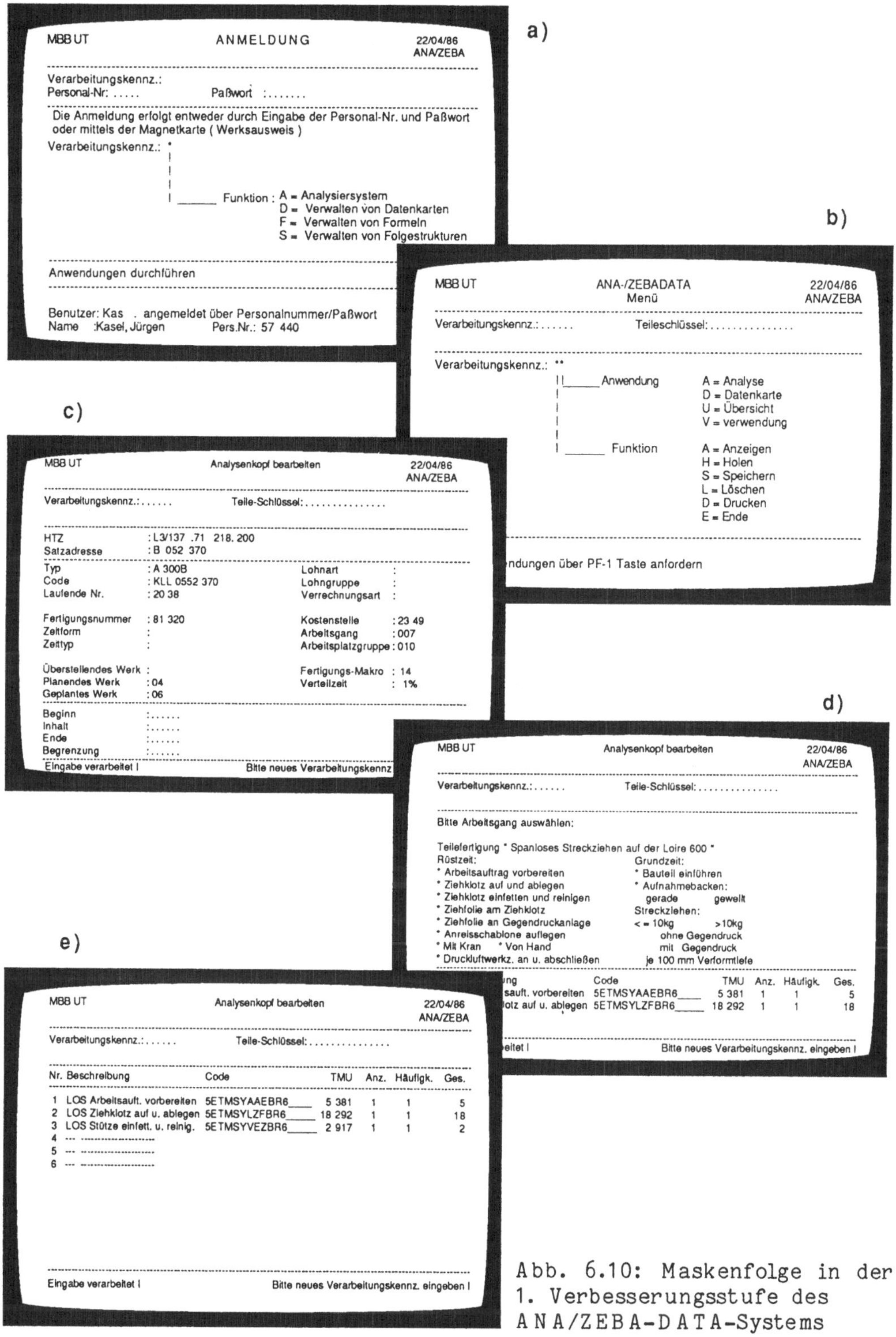

a)

```
MBB UT                    ANMELDUNG                22/04/86
                                                   ANA/ZEBA
---------------------------------------------------------------
Verarbeitungskennz.:
Personal-Nr: .....        Paßwort :.......
---------------------------------------------------------------
Die Anmeldung erfolgt entweder durch Eingabe der Personal-Nr. und Paßwort
oder mittels der Magnetkarte ( Werksausweis )
Verarbeitungskennz.: *
                     |
                     |
                     |
                     |_____ Funktion : A = Analysiersystem
                                       D = Verwalten von Datenkarten
                                       F = Verwalten von Formeln
                                       S = Verwalten von Folgestrukturen

---------------------------------------------------------------
Anwendungen durchführen

Benutzer: Kas  . angemeldet über Personalnummer/Paßwort
Name   :Kasel, Jürgen       Pers.Nr.: 57 440
```

b)

```
MBB UT              ANA-/ZEBADATA                  22/04/86
                       Menü                        ANA/ZEBA
---------------------------------------------------------------
Verarbeitungskennz.:.....          Teileschlüssel:.............
---------------------------------------------------------------
Verarbeitungskennz.: **
                     ||____Anwendung        A = Analyse
                     |                       D = Datenkarte
                     |                       U = Übersicht
                     |                       V = verwendung
                     |
                     |______ Funktion        A = Anzeigen
                                             H = Holen
                                             S = Speichern
                                             L = Löschen
                                             D = Drucken
                                             E = Ende

...ndungen über PF-1 Taste anfordern
```

c)

```
MBB UT              Analysenkopf bearbeiten        22/04/86
                                                   ANA/ZEBA
---------------------------------------------------------------
Verarbeitungskennz.:.....          Teile-Schlüssel:.............
---------------------------------------------------------------
HTZ             :L3/137 .71  218. 200
Satzadresse     :B 052 370
---------------------------------------------------------------
Typ             :A 300B        Lohnart          :
Code            :KLL 0552 370  Lohngruppe       :
Laufende Nr.    :20 38         Verrechnungsart  :

Fertigungsnummer :81 320       Kostenstelle     :23 49
Zeitform         :             Arbeitsgang      :007
Zeittyp          :             Arbeitsplatzgruppe:010

Überstellendes Werk :          Fertigungs-Makro : 14
Planendes Werk   :04           Verteilzeit      : 1%
Geplantes Werk   :06
---------------------------------------------------------------
Beginn          :......
Inhalt          :......
Ende            :......
Begrenzung      :......
Eingabe verarbeitet !          Bitte neues Verarbeitungskennz
```

d)

```
MBB UT              Analysenkopf bearbeiten        22/04/86
                                                   ANA/ZEBA
---------------------------------------------------------------
Verarbeitungskennz.:.....          Teile-Schlüssel:.............
---------------------------------------------------------------
Bitte Arbeitsgang auswählen:

Teilefertigung * Spanloses Streckziehen auf der Loire 600 *
Rüstzeit:                      Grundzeit:
* Arbeitsauftrag vorbereiten   * Bauteil einführen
* Ziehklotz auf und ablegen    * Aufnahmebacken:
* Ziehklotz einfetten und reinigen    gerade      gewellt
* Ziehfolie am Ziehklotz       Streckziehen:
* Ziehfolie an Gegendruckanlage   < = 10kg     >10kg
* Anreisschablone auflegen               ohne Gegendruck
* Mit Kran    * Von Hand                 mit  Gegendruck
* Druckluftwerkz. an u. abschließen   je 100 mm Verformtiefe
```
	Code	TMU	Anz.	Häufigk.	Ges.
...sauft. vorbereiten	5ETMSYAAEBR6____	5 381	1	1	5
...lotz auf u. ablegen	5ETMSYLZFBR6____	18 292	1	1	18

```
...eitet !                     Bitte neues Verarbeitungskennz. eingeben !
```

e)

```
MBB UT              Analysenkopf bearbeiten        22/04/86
                                                   ANA/ZEBA
---------------------------------------------------------------
Verarbeitungskennz.:.....          Teile-Schlüssel:.............
---------------------------------------------------------------
```
Nr. Beschreibung	Code	TMU	Anz.	Häufigk.	Ges.
1 LOS Arbeitsauft. vorbereiten	5ETMSYAAEBR6____	5 381	1	1	5
2 LOS Ziehklotz auf u. ablegen	5ETMSYLZFBR6____	18 292	1	1	18
3 LOS Stütze einfett. u. reinig.	5ETMSYVEZBR6____	2 917	1	1	2
4 --- -----------------					
5 --- -----------------					
6 --- -----------------					

```
Eingabe verarbeitet !          Bitte neues Verarbeitungskennz. eingeben !
```

Abb. 6.10: Maskenfolge in der
1. Verbesserungsstufe des
A N A / Z E B A – D A T A –Systems

D r i t t e   V e r b e s s e r u n g s s t u f e

Die in der dritten Verbesserungsstufe angewandte Dialogform ist die der direkten Manipulation. Voraussetzung hierfür ist ein qualitativ hochwertiger Grafik-Bildschirm, möglichst mit farbiger Darstellung. Das Positionieren des Cursors (Pfeil) geschieht hier nicht mehr wie bei Rechnern bisheriger Bauart sequentiell - in fest vorgegebener Reihenfolge - sondern völlig frei, mittels einer "Maus", eines Steuerknüppels oder der Pfeiltasten. "Direkte Manipulation" bedeutet darüber hinaus auch, daß die Objekte auf dem Bildschirm frei zu bewegen und durch Berühren oder Zeigen mit dem Cursor aktivierbar sind.

Die Maskenfolge der Abbildungen 6.11 und 6.12 entspricht ebenfalls der in Abbildung 6.8 und 6.9 a-f gezeigten. Der Anmeldevorgang wird durch Positionieren des Cursors auf dem Feld "Auswahl" begonnen (Abbildung 6.11 a). Das Auswahlfeld wird durch das Drücken einer bestimmten Taste (beispielsweise auf der Maus) aktiviert, d.h. ein Pull-Down-Window öffnet sich. Durch Verschieben des Cursors über diesem Pull-Down-Window bewegt sich ein Rahmen synchron mit und zeigt jeweils auf das ausgewählte Objekt. Im linken Bereich des Bildschirms befinden sich die Grundwerkzeuge, die in allen Masken einheitlich Verwendung finden. Über den Masken befinden sich in der obersten Bildschirmzeile übergeordnete Funktionen. Diese Anordnung wurde gewählt, um eine klare Abgrenzung zwischen übergeordneten und anwendungsbezogenen Werkzeugen zu erreichen. Die Pull-Down-Windows enthalten immer nur die Funktionen, die zum Zeitpunkt ihrer Aktivität auch sinnvoll einsetzbar sind bzw. vom jeweiligen Nutzer abrufbar sein sollen bzw. müssen. So erscheint die Anmeldung als Anmeldefenster (Abbildung 6.11 b).

Nach korrektem Log-In wird, nach erneuter Aktivierung des Auswahl-Fensters, dem jeweiligen Anwender das ihm zugeordnete Anwendungsgebiet gezeigt (Abbildung 6.11c). Nach Auswahl des gewünschten Objektes (hier: Analysiersystem) kann jetzt, ebenfalls im Auswahl-Fenster, die vom Anwender bestimmte Transaktion gewählt werden (Abbildung 6.11d). Die Reihenfolge wird dabei vornehmlich vom Nutzer gesteuert. Er öffnet sich ein Fenster, dessen Inhalt die wichtigsten Informations-, Eingabe- oder Dialogfelder beinhaltet (Abbildung 6.11e).

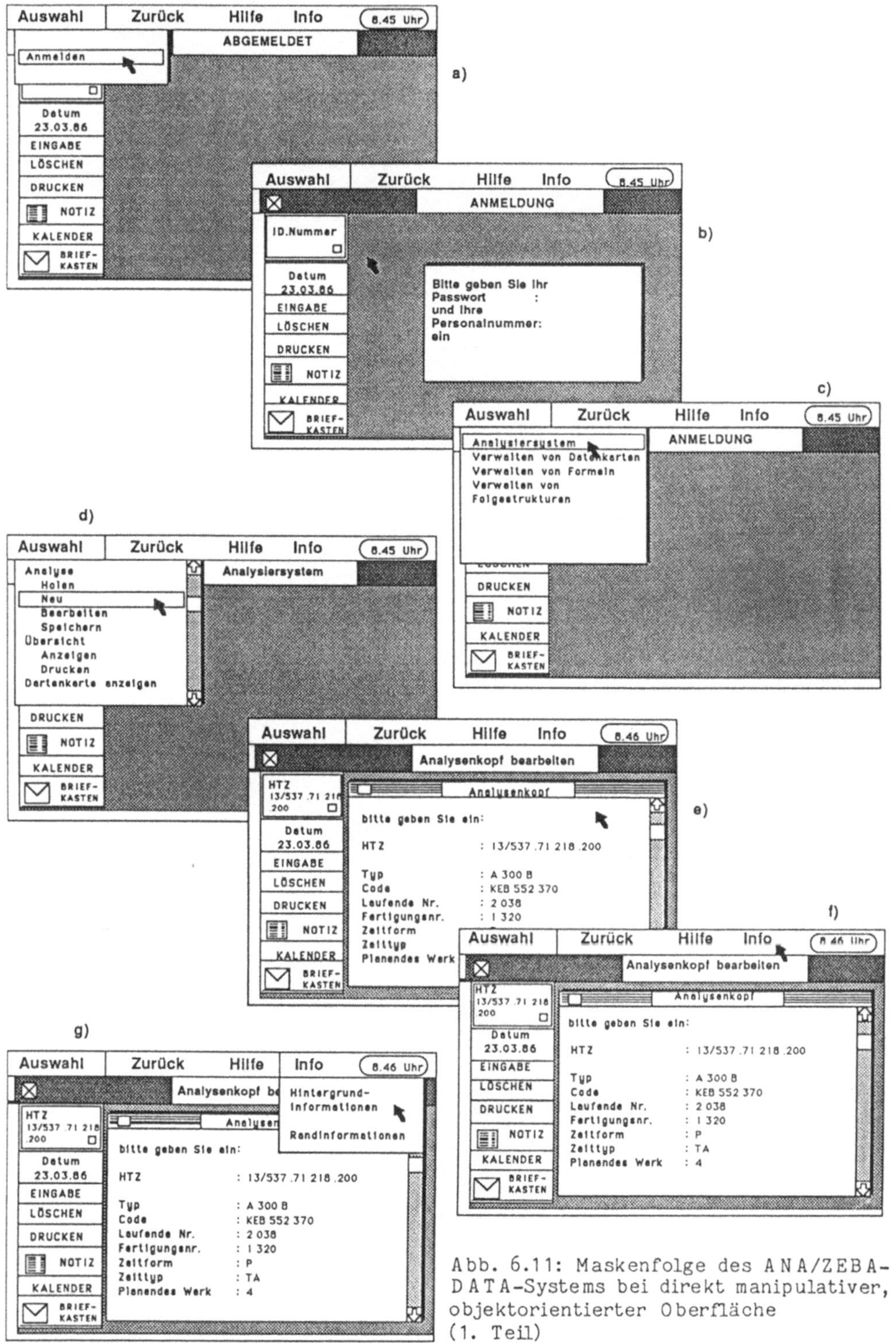

Abb. 6.11: Maskenfolge des ANA/ZEBA-DATA-Systems bei direkt manipulativer, objektorientierter Oberfläche (1. Teil)

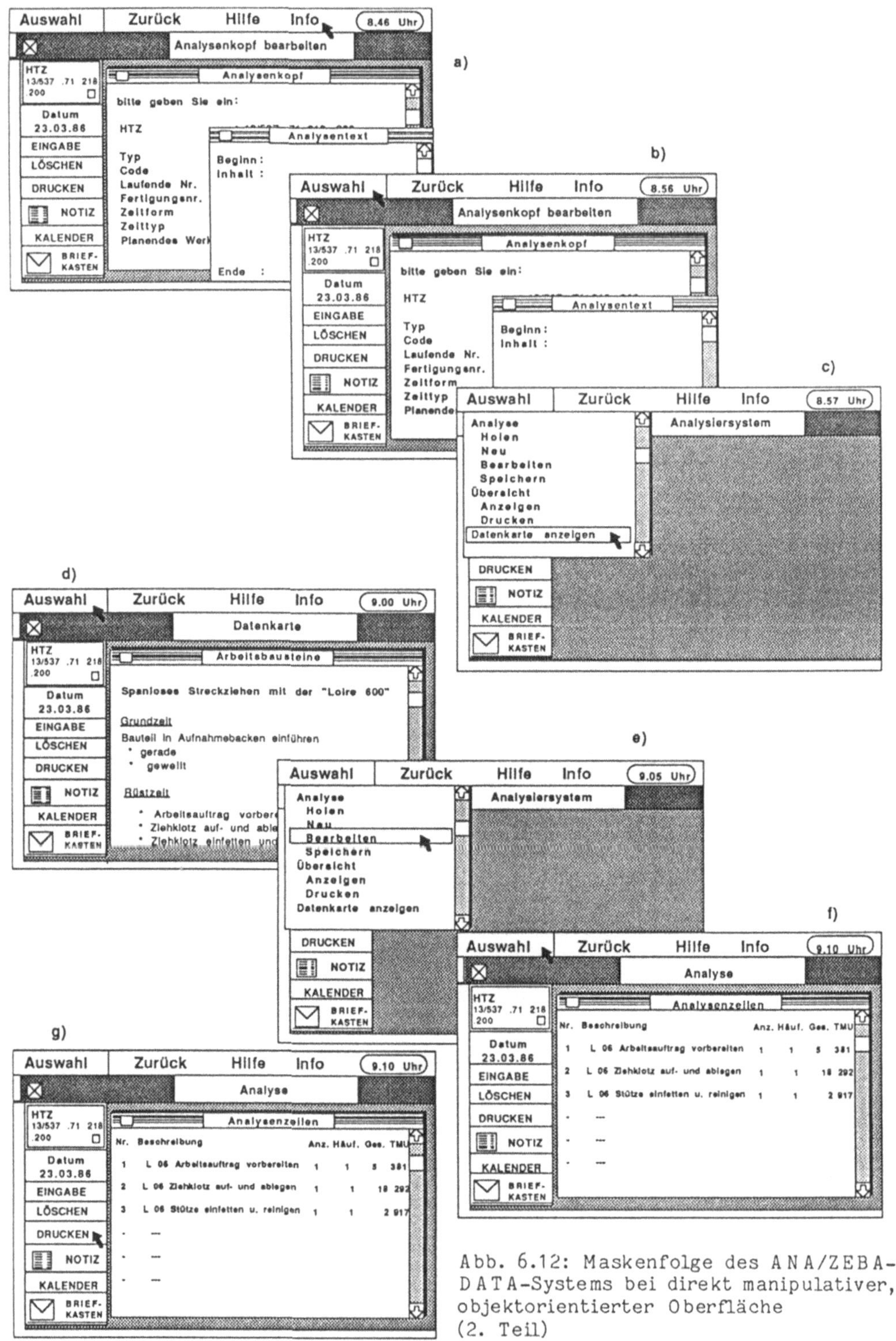

Abb. 6.12: Maskenfolge des ANA/ZEBA-DATA-Systems bei direkt manipulativer, objektorientierter Oberfläche (2. Teil)

Benötigt der Nutzer weitere Informationen, aktiviert er das Info-Feld und wählt die gewünschte Informationsklasse (Abbildung 6.11 f-g). Ein neues Fenster öffnet sich und legt sich - einem Blatt Papier ähnlich - auf das vorherige Fenster (Abbildung 6.12 a). Die hierbei überdeckten Informationen werden nicht gelöscht, sondern sind nur zur Zeit nicht sichtbar. Das gerade aktive Fenster erkennt man an der Schraffur am oberen Rand. Fenster können verkleinert, vergrößert, verschoben und geschlossen werden. Soll in einem Fenster eine Eingabe vorgenommen werden, so ist die entsprechende Position durch Zeigen mit dem Cursor vorzunehmen (Abbildung 6.12c).

Die "direkte Manipulation" bietet mehrere Möglichkeiten zum Aufruf einer Funktion. So kann beispielsweise ein Fenster durch Aktivieren des linken kleinen Rechtecks im schraffierten Bereich geschlossen werden. Dieselbe Möglichkeit hat man aber auch durch Aktivieren der Transaktion Schließen aus dem Zurück-Pull-Down-Window. Das System bietet dem erfahrenen Benutzer die Möglichkeit, rasch bestimmte Transaktionen durchzuführen; ferner bietet es dem nicht so erfahrenen die Möglichkeit, sich selbst einzuarbeiten.

6.3.2.4 Auswirkungen des Einsatzes direkt manipulativer Systeme

Eine Verbesserung der Software unter ergonomischen Gesichtspunkten beinhaltet eine Optimierung folgender Bereiche:
- kürzere Einarbeitungszeit,
- geringerer Lernaufwand für Anfänger,
- kürzere Rüstzeit für gelegentliche Benutzer,
- höchstmögliche Effizienz für den regelmäßigen Benutzer und
- Steigerung der Arbeitszufriedenheit aller Anwendergruppen.

Die Voraussetzungen hierfür bestehen darin,
- daß der Rechner die üblichen Arbeitsabläufe des Menschen (ohne Rechner) unterstützt,
- daß Ergebnisse des Rechners den Erwartungshaltungen des Menschen entsprechen und
- daß sich die Arbeitsweise auch bei unterschiedlichen Problemstellungen nicht ändert.

Am ehesten lassen sich diese Voraussetzungen durch den Einsatz einer Dialogform wie der der "direkten Manipulation" erfüllen. Auf lange Sicht werden sich also, aufgrund der besseren Handhabung, direkt manipulative Systeme durchsetzen. Diese Aussage gilt für den PC-Bereich genauso wie für den Bereich der Großrechner. Sie ist im Bereich der Fertigung genauso gültig wie für den Bereich der Bürokommunikation und im Forschungs- und Entwicklungsbereich. Verwendet man zur Erstellung der Programme für den Nutzer Programmiersprachen der sogenannten fünften Generation, wie beispielsweise LISP, so werden Verfahren wie das Prototyping sehr stark erleichtert. Hieraus resultiert ein weiterer Entwicklungsschub in der vorstehend aufgezeigten Richtung (Heeg, Buscholl, Schreuder 1987).

7. Arbeitsorganisation und Qualifizierung aus handlungstheoretischer Sicht

In den drei Bereichen Arbeitsorganisation, Qualifizierung und Technikgestaltung liegen die wesentlichen Ansatzpunkte zur Erweiterung des
Handlungsspielraums und zur Ermöglichung der Bildung eines den Gegebenheiten adäquaten Handlungsraumkonzeptes und damit einer Steigerung
des Handlungsvermögens. Änderungen eines der drei Bereiche sind nicht
ausreichend, wie die Analyse des Problemlöseverhaltens bei Anwendung
einer im Sinne software-ergonomischer Maßnahmen optimierten Version
des Simulationsmodells ergab. Daher sind bei der Neugestaltung eines
Arbeitssystems alle drei Bereiche zu betrachten.

7.1 Zusammenhang zwischen Technik, Arbeitsorganisation und Qualifi-
zierung

Die enge Verbindung der drei Bereiche Technik, Arbeitsorganisation
und Qualifizierung wird auch von anderen Autoren bestätigt. "Qualifikationsanforderungen erwachsen aus dem technischen Niveau des Produktionsprozesses einerseits und aus der Arbeitsorganisation bzw. dem
Grad der Arbeitsteilung andererseits" (Groskurth 1979, S. 12). Betrachtet man zunächst die Qualifikationsanforderung aus dem technischen Niveau des Produktionsprozesses, so wird erkennbar, daß einerseits aufgrund zunehmender Automation und immer komplexer werdender
Produktionsprozesse eine immer stärker werdende Verschiebung von
der "Handarbeit" zur "Kopfarbeit" stattfindet, daß also intellektuelle, kognitive Fähigkeiten zunehmend dominieren gegenüber sensumotorischen Fertigkeiten. "Es hat eine Verschiebung psychomotorischer
zu kognitiver Bewältigung stattgefunden ... Die Bewältigung von Arbeitstätigkeiten an hoch komplexen, teilweise automatisch gesteuerten
Maschinen und Anlagen verlangt den Einsatz kognitiver Strategien.
Die Notwendigkeit, alle Regulationsgrundlagen der Tätigkeit einzusetzen, erfordert eine Umgestaltung von Qualifizierungsmaßnahmen"
(Fischbach, Notz, 1980). Andererseits kann für viele Arbeitsplätze
bei hohem Automatisierungsgrad gleichzeitig die Gefahr bestehen,
daß Menschen zu reinen "Bedienern" werden, d.h., daß monotone,

unterfordernde Arbeitstätigkeiten mit niedrigstem intellektuellen Anspruchsniveau bei inhumanen Rationalisierungsmaßnahmen entstehen können. "Daneben sollte man die Auswirkung neuer Technologien auf die Reduzierung intellektueller Anforderungen in der Arbeitstätigkeit ... nicht vernachlässigen. ... Auch hier ist in vielen Bereichen für einen großen Teil der Beschäftigten mit einer Verringerung der Anforderungen und Einschränkung des Kontrollspielraums innerhalb der eigenen Arbeitstätigkeit zu rechnen" (Greif 1979, S. 84).

Weitere Aussagen der Literatur stützen diese Auffassung: "In der Vergangenheit wurde tayloristische Arbeitsteilung mit dem alleinigen Ziel betrieben, Kosten zu reduzieren sowohl in der Ausbildung, der Einarbeitung wie der routinierten Ausübung. Dies erweist sich heute als Fehlentwicklung. Durch Arbeitsteilung bedingte Qualifikationsverluste der Arbeitnehmer gilt es zu stoppen und ins Gegenteil umzukehren" (Dombre 1984, S. 19). "Die Zersplitterung der Arbeit, wie sie sich als Folge extremer Arbeitsteilung im Zuge technisch organisatorischer Rationalisierungsmaßnahmen vielfach typischerweise ergibt, ist nicht auf die "Taylorisierung" der Handarbeit und die Fragmentarisierung der Maschinenarbeit beschränkt, sondern tritt häufig als Gefolge neuer Technologien auf" (Oppolzer 1984, S. 11). Von besonderer Bedeutung ist in diesem Zusammenhang, daß die P r o d u k t i o n s s t r u k t u r des Betriebes weder unabdingbare Folge exogener technischer Sachzwänge noch lineares Ergebnis ökonomischen Unternehmerkalküls ist, sondern das Resultat latenter und/oder manifester sozialer Auseinandersetzungen, genauer konfligierender innerbetrieblicher Durchsetzungsstrategien (weitere Ausführungen zur Kritik des technologischen Determinismus: Brödner 1986, S. 11 ff).

Auch der oft in der Literatur unterstellte direkte Wirkungsbezug zwischen Technikgestaltung, Arbeitsorganisation und Qualifizierung (Abbildung 7.1) läßt sich nicht aufrechterhalten. Eine derartig einseitige Annahme - sowohl für die Entwicklungstendenz der Zentralisierung (A) wie auch der Dezentralisierung (B) - widerspricht der komplexen realen Situation, in der sich mehrere Parameter abheben lassen, die vielfältig miteinander verknüpft sind.

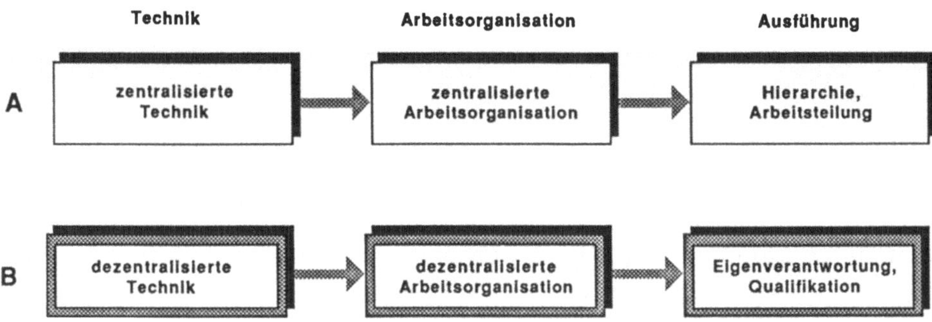

Abb. 7.1:   Unzulässige Verkettung von Technik, Arbeitsorganisation und Qualifikation

Die A r b e i t s o r g a n i s a t i o n   bildet den formalen
Rahmen "für die Umsetzung der technischen Produktionsstruktur in
personenbezogene Tätigkeiten" (Georg, Kißler 1981, S. 51). Auch sie
ist Ausdruck der betrieblichen Interessenstruktur und kein Reflex
ökonomischer und technischer Bedingungen. Aus diesem Verständnis
von Technik und Arbeitsorganisation als Ergebnis sozialer Auseinandersetzungen wird ihre prinzipielle Veränderbarkeit und konsequenterwei-
se ihre Veränderbarkeit durch die Arbeitenden selbst gefolgert (Frik-
ke 1979, Fricke u.a. 1981), wobei erfolgreiche Beteiligung an der
Planung und Realisierung von Produktionstechnik und Arbeitsorganisation dabei abhängig ist von der Q u a l i f i k a t i o n und der
b e r u f l i c h e n A u t o n o m i e der Arbeitenden. Dies bedeutet insbesondere, daß der einzelne Arbeitnehmer in seinem beruflichen
Umfeld in soziale Konflikte eingebunden ist, die sich aus der Ar-
beits- und Machtteilung im Betrieb ergeben und die es zu gestalten
gilt - im Sinne der Schaffung einer gleichermaßen humanen und ökonomischen Arbeitswelt. Inwieweit derartige soziale Konflikte als soziale
Belastungen erlebt und erduldet werden, bzw. inwiefern Konfliktsitua-
tionen zur Erweiterung des eigenen Handlungsspielraums genutzt werden
können, ist abhängig von

-   betrieblichen Partizipationsmustern,

-   Regeln der Konfliktaustragung und -schlichtung,

-   bereits bestehenden Macht- und Einflußpotentialen der Betroffe-
    nen und

-   strukturellen Einflußgrößen.

Ferner ist es abhängig von seiner Ich-Identität als der Voraussetzung, sich aktiv in einen Handlungszusammenhang einbringen zu können (Überwindung widersprüchlicher Arbeitsanforderungen durch kreative Deutungsleistungen (Krappmann 1971, Schumann u.a. 1982, Schimank 1981)). In den sozialen Beziehungen zeigt sich demnach auch, inwieweit ein Arbeitnehmer in seiner Persönlichkeit entwickelt ist, sich in sozialen Konflikten zu behaupten (soziales Lernen).

Aus diesen Aussagen geht hervor, daß es durchaus möglich und auch sinnvoll ist, die "Arbeitsbedingungen" zu gestalten und hierbei alle im jeweiligen Unternehmen Beschäftigten einzubeziehen. Der Handlungsspielraum der Mitarbeiter ist in diesem Zusammenhang über eine zeitliche und räumliche Mobilität im Arbeitsvollzug und eine Einflußnahme auf Arbeitsgeschwindigkeit, Arbeitstechnik, Quantität und Qualität des Produktes hinaus zu erweitern bezüglich der sozialen Komponenten, wie etwa der Möglichkeit der Beteiligung an betrieblichen Planungs- und Entscheidungsprozessen. Damit ist auch das übergeordnete Ziel von Bemühungen zu einer Humanisierung des Arbeitslebens angesprochen; Arbeitsorganisation und Höherqualifizierung sollen auf eine Förderung der gesamten Persönlichkeit ausgerichtet sein. Demgegenüber bestand das Ziel etlicher durchgeführter Rationalisierungsmaßnahmen in einem Ersatz der menschlichen Arbeitskraft. Dies kommt in Schlagworten wie "vollautomatische Fabrik", "mannlose Schicht" deutlich zum Ausdruck. Beide Zielrichtungen scheinen, singulär betrachtet, gegenläufig zu sein, da bei der einen Personal freigesetzt, bei der anderen der Personalbestand erhalten bleibt.

Eine sinnvolle "Symbiose" ist jedoch möglich und - volkswirtschaftlich gesehen - anzustreben. Neue Technologien sollten eingesetzt und die Arbeit sollte so organisiert werden, daß inhumane, unterfordernde Arbeitsplätze beseitigt werden. Gleichzeitig sollte eine freigesetzte Arbeitskapazität mit Hilfe von Qualifizierungsmaßnahmen dazu genutzt werden, anspruchsvollere Tätigkeiten wie Programmierung und Wartung, Disposition, Konstruktion, Qualitätskontrolle usw. auszuführen, um insgesamt den Arbeitsprozeß und damit letztlich auch das Arbeitsergebnis auf ein qualitativ höheres Niveau anzuheben. Dabei sei noch einmal auf die gegenseitige Abhängigkeit von Arbeitsorganisation und Qualifikation hingewiesen. "Zum einen sind Qualifi-

zierungsprozesse die Voraussetzung persönlichkeitsfördernder Arbeitsgestaltung, zum anderen sind sie letztlich ihr Ziel" (Ulich, Frei
1980, S. 74). Dies bedeutet insbesondere, daß "die neuen Arbeitsstrukturen von Maßnahmen zur Aus- und Weiterbildung des Personals nicht
zu trennen sind, denn die Aufgabenbereicherung, der Arbeitsplatzwech-
sel oder die teilautonomen Gruppen sind nicht nur Formen der Arbeitsorganisation, sondern gleichzeitig auch Formen des Lernprozesses,
der Qualifizierung" (Camra, S. 21). Andernfalls sind psychische Belastungen durch Überforderung nicht zu vermeiden.

Der Qualifikationsbegriff in dem hier betrachteten Sinne geht über
das hinaus, was von Kern und Schumann (1970, S. 67) als "menschliche
Fähigkeiten, die der Arbeitsprozeß verlangt, um erfolgreich abgewik-
kelt werden zu können", bezeichnet wird. In diesem Zusammenhang beto-
nen einige Autoren die Existenz sozialer und innovatorischer Qualifikationen (Lempert 1971, Brandt u.a. 1973, Fricke 1979, Fricke u.a.
1981). Hier ergibt sich eine ambivalente Situation: auf der einen
Seite kann unter Qualifikation ein Instrument zur Geltendmachung
(und Durchsetzung) der Ansprüche an die Gestaltung der Arbeitsbedingungen gesehen werden, auf der anderen Seite bedeutet eine in diesem
Sinne gestiegene Qualifikation die Möglichkeit, das Innovations-
und Kreativitätspotential zum Vorteil beider Seiten, der der Arbeitnehmer und der des Unternehmens, einzusetzen.Dies erhöht die Wettbewerbsfähigkeit der Unternehmen, sichert die Arbeitsplätze der Arbeitnehmer bei gleichzeitig humaneren Arbeitsbedingungen und ist somit
sowohl aus betriebswirtschaftlicher, volkswirtschaftlicher wie auch
aus gesellschaftspolitischer Sicht als Zielsetzung anzustreben. Um
diesem Ziel näherzukommen, dürfen Maßnahmen sowohl zur Arbeitsorganisation als auch zur Qualifizierung nicht als singuläre, unabhängige
Maßnahmen - bezogen auf das jeweils anstehende Einzelproblem - betrachtet werden, sondern sie sind im Rahmen eines langfristig angeleg-
ten Gesamtkonzeptes im Hinblick auf die Höherqualifizierung des Personals und damit auf eine Effektivitätssteigerung und Anhebung des
technischen "Know How" auf allen Ebenen zu planen und durchzuführen.

7.2 Persönlichkeitsfördernde Maßnahmen zur Arbeitsorganisation und Qualifikation

7.2.1 Maßnahmen zur Arbeitsorganisation

Unter Arbeitsorganisation soll hier in Anlehnung an Heinz und Mann (1986, S. 308) ein Prozeß verstanden werden, in dessen Verlauf sich die Teilprozesse der Ablauf-, Aufgaben- und Sozialorganisation vollziehen und gegenseitig ergänzen. Eine derartige Verzahnung dieser Teilprozesse in einem dreidimensionalen Entwicklungsprozeß umfaßt eine arbeitswissenschaftlich und handlungstheoretisch begründete Organisationsentwicklung (Abbildung 7.2). Der darin enthaltene gruppendynamische Ansatz hat nicht mehr, wie bei der verhaltenswissenschaftlich orientierten Organisationsentwicklung, die alleinige Schlüsselfunktion. Hier tritt die Aufgabenentwicklung als weitere Schlüsselfunktion hinzu. Maßnahmen der Arbeitsorganisation müssen darauf abzielen, den objektiven Handlungsspielraum des Mitarbeiters und die Wirtschaftlichkeit der Produktion/Fertigung zu erhöhen. Hier können zusätzlich zu den bekannten Arbeitsgestaltungsmaßnahmen der Arbeitserweiterung (job enlargement), des Arbeitsplatzwechsels (job rotation), der Arbeitsbereicherung (job enrichment) die Erkenntnisgehalte der differentiellen Arbeitsgestaltung (Ulich 1970, S. 502ff.) und/oder der Gruppenaktivitäten (Abbildung 7.3) zur Anwendung kommen (Heeg 1985b, S. 63, Hackstein, Heeg 1986, S. 30).

Nach Ulich (1978, S. 566) soll mit der Methode der differentiellen Arbeitsgestaltung "eine optimale Entwicklung der Persönlichkeit in der Auseinandersetzung mit der Arbeitstätigkeit auf dem Hintergrund intraindividueller Differenzen" gewährleistet werden. Hierbei soll den "unterschiedlichen Voraussetzungen und Erfahrungen auf Seiten der Arbeitenden Rechnung getragen werden sowie gewährleistet werden, ... daß für alle Mitarbeiter schrittweise - wenn auch in unterschiedlicher Schrittlänge - das (objektive) Humanisierungsziel erreicht wird". Eine differentielle und dynamische Arbeitsgestaltung soll ermöglichen, den über die Zeit variierenden intraindividuellen Differenzen gerecht zu werden, die ihre Ursachen in den folgenden Punkten haben:

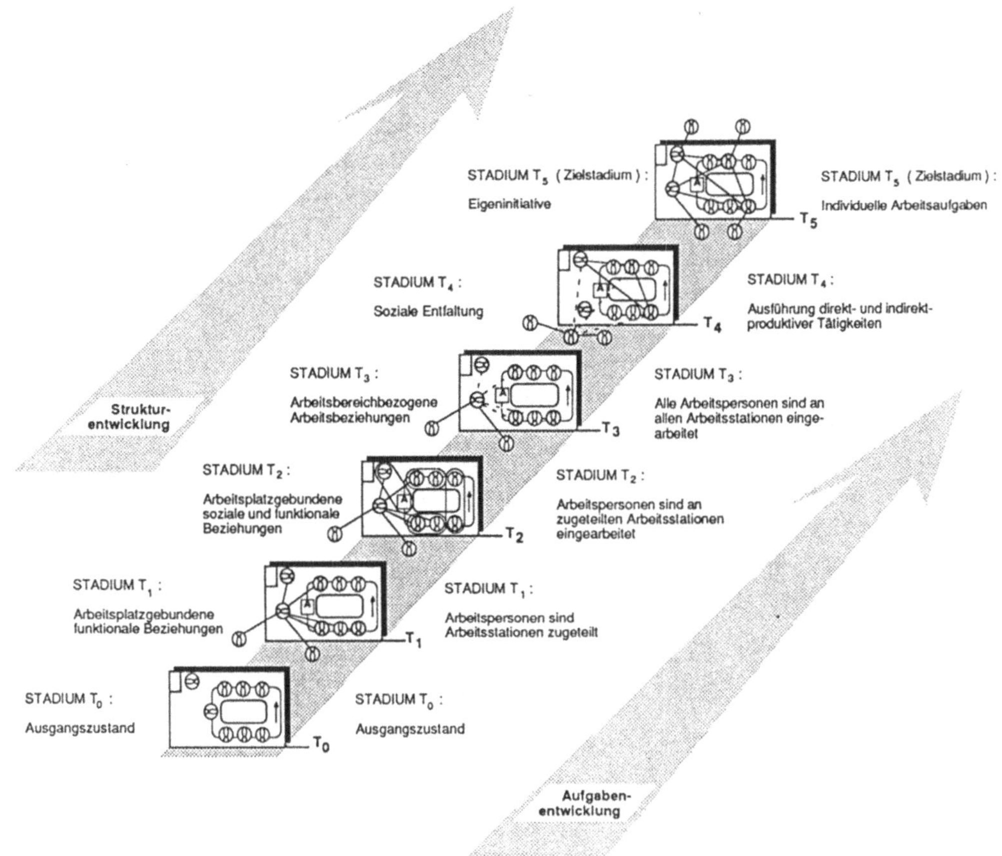

Abb. 7.2: Organisationsentwicklung als arbeitswissenschaftlich und handlungstheoretisch begründeter Prozeß (in Anlehnung an Heinz und Mann 1986, S. 309)

- Zunehmende Reduktion von Freiheitsgraden aufgrund der Gewöhnung an bestimmte Arbeitsweisen im Sinne der Entwicklung eines subjektiven "one best way",

- mit wiederkehrenden Anforderungen zunehmende Bildung von Entscheidungsroutinen,

- Veränderungen des Anspruchsniveaus, zum Beispiel aufgrund neuartiger Arbeitsverfahren und deren Auswirkungen auf Selbstkonzept und Umweltreaktionen und

- qualitative Veränderungen der Arbeitszufriedenheit, zum Beispiel Ablösung einer eher resignativen Zufriedenheitsform durch eher progressive Formen der (Un-)Zufriedenheit.

156

Allgemein ist das Makro-Arbeitssystem so zu gestalten, daß
- unterschiedlich geeigneten und motivierten Mitarbeitern
- mehrere Formen der Arbeitsorganisation
- mit verschieden ausgeprägten Arbeitsinhalten
- gleichzeitig angeboten werden können.

Die Umsetzung dieser bzw. hiervon abgeleiteter Vorstellungen wurde bislang bereits in einigen Fällen durchgeführt (beispielsweise HdA 53, 1984; HdA 3, 1980; Zülch, Starringer 1984; Heeg 1986e). Eines der Ziele bei einer derartigen Gestaltung der Arbeitsorganisation besteht darin, der Entwicklung des einzelnen Mitarbeiters Rechnung zu tragen im Sinne einer stufenweisen Höherqualifizierung. Genau dieses Ziel soll auch erreicht werden durch die vorstehend aufgeführten Gruppenaktivitäten (Formen von betrieblichen Gruppen wie Qualitätszirkel, Werkstattkreise, Lernstatt usw.) (Hackstein, Heeg 1986), so daß es hier naheliegend ist, beides miteinander zu kombinieren: in der Fertigung sind die Arbeitsplätze so zu gestalten, daß der einzelne Mitarbeiter die Möglichkeit hat, mit der Ausführung einzelner Tätigkeiten an technologisch voneinander getrennten Einzelarbeitsplätzen zu beginnen und nach und nach alle vorkommenden Tätigkeiten zu erlernen und anzuwenden, unterstützt von Lern- und Erfahrungsprozessen vermittelt über Gruppensitzungen.

Neben den direkt auszuführenden Tätigkeiten und den damit verbundenen Problemen und ihrer Beseitigung können mittels dieser Gruppensitzungen Kenntnisse über den gesamten Rahmen der speziellen Fertigung vermittelt werden, wodurch ein erhöhtes Verständnis für die zugrundeliegenden Zusammenhänge bewirkt werden kann. Dies kann nun wiederum dazu beitragen, Störungen im Arbeitsablauf besser erkennen und beseitigen zu lernen und mehr Interesse an der Arbeit zu erhalten (Heeg 1986e, S. 124).

Hiermit ist ein wesentlicher Beitrag zur Humanisierung des Arbeitslebens verbunden. "Humanisierung müßte aber auch bedeuten, daß in der Ablösung des Einzelnen von der zentralisierten Technik parallel seine Ablösung von den mit dieser Technik verbundenen zentralistischen Organisationsformen menschlicher Arbeit läuft. Dabei geht es aber um Machtprobleme. Eine zentralistische Arbeitsorganisation war weithin gleichzusetzen mit Hierarchie ... Humanisierung ist gerade hier, meiner Meinung nach, auch die Rückgabe von Eigenständigkeit, Eigenverantwortung und persönlicher Qualität an den Sachbearbeiter am Terminal" (Fuhrmann 1985, S. 35). Im Sinne der Aussagen zum Problemkreis Abhängigkeit zwischen Technik und Organisation ist von der Existenz organisatorischer Gestaltungsspielräume auszugehen, deren Nutzung allerdings an betriebliche Interessenkonstellationen gebunden ist. Eines dieser betrieblichen Interessen besteht aus soziologischer Sicht in dem Wunsch an Einordnung und Einbindung der Mitarbeiter.

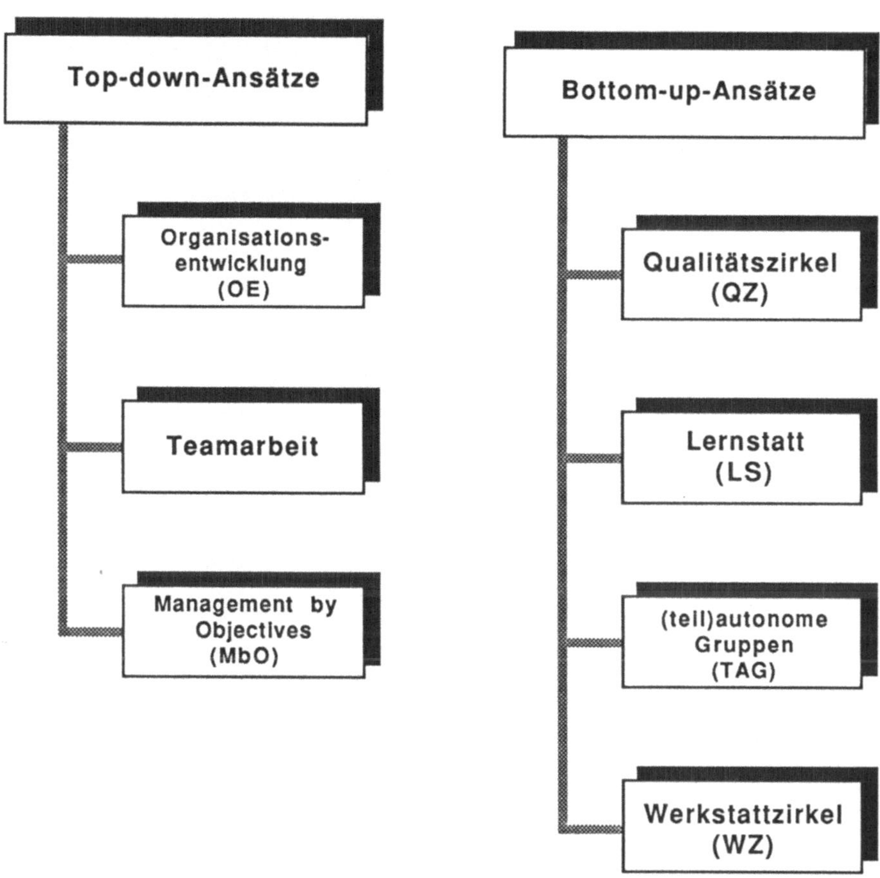

Abb. 7.3:   Formen betrieblicher Gruppenaktivitäten (in Anlehnung an Hackstein, Heeg 1986, S. 30)

Neben den technisch-organisatorischen Arbeits- und Qualifikationsanforderungen (Kenntnisse, Fertigkeiten, Fähigkeiten) werden an den

Mitarbeiter im Betrieb und am Arbeitsplatz auch Erwartungen normativer Art herangetragen. Von Bedeutung sind hier insbesondere solche Einstellungen, die dazu führen, daß eine Arbeit ohne ständige äußere Kontrollen persönlicher, technischer oder organisatorischer Art ausgeübt wird (hier gilt der Begriff der "inneren Selbstverpflichtung" von Offe 1970). Hierbei sei allerdings auf das Problem der möglichen Ambivalenz einer vermehrten inneren Kontrolle hingewiesen: "Die Forschung ist auf das Problem zentriert, inwieweit innere Kontrollen eine relativ bruchlose und eindeutige Einordnung in das betriebliche Entscheidungs- und Herrschaftssystem bewirken und inwieweit normative Handlungsorientierungen ein Potential für autonomes Handeln enthalten, das sich unter dem Einfluß widersprüchlicher Anforderungen des Arbeitsprozesses bildet. Unter dieser Voraussetzung wäre die Wirkung von Handlungsfähigkeiten, die sich Individuen mit der Übernahme normativer Qualifikationsanforderungen aneignen, nicht völlig abschätzbar; solche Fähigkeiten würden tendenziell ein den betrieblichen Interessen an Einordnung entgegenlaufendes Modell beinhalten" (Schumm 1982, S. 256). Es ist daher sehr stark von der jeweiligen Ausgestaltung der arbeitsorganisatorischen Maßnahmen abhängig, daß Mitarbeiter und Betrieb gleichermaßen von der stärkeren Flexibilität über die gestiegene Eigenverantwortung und Qualifikation der Mitarbeiter (und des damit verbundenen Innovations- und Kreativitätspotentials) profitieren.

Maßnahmen zur objektiven Vergrößerung des Handlungsspielraums können nur dann Erfolg zeigen, wenn der objektive Handlungsspielraum auch subjektiv erkannt werden kann, um durch dessen Nutzung neben größerer Arbeitszufriedenheit auch Effizienzerhöhungen zu erhalten. Dazu sind zwei wesentliche Elemente erforderlich: Handlungskompetenz und Informationen. Im Bereich Handlungskompetenz sind Kenntnisse zu vermitteln über

- Tätigkeitsstrukturen und Arbeitsabläufe,
- Zuständigkeits- und Verantwortungsbereiche,
- Eingliederung der eigenen Tätigkeit und Position in die betriebliche Organisation,
- Auswirkungen der eigenen Tätigkeit in andere Bereiche usw.

Darüber hinaus benötigt der Arbeitnehmer für seine aktuellen Tätigkeiten sämtliche Informationen, die er für eine eigenverantwortliche Ausführung des jeweiligen Auftrages benötigt, z.B. Informationen über Termine und Prioritäten, Qualitätsanforderungen. Zu diesen Informationen gehören u.a. alle innerbetrieblichen Informationen, die zur Abwicklung eines Auftrages benötigt werden (z.B. Anfangs- und Endtermin, Zeichnungsunterlagen usw.) Des weiteren zählen hierzu alle Informationen der Wahrnehmung (z.B. visuelle, akustische), die zur Arbeitsausführung o.ä. erforderlich sind. Hiervon sind die Maßnahmen zur Arbeitsgestaltung auch im Bereich der Software-Ergonomie betroffen. Je besser dem Menschen diese Informationen angeboten werden, umso weniger wird er belastet und umso qualifizierter kann er bei sonst gleichen Bedingungen seine Handlungen ausführen. Daß der Arbeitnehmer diese Informationen auch tatsächlich im Einzelfall verwerten kann, muß u.a. durch entsprechende Qualifizierungsmaßnahmen sichergestellt werden.

7.2.2 Maßnahmen zur Qualifizierung

Alle Maßnahmen zur Qualifizierung müssen prinzipiell darauf abzielen, die Bildung eines optimalen Handlungsraumkonzeptes zu begünstigen.

Bei derartigen Maßnahmen müssen sowohl Inhalte vermittelt werden aus dem Fachbereich der jeweiligen Arbeitstätigkeit (kognitive Handlungskompetenz) als auch Inhalte über soziales Verhalten in Gruppen, beispielsweise Entscheiden und Handeln im Team, Regeln zum Umgang mit Vorgesetzten und Untergebenen, Konfliktlösestrategien, Wissen über soziale Auswirkungen des eigenen Handelns (soziale Handlungskompetenz).

7.2.2.1 Qualifikation und Handlungsraumkonzept

Bei der Durchführung von Qualifizierungsmaßnahmen gilt es durchaus, zunächst Faktenwissen in erforderlichem Umfang zu vermitteln (epistemisches Wissen). Von größerer Bedeutung ist jedoch die Vermittlung von Regeln und Problemlösestrategien (heuristisches Wissen), da erst sie eine Selbstqualifizierung des Arbeitnehmers erlauben. Erst das Wissen um Zusammenhänge, über Ursache und Wirkung, erlauben bei vom Idealfall abweichenden Situationen ein selbständiges Reagieren. "Die Probleme, die nach herkömmlichen Kursen für Facharbeiter aus der Betriebspraxis zurückgemeldet werden, sind häufig folgende: Es mangelt nicht so sehr an Wissen, oft aber an Souveränität und Sicherheit. Dies ist Ausdruck mangelnder ´planender Strategie´ der neu geschulten Maschinenbediener" (Krogoll, Pohl und Wanner 1986, S. 108). Die Vermittlung von heuristischem Wissen ist letztlich auch Voraussetzung für eine Selbstqualifikation. "Der Erfolg selbstgesteuerten Lernens hängt neben einer motivierten Grundhaltung von dem Vermögen ab, eigene Wissenslücken und Eignungspotentiale zu erkennen, den persönlichen und beruflichen Lernbedarf zu definieren, geeignete Lernwege ausfindig zu machen und die Lernaufgaben zielwirksam und produktiv zu bewältigen. Dies schließt ein, die Techniken rationellen Lernens zu kennen und richtig anwenden zu können" (Thiele 1985, S. 323). Hierbei ist - vor allem bei Lernungeübten - besonders die M e t h o d e von Bedeutung, mit der Wissen vermittelt wird, wobei aus handlungstheoretischer Sicht auf den engen Zusammenhang zwischen Handlung und Sprache zu verweisen ist. "Diese regulativen Abbilder benötigen daher als objektivierendes Substrat ... die Sprache. Bei praktischen wie bei geistigen Tätigkeiten ist die Sprache in verschiedener Form an der Regulation beteiligt. ... Vor allem aber ist sie Medium des ´Erprobens im Abbildungsbereich´, speziell dann, wenn dieses Erproben intellektuelle Testschritte einschließt. Besonders bedeutungsvoll ist im hier erörterten Zusammenhang das innere Sprechen. Es besitzt konzipierende Funktion für das äußere Handeln, auf das es zielt" (Hacker 1980, S. 85).

Basierend auf diesen Kenntnissen werden beispielsweise k o g n i - t i v e Trainingsverfahren entwickelt, bei denen Handlungen durch lautes bzw. verinnerlichtes Sprechen begleitet werden (Selbstinstruktion) bzw. in denen Handlungsanleitungen in Form von zu verinnerlichenden Leitsätzen gegeben werden. Als Beispiel sei hier die von Kohl und Bullinger entwickelte Methode aufgeführt (Kohl, Bullinger 1983, S. 22), die im Rahmen eines Qualifizierungsprogramms für Montagearbeiterinnen eingesetzt wurde.

Andere Verfahren gehen von der Vorstellung des selbstgesteuerten Lernens aus. Hier sei exemplarisch auf die L e i t t e x t m e t h o d e hingewiesen, bei der den sogenannten Leittexten die Funktion zukommt, die zur Erfüllung der betrieblichen Aufgaben notwendigen Informationen zu vermitteln, die erforderlichen Tätigkeiten zu instruieren und bis zum Abschluß der Tätigkeiten zu "leiten". Besonderer Wert wird darauf gelegt, nicht nur Informationen zu diesen Tätigkeiten als solche zu vermitteln, sondern darüber hinaus zur Darstellung, in welchem inneren Zusammenhang die Tätigkeiten mit der Gesamtaufgabe eines Systems stehen, um Auswirkungen der jeweiligen Tätigkeit abschätzen zu können. "Der Leittext hat vor allem die Funktion, das Kennenlernen der Betriebsabteilungen zu unterstützen und die einzelnen Abteilungen in den größeren Zusammenhang der Betriebsorganisation einzuordnen" (Schneider 1986, S. 51).

Eine sehr effiziente Lernmethode stellt auch die Teilnahme an Q u a l i t ä t s z i r k e l n dar. "Unter pädagogischem Aspekt zeichnet sich Qualitätsgruppenarbeit dadurch aus, daß sie ein Maximum an Handlungsbezug besitzt, die Arbeitserfahrung und den Sachverstand der (auch lernungeübten) Mitarbeiter benutzt, die gemeinsam erarbeiteten Lösungsvorschläge häufig relativ leicht umsetzbar sind und daß über die erlebten positiven Konsequenzen der Zirkelarbeit die Bereitschaft zur Weiterbildung und Teamarbeit gestärkt werden kann" (Thiele 1985, S. 326).

Beim Training sensumotorischer Fertigkeiten ist aus handlungstheoretischer Sicht ein rein mechanisches Einüben von Bewegungsabläufen nicht sinnvoll, da auch Bewegungen kognitiv reguliert werden. Da die üblichen Unterweisungsmethoden im Betrieb diesen Umstand in der Regel nicht hinreichend berücksichtigen und nach Volpert (1976) verschiedene Trainingselemente, einzeln eingesetzt, nicht so effizient sind wie die Kombination einzelner Elemente, wurde von Kohl und Bullinger das Verfahren der "kombinierten Unterweisung" entwickelt. Hierbei findet ein kombiniertes Unterweisungskonzept Einsatz, das die Elemente mentales, observatives, verbales und aktives Training einbezieht (Abbildung 7.4).

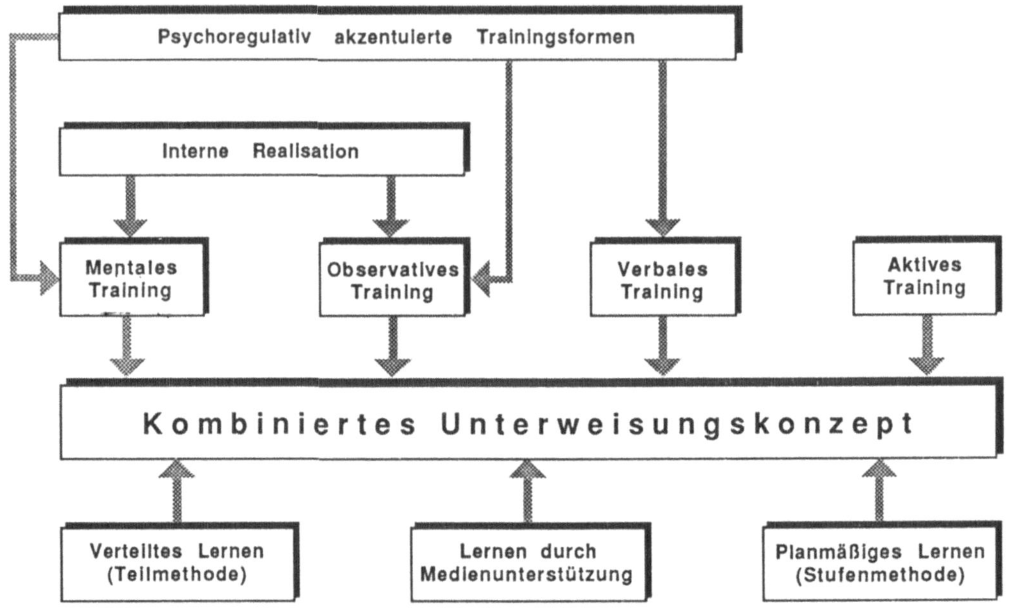

Abb. 7.4:   Kombiniertes Unterweisungskonzept (in Anlehnung an Kohl, Bullinger 1983, S.18)

Da der Einsatz Neuer Technologien weniger sensumotorische Fertigkeiten als vielmehr kognitive Fähigkeiten der Mitarbeiter verlangt, sind für die Durchführung von Qualifizierungsmaßnahmen insbesondere kognitive Trainingsverfahren wesentlich. "Kognitive Trainingsverfahren enthalten Methoden, durch welche der Aufbau der ... inneren Modelle und Handlungspläne besonders gefördert wird. Sie sprechen dabei insbesondere die tätigkeitsbezogenen Sprech-, Denk- und Vorstellungsprozesse des Lernenden an ... . Ebenso ist allen Verfahren gemeinsam, daß im Verlauf des Lernprozesses zunehmend äußere Vorgaben (z.B. der Lehrperson) durch vom Lernenden verinnerlichte Handlungsmaximen ersetzt werden" (Volpert, Frommann und Munzert 1984, S. 235). Im Rahmen von Qualifizierungsmaßnahmen muß in diesem Zusammenhang

die Vermittlung heuristischer Regeln einen weiteren Einsatzbereich
finden als es bislang der Fall war. Hierbei werden dann keine Hand-
lungsabläufe, sondern gezielt Handlungsstrategien vermittelt (Skell
1980, Volpert, Frommann, Munzert 1984, Krogoll, Pohl, Werner 1986,
Bullinger 1986). Darüber hinaus ist dem Bereich der Einstellung,
der Motivation bei Qualifizierungsmaßnahmen eine besondere Aufmerksamkeit zu widmen, da sie gleichermaßen die Handlungsbereitschaft bzw.
die Bereitschaft, sich für etwas einzusetzen, fördert, als auch die
Lernleistung bestimmt (Abbildung 7.5).

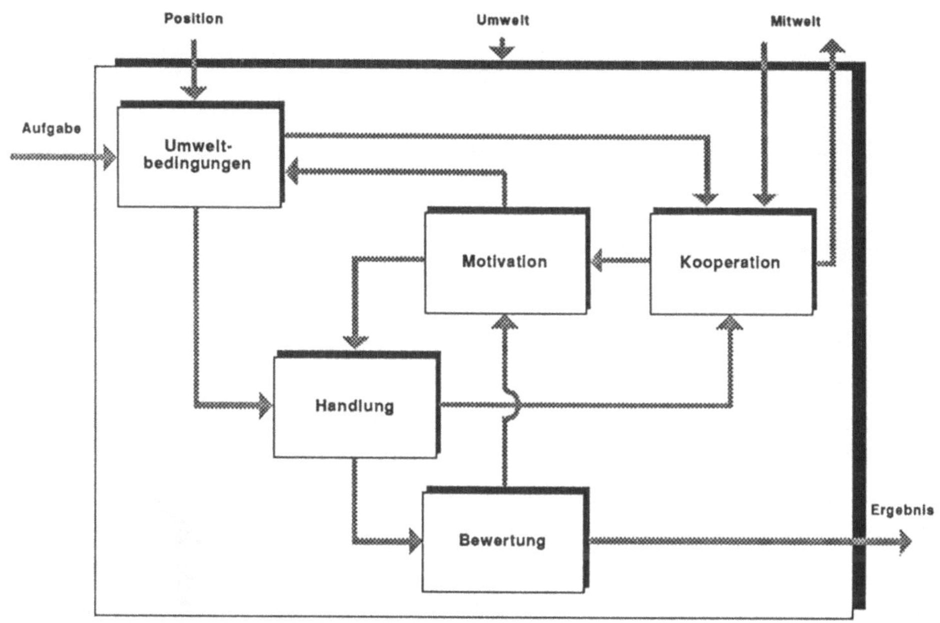

Abb. 7.5:   Struktur zum Handlungsvollzug (nach Hildebrandt 1985,
                S. 9)

Bei einer Ausgestaltung von Qualifizierungsmaßnahmen ist diesen Er-
kenntnissen und Überlegungen eine angemessene Bedeutung zu gewähren.
Dies wird noch einmal in der Abbildung 7.5 verdeutlicht, in der die
Struktur zum Handlungsvollzug die zur Planung und Durchführung von
Qualifizierungsmaßnahmen wesentlichen Aspekte darstellt.

7.2.2.2 Anwendung der handlungstheoretischen Überlegungen auf die Ausgestaltung von Schulungsmaßnamen für Techniker und Kaufleute

Die vorstehenden Erkenntnisse fanden Eingang in einen vom Bundesministerium für Bildung und Wissenschaft (BMBW) in der Reihe "Neue Technologien in der beruflichen Bildung" geförderten, vom Bundesinstitut für Berufsbildung (BIBB) koordinierten, von der Deutschen Angestellten Akademie (DAA) unter dem Namen "Informationsverarbeitung für kaufmännische Sachbearbeiter" (IKS) durchgeführten und vom Institut für Arbeitswissenschaft der RWTH Aachen (IAW) wissenschaftlich begleiteten Modellversuch (Heeg 1986g, S. 35) sowie in die Entwicklung eines Lehrgangs zum CAD-Anwendungsfachmann, der vom Institut für Arbeitswissenschaft der RWTH Aachen im Auftrag der Deutschen Angestellten Akademie entwickelt wurde (Heeg, Conrads, Schreuder, Stinshoff 1987).

In diesen beiden Lehrgängen wird neben
- unmittelbar am Arbeitsplatz verwertbaren Kenntnissen und Fertigkeiten (z.B. anwendungsbezogene EDV- und Software-Kenntnisse) sowie
- Kenntnissen über Wirkungsweise, Möglichkeiten und Grenzen der Informationstechnologie

die Einsicht nahezubringen versucht, daß die sich im Gefolge des zunehmenden Technologieeinsatzes ändernden Anforderungen eine ständige Fortführung der Qualifizierung durch permanente Weiterbildung (lebenslanges Lernen lernen) notwendig macht. Dies bedeutet insbesondere, daß Wert darauf gelegt wurde, ein systematisches Denken und ein Denken in Zusammenhängen zu trainieren sowie Lösungsheurismen zu vermitteln. Hierüber soll sichergestellt werden, daß der Teilnehmer "einen weiten Horizont bekommt, auch wenn der einzelne eine noch so begrenzte Tätigkeit hat. Um sich in dem Prozeß zu begreifen und ihn mitgestalten zu können, muß er wissen, was vorher und was nachher geschieht, und wie alles zusammenhängt. Er muß also viel mehr Überblick bekommen. Es geht jetzt nicht mehr nur darum, nur eine Tätigkeit zu lernen und das als Beruf zu begreifen. Er darf sich auch nicht nur als Ausführender verstehen, sondern als Beteiligter in einem ständigen Veränderungsprozeß" (Nutzhorn, Lemke 1981, S. 37).

Bezüglich der bereits angesprochenen sozialen Dimension ist hierbei zu ergänzen, "daß solche Fähigkeiten, wie sich einer Kritik zu stellen, mit anderen Mitarbeitern zurechtzukommen, sich auf bestimmte Situationen im Unternehmen einzustellen, genau so hoch zu bewerten sind wie die fachliche Qualifikation" (Nutzhorn, Lemke 1981, S. 39). In den beiden angeführten Lehrgängen wird die Arbeit an den EDV-Anlagen durch Teambildung organisiert. Als Software wird in den Lehrgängen gängige Standard-Software aus den jeweiligen Anwendungsbereichen eingesetzt.

Um das angestrebte Ziel eines selbstgesteuerten, praxisbezogenen und individualisierten Lernens zu ermöglichen, wurden für die Lehrgänge spezielle Fallstudien mit unterschiedlichem Schwierigkeitsgrad entwickelt. Als Beispiel sei hierzu die Fallstudienkonzeption des Lehrgangs "IKS" angeführt (Abbildung 7.6). Die einzelnen Fallstudien sind voneinander unabhängig einsetzbar, haben jedoch zueinander Schnittstellen und bieten die Möglichkeit zur Integration in eine Gesamtfallstudie. Der prinzipielle Lehrgangsaufbau des Lehrgangs IKS wird in Abbildung 7.7 dargestellt.

Auch in der Ausgestaltung von Details muß die Absicht enthalten sein, ein "ganzheitliches Lernen" zu vermitteln. Dies soll an einem Beispiel aus dem vom IAW entwickelten CAD-Lehrgang gezeigt werden: Ein relativ großer Problembereich ist darin zu sehen, daß es für EDV-"Laien" schwierig ist, sich die Arbeitsweise eines EDV-Systems im allgemeinen, der Software-Komponenten im besonderen, vorstellen zu können und dementsprechend bei auftretenden Problemen und Fehlern in richtiger Art und Weise reagieren zu können. Um die mit diesem Problemkreis verbundenen Fragestellungen
- Menütechnik,
- Operatoren (erzeugen, löschen, ...),
- rechnerinterne Darstellung usw.
in eingänglicher Form zu vermitteln, hat sich der gezielte Einsatz eines Unterrichtsmoduls BASIC im Vorfeld des eigentlichen CAD-Teiles als geeignet herausgestellt (Schreuder 1986). Innerhalb des Lehrgangsmoduls "Programmiersprache" des CAD-Kurses (Abbildung 7.8 (BASIC)), ist es hierzu allerdings nicht erforderlich, den gesamten Sprachumfang dieser Programmiersprache zu vermitteln. Der wesentliche Aspekt

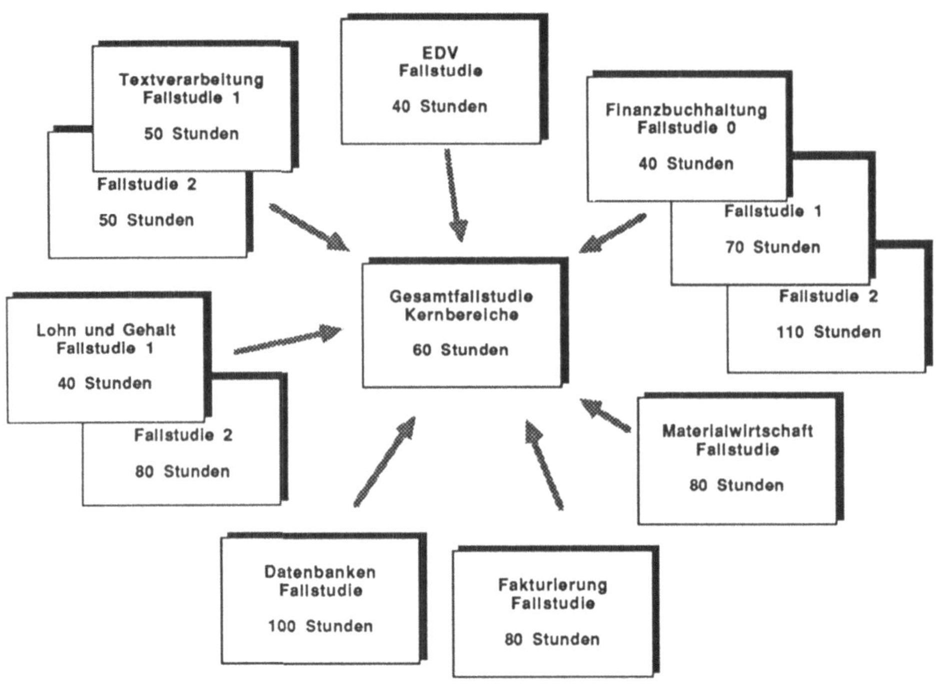

Abb. 7.6:   Fallstudienkonzept des Lehrgangs "Informationsverarbeitung für kaufmännische Sachbearbeiter (IKS)"

für die Einbeziehung eines derartigen Lehrgangsteils besteht im Gegensatz dazu in der Verdeutlichung des prinzipiellen Aufbaus und der
prinzipiellen Abläufe bei der verwendeten Anwendungs-Software, und
dies mit einem möglichst geringen Befehlsvolumen. Mittels der relativ
leicht erlernbaren Programmiersprache BASIC soll hierbei ein Verständnis speziell für das Prinzip der Geometriedatenverarbeitung geschaffen werden und letztlich ein modular aufgebautes Übungsbeispiel erarbeitet werden, welches zum Ziel hat, die Grundfunktionen des verwendeten CAD-Systems (Startpunkt, Endpunkt, Mittelpunkt, Linie zeichnen,
Kreisbogen zeichnen, Hauptmenü) zu simulieren. Es hat sich in den
bislang durchgeführten Lehrgängen deutlich gezeigt, daß gerade das
"Selbst-Programmieren" einzelner kleiner CAD Programmodule (also etwa
der Geradengleichung aus zwei gegebenen Punkten oder dem Schnittpunkt
zweier Geraden) den Teilnehmern im Verlaufe des Lehrgangs immer
wieder als Verständnishilfe dienen kann und es ihnen ermöglicht, das
CAD-System in optimaler Form als Hilfsmittel zur Zeichnungserstel-
lung zu nutzen.

167

In den beschriebenen Lehrgängen gilt es, die zum Umgang mit
EDV-Systemen benötigten Kenntnisse und Fertigkeiten zu vermitteln
sowie die Teilnehmer zu befähigen, sich innerhalb kürzester Zeit
auf andere EDV-Systeme (als in den Schulungsmaßnahmen verwendet)
einzuarbeiten.

Fachverteilungsplan Typ 2

Woche	Montag		Dienstag		Mittwoch		Donnerstag		Freitag		Gesamt	Theorie	Praxis
33											20		20
32	BTX	DB	AUF/MAT	DB	BTX	DB	BTX	DB	BTX	DB	40	5	35
31											40	10	30
30													
29					PRAKTIKUM						160		
28													
27													
26	Text-	DB Fall 1	FIBU DATEV	LOHN DATEV	GESAMT Fall	DB Fall 1	GESAMT Fall	GESAMT Fall	FIBU DATEV	LOHN DATEV	40		40
25	verar-										40		40
24	beitung										40		40
23	Pro-				AUF/MAT Fall 1		AUF/MAT Fall 1				40		40
22	gramm					Theorie					40	4	36
21	2										40	4	36
20		Theorie	Theorie	Theorie		AUF/MAT			Theorie	Theorie	40	16	24
19							FIBU Fall 2	FIBU Fall 2	GESAMT		40	8	32
18		FIBU Fall 2	FIBU Fall 2	GESAMT							40		40
17	Pro-			LOHN Fall 2					LOHN Fall 2		40		40
16	gramm										40		40
15	1				LOHN Fall 2						40		40
14	Fall 2										40		40
13		Theorie	Theorie				Theorie				40	12	28
12		Fall 1	Fall 1	Theorie			Fall 1	Fall I			40	4	36
11				LOHN 1		Theorie			Theorie		40	8	32
10	Fall 1					LOHN 1			LOHN 1		40		40
9		Theorie	Theorie		Theorie		Theorie	Theorie	Theorie		40	24	16
8		FIBU 0 Theorie	FIBU 0 Theorie	Theorie				FIBU 0			40	16	24
7						Theorie	Theorie		FIBU O	Theorie	40	28	12
6				BASIC		BASIC		BASIC	Theorie		40	24	16
5		EDV	EDV		EDV		EDV		EDV	BASIC	40		40
4											40		40
3		OPERA-TING		OPERA-TING							40	20	20
2						OPERA-TING		OPERA-TING		OPERA-TING	40	20	20
1	Lernen	Arbeitstechniken				TING		TING		TING	40	36	4
	Vorm.	Nachm.	Vorm.	Nachm.	Vorm.	Nachm.	Vorm.	Nachm.	Vorm.	Nachm.	1300	215	925

Fall = Fallstudien; FIBU = Finanzbuchhaltung; DB = Datenbanksysteme;
AUF/MAT = Auftragsverwaltung/ Materialwirtschaft

Abb. 7.7:   Lehrgangsaufbau des Lehrgangs "Informationsverarbei-
                tung für kaufmännische Sachbearbeiter (IKS)"

Über die Vermittlung von zur Erhöhung der Schlüsselqualifikationen
erforderlichen Kenntnissen und Verhaltensweisen wird die Voraussetzung geschaffen, auch weiteren Anforderungen der Zukunft gerecht
werden zu können.

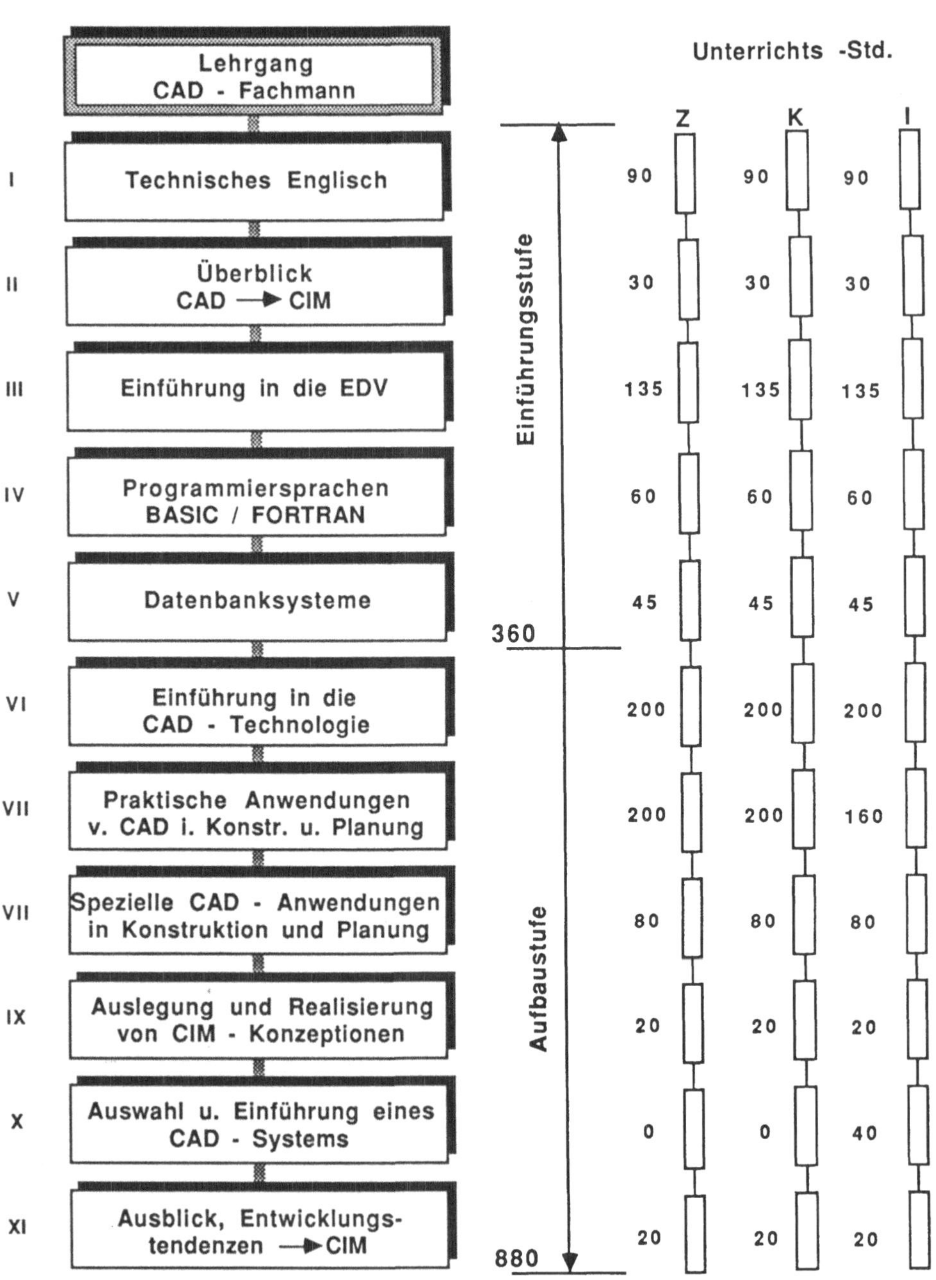

Abb. 7.8:   Aufbau des Lehrgangs "Ausbildung zum C A D-Fachmann"

Hierbei ist es allerdings wesentlich, daß die in einigen Punkten im Laufe des Lehrgangs erworbenen Qualifikationen auch über die Schulungsmaßnahmen hinaus von jedem einzelnen Teilnehmer weiter ausgebaut werden. Als solche Punkte seien aufgeführt:

g e n e r a l i s i e r b a r e   Q u a l i f i k a t i o n
- bezüglich beruflicher Kenntnisse, Fertigkeiten und Fähigkeiten (Erhöhung beruflicher Flexibilität und Mobilität),
- bezüglich Kenntnisse, Fertigkeiten und Fähigkeiten im Sinne einer selbständigen oder eigeninitiierten Arbeitsgestaltung (innovatorische Qualifikation) und
- bezüglich Kenntnisse, Fertigkeiten und Fähigkeiten, die sich auch auf den Bereich außerhalb der Arbeitstätigkeit transferieren lassen (allgemeine Handlungskompetenz);

r e f l e k t o r i s c h e   Q u a l i f i k a t i o n
- zur kausal-analytischen Reflexion des eigenen Handelns (Handlungsziele, -grundlagen, -weisen) und
- zur evaluativen Reflexion des eigenen Handelns mit dem Ziel einer intendierten Qualifizierung (bewußtes Lernen aus Erfahrungen);

q u a l i f i k a t o r i s c h e   Q u a l i f i k a t i o n
- im Sinne von Problemlöseheuristiken und
- im Sinne von Lernstrategien.

Das Bewußtsein für die Notwendigkeit der Pflege und des Ausbaus dieser Qualifikation zu wecken, ist ein wesentlicher Aspekt der vorgestellten Lehrgänge. Darüber hinaus besteht ein nicht unbedeutender Gesichtspunkt darin, in derartigen Qualifizierungsmaßnahmen die Teilnehmer zu befähigen, höherwertige Aufgaben übernehmen zu können und b e w u ß t zu übernehmen - insbesondere komplexere Aufgaben.

8. Arbeitswissenschaftliche Forschung für die Fabrik der Zukunft

Die Arbeitswissenschaft wird von Hackstein definiert als: "Kombination von theoretischen, experimentellen und beschreibenden Natur- und Geisteswissenschaften - soweit diese den Bestand des Wissens und den Prozeß der methodisch betriebenen, grundsätzlich nachvollziehbaren Forschung systematisch ordnen - über die menschliche Arbeit als bewußt gewollte und planmäßige Betätigung der körperlichen und geistigen Kräfte des Menschen in der Absicht, einen Erfolg in der Befriedigung zunächst elementarer und danach immer höherer Bedürfnisse zu erzielen - wobei stets davon auszugehen ist, daß diese Betätigung nur einen unvollkommenen Teil menschlicher Daseinserfüllung darstellt und daß sie deshalb nicht nur als ein wissenschaftliches, sondern auch als ein moralisches und ein politisches Problem gesehen und behandelt werden muß" (Hackstein 1977a, S. 1).

Die Arbeitswissenschaft beschäftigt sich in diesem Sinne mit

- der menschlichen Arbeit, speziell unter den Gesichtspunkten der Zusammenarbeit von Menschen und des Zusammenwirkens von Mensch und Arbeitsmitteln bzw. Arbeitsgegenständen,
- den Voraussetzungen und Bedingungen, unter denen die Arbeit sich vollzieht,
- den Wirkungen und Folgen, die sie auf Menschen, ihr Verhalten und damit auch auf ihre Leistungsfähigkeit hat sowie
- den Faktoren, durch die Arbeit, ihre Bedingungen und Wirkungen menschengerecht beeinflußt werden können.

Eine Gestaltung der Arbeit nach arbeitswissenschaftlichen Erkenntnissen umfaßt somit alle Maßnahmen, durch die das System Mensch und Arbeit menschengerecht - gemessen am Maßstab Mensch und seinen Eigengesetzen - beeinflußt werden kann (Schreuder 1986b, S. 198). Darüber hinaus gilt, daß die "Umsetzung der Erkenntnisse in die in erweitertem Sinne humanisierte Arbeitsgestaltung sich in der Praxis nicht auf den Bereich einzelner Arbeitssysteme beschränken läßt. Vielmehr bedarf es der Abstimmung in dem organisatorischen Rahmen, der hierfür eine ausreichend breite Basis bietet. Den Gestaltungsmöglichkeiten sind jedoch bei diesem Verfahren, das bei den Arbeitssystemen ansetzt und somit von unten nach oben in der betrieblichen Arbeitsteilung gerichtet ist (bottom up approach), enge Grenzen gesetzt, wenn der Führungsstil der Unternehmensleitung dem entgegensteht. Somit müssen bereits auf der Ebene der Unternehmensleitung die Voraussetzungen für humane und kooperative Mitarbeiterförderung geschaffen werden, die dann bis zur Ebene der Arbeitsausführung ihre Fortsetzung erfahren (top down approach)" (Hildebrandt 1985, S. 9).

Arbeitswissenschaftliche Problemstellungen gilt es zu lösen bei der organisatorischen u n d technischen Gestaltung des Arbeitsplatzes, der Arbeitsplatzumgebung, der Betriebsmittel und der Organisation, um zu nutzergerechten (menschengerechten) Arbeitssystemen zu gelangen. Hierbei ist einerseits die prinzipielle Struktur des Handlungsvollzugs zu berücksichtigen (Abbildung 7.5), andererseits die grundlegende Vorgabe für systemtechnische Entwicklungen, Zielvorstellungen unter gegebenen Bedingungen auf bestmögliche Weise zu realisieren, wobei die praxisnahe Realisierung den Vorrang hat vor der Optimierung, für die sich in diesem Bereich wegen der Voraussetzung der quantitativen Darstellbarkeit selten sinnvolle Ansätze ergeben. Als Ansatzpunkt zur Gestaltung technischer Systeme bietet sich hierbei eine systemtechnische Betrachtung nach Hildebrandt an (Abbildung 8.1 und 8.2). Zu beachten ist dabei, daß in allen Funktionen der Systementwicklung, den Funktionen

- Problemanalyse,
- Funktionsanalyse,
- Systemsynthese,
- Systembewertung,
- Auswahl und
- Ausführung

konsequent beachtet wird, daß der Mensch, der Nutzer, im Vordergrund der Betrachtungen zu stehen hat, d.h., daß Handlungsspielraum und Handlungsraumkonzept über die reale Systemausgestaltung in positiver Richtung zu beeinflussen sind. Insbesondere ergibt sich hieraus dann eine nutzergerechte Ausgestaltung und eine anwendungsgerechte Einführung.

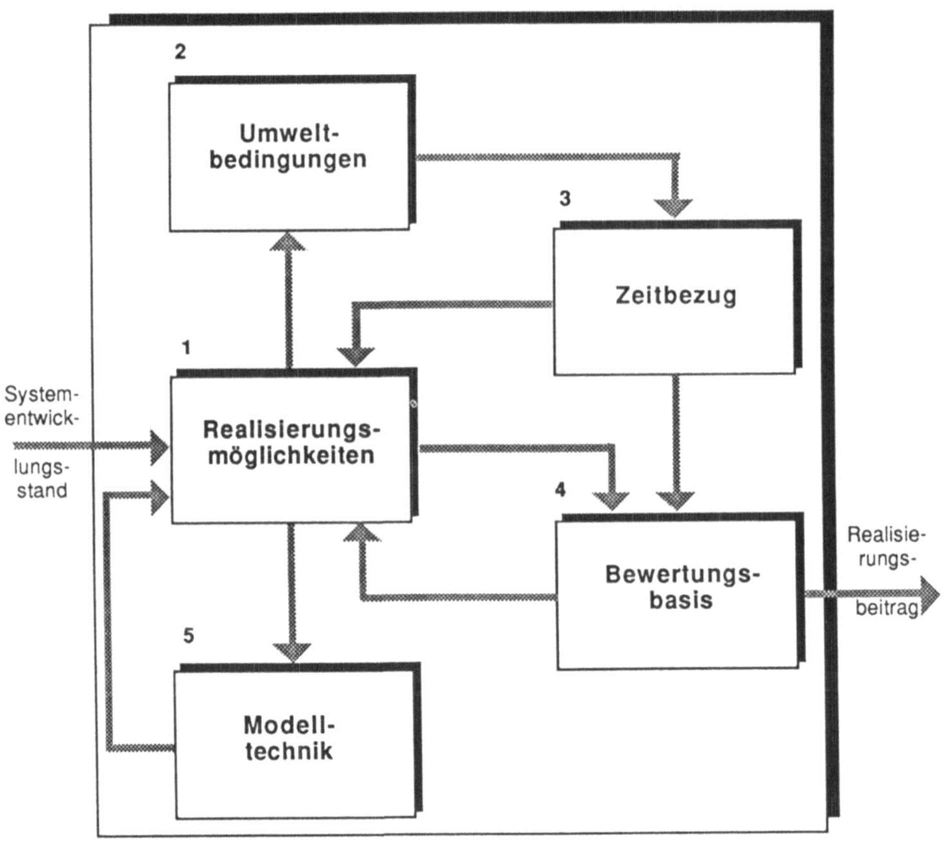

Abb. 8.1:   Struktur der Hauptaspekte zur Systementwicklung (nach
             Hildebrandt 1985, S. 14)

"So ist der Handlungsspielraum der Arbeitnehmer zu erweitern, wobei
der Bereich der Entscheidungsfindung und Kontrolle nicht zu vernachlässigen ist. Dies bedeutet für die betroffenen Mitarbeiter oftmals
einen erheblichen Weiterqualifizierungsbedarf, der durch hierzu geeignete Maßnahmen erfüllt werden muß und dies vor, während und nach
der Einführung einer neuen Technologie. Insgesamt ist bei Einführung
einer neuen Technologie und Neugestaltung des gesamten Arbeitssystems
wesentlich, daß durch entsprechende Ausgestaltung der Vorgehensweise

1. die betroffenen Mitarbeiter bereits in der Planungsphase mit
    einbezogen werden und hier ihre Kenntnisse und Vorstellungen
    einbringen können,

2. ein Systemkonzept erarbeitet wird, das den Menschen angepaßt
   ist, die mit dem System arbeiten müssen (und nicht umgekehrt
   - wie es in den meisten Fällen geschieht - die Menschen nach
   Einführung des Systems diesem angepaßt werden müssen)" (Hackstein 1986, S. 12).

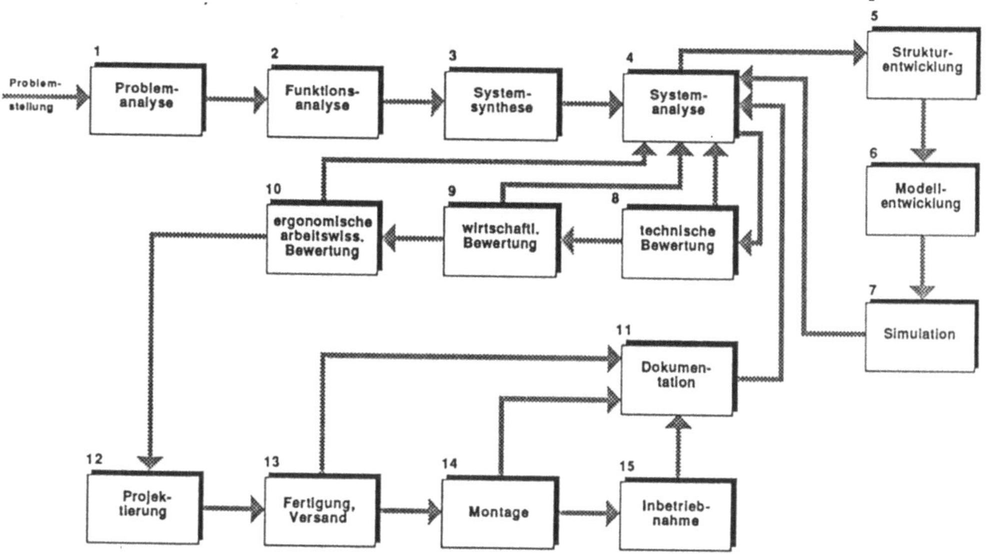

Abb.: 8.2:   Struktur der Teilfunktionen zur Entwicklung technischer Systeme (nach Hildebrandt 1985, S. 14)

Des weiteren sind für die konkrete arbeitswissenschaftliche Arbeit
die Ausführungen von Hackstein zu berücksichtigen: "Je früher die
arbeitswissenschaftlichen Erfordernisse bei der Systemplanung eingebracht werden, desto wirksamer kann die Systemstruktur, das ´System-
Layout´, im Sinne einer Integration von Menschlichkeit und Wirtschaftlichkeit gestaltet werden. Hieraus ergibt sich die Forderung, daß
arbeitswissenschaftliche Maßnahmen bereits im Vorfeld der Planung
neuer Systeme, neuer Anlagen, neuer Maschinen, neuer Hard- und Software-Komponenten greifen müssen. Dies stellt an die bisherigen Systemge-
stalter hohe Anforderungen, da sie sich an den neuen Partner, den
Arbeitswissenschaftler, gewöhnen müssen, um mit ihm gemeinsam für
alle tragbare Lösungen zu erarbeiten. Gleichermaßen bedeutet dies
aber auch für viele Arbeitswissenschaftler eine große Umstellung,
da eine - im oben beschriebenen Sinn - umfassende Arbeitsgestaltung
eine Mitwirkung bei der realen "technischen" Ausgestaltung des jeweiligen Systems beinhaltet" (Hackstein 1986, S. 14).

Eine arbeitswissenschaftliche Forschung nach diesen Aspekten unter
Einbeziehung der Erkenntnisse von verschiedenen Fachdiziplinen, auf
die die Arbeitswissenschaft aufbaut, wird zur Entwicklung einer
menschengerechten Arbeitswelt in der Fabrik der Zukunft einen
entscheidenden Beitrag leisten können.

Verzeichnis der verwendeten Abkürzungen und Symbole

A

A S   Ausführungssystem

B

BUS   Betriebswirtschaftliches Unternehmungsspiel
BMBW   Bundesministerium für Bildung und Wissenschaft
BIBB   Bundesinstitut für Berufsbildung

C

CAD   Computer Aided Design
CAM   Computer Aided Manufacturing
CICS   Customer Information Control System
CIM   Computer Integrated Manufacturing
CLI   Command Line Interface
CNC   Computerized Numerical Controlled
C(t)   Konzeptuelles Modell im Zustand zum Zeitpunkt t
CLData   Cutter Logic Data

D

DMA   Direct Memory Access
DOS   Disk operating System
D_o Informationen Orientierungsbereich
D_r Informationen Realisierungsbereich
DATEV   Datenverarbeitungsorganisation des steuerberatenden Berufes in der Bundesrepublik Deutschland, eingetragene Genossenschaft
DAA   Deutsche Angestellten Akademie
DIN   Deutsches Institut für Normung e.V.
DV   Datenverarbeitung

E

EDV   Elektronische Datenverarbeitung
EK   Kontrollfrage zu ausreichender Konkordanz

EO   Kontrollfrage zu ausreichender Orientierung

EZ   Kontrollfrage zur Zielrealisation

G

GfA   Gesellschaft für Arbeitswissenschaft

G   Gewichtungsfaktor

H

H_o Handlungsraumkonzept-Orientierungsbereich

H_r Handlungsraumkonzept-Realisierungsbereich

I

IKS   Informationsverarbeitung für kaufmännische Sachbearbeiter

IS   Informationssystem

IAW   Institut für Arbeitswissenschaft der RWTH Aachen

IMS   Information Management System

ICAI   Intelligent Computer Assisted Instruction System

IFIP   International Federation of Information-Processing

         = Internationaler Zusammenschluß von Computerherstellern

M

MTM   Methods-Time-Measurement

MIP   Million Instructions Per Second

MB   MegaByte

Mio   Million

M(t)   mentales Modell im Zustand zum Zeitpunkt t

N

NC   Numerical Controlled

N   Anzahl aller Probanden des Tests

N_R Anzahl aller Probanden des Tests, deren Merkmalswerte inner-

         halb der festgelegten Intervallgrenzen liegen

O

OAS   operatives Abbildsystem

Op   Ausführungsoperation

P

P C	Personal Computer
p	Schwierigkeitsgrad
PLASMA	Planungs-/Dispositons-System für Bauteile
PPS	Produktions-Planung und -Steuerung

Q

q   Komplementäranteil zum Schwierigkeitsgrad p

R

R   Realisierungsteil
r   Trennschärfe
$_{pbis}r$ punktbiseriale Korrelation
R P   Rapid Prototyping
R O M   Read Only Memory
R A M   Random Access Memory
r_{tt} Reliabilitätskoeffizient
R W T H   Rheinisch-Westfälische Technische Hochschule Aachen

S

s_x Standardabweichung des Testrohwertes x
S(t)   Systemimplementation

T

t   target system - Funktionsprinzip
T A K S Y   Technisch administratives Konstruktionssystem
T O T E   Test-Operate-Test-Exit

V

V V R   Vergleichs-Veränderungs-Rückkopplungseinheit

W

WIMP   Windows, Icons, Mouse, Pull-down-Menues

X

x   Testrohwert aller N Probanden

x_R Testrohwert der N_R Probanden mit Merkmalswerten in einem vorgegebenen Intervall des Wertebereiches

Z

Z_1 Ausgangssituation

Z_2 Zielsituation

ZS   Zielsetzungssystem

Literatur

Aleman, U. von; Schatz, H.
Mensch und Technik, Reihe ´Sozialverträgliche Technikgestaltung´,
Band 1, Opladen 1986

Anderson, J.R.; Bower, G.H.
Human associative memory, Washington 1973

Bendixen, P.
Kreativität und Unternehmensorganisation, Köln 1976

Block, B.
Die Eignungsprofilerstellung von Führungspersonen des mittleren Mana-
gementbereiches zur Auslese externer Bewerber, Bochum 1981

Boehm, B. u.a.
Characteristics of Software Quality, 1978

Brandt, G.; Haas, L.; Mayer, E.; Schumm, W.
Berufliche Sozialisation und gesellschaftliches Bewußtsein jugendli-
cher Erwerbstätiger, Frankfurt 1973

Brödner, P.
Fabrik 2000. Alternative Entwicklungspfade in die Zukunft der Fabrik,
2. Aufl., Berlin 1986

Bullinger, H.-J.; Raether, C.; Fähnrich, K.-P.; Kaicher, M.
Software-Ergonomie im Produktionsbereich. In: Bullinger, H.-J.
(Hrsg.), Software-Ergonomie ´85, Stuttgart 1985, S. 86 - 97

Bullinger, H.-J.; Kornwachs, K.
Arbeit und Information. In: Hackstein, R.; Heeg F.J.; von Below,F.
(Hrsg.), Arbeitsorganisation und Neue Technologien, Berlin, Heidel-
berg, New York, Paris, London, Tokyo 1986, S. 21 - 38

Camra, J.
Neue Arbeitsstrukturen und Qualifizierungsmaßnahmen im Bürobereich.
In: Humane Produktion 2(1980)12, S. 20 - 22

Card, S.; Moran, T.P.; Newell, A.
The Psychology of Human-Computer Interaction. Lawrence Erlbaum Ass.,
Hillsdale, N.J. 1983

Cziudaj, M.
Darstellung und Analyse der NC-Organisation - Ein Beitrag zur Entwicklung von Planungshilfen für die Gestaltung der NC-Organisation. In:
RKW (Hrsg.), Betriebstechnische Reihe von RKW und REFA, Berlin, Köln
1985

Deutscher Bildungsrat
Strukturplan für das Bildungswesen, Stuttgart 1975

Dieckow, J.
Informationsverarbeitung heute - Anwendungsbeispiele aus der
Praxis.In: Meyer/Friedrich (Hrsg.), Neue Technologien in der
beruflichen Bildung, Köln 1984, S. 212 - 219

Dörner, D.
Problemlösen als Informationsverarbeitung, Stuttgart, Berlin, Köln,
Mainz 1976

Dörner, D.
Kognitive Merkmale erfolgreicher und erfolgloser Problemlöser beim
Umgang mit sehr komplexen Systemen. In: Ueckert, H.; Rhenius, D.
(Hrsg.), Komplexe menschliche Informationsverarbeitung, Bern, Stutt-
gart, Wien 1979, S. 185 - 195

Dörner, D.; Kreuzig, H.W.; Reiter, F.; Stäudel, T. (Hrsg.)
Lohhausen - Vom Umgang mit Komplexität, Bern 1983

Dombre, R.
Soziale Akzeptanz neuer Technologien. In: Afa-Information, Düssel-
dorf 34(1984)2, S. 19 - 22

Fischbach, D.; Notz, G.
Ein Versuch, die psychologische Handlungstheorie auf Lernprozesse
in der beruflichen Bildung anzuwenden. In: Volpert, W. (Hrsg.),
Beiträge zur psychologischen Handlungstheorie, Bern, Stuttgart, Wien
1980, S. 210 - 225

Fricke, E.; Fricke, W.
Industriesoziologie und Humanisierung der Arbeit. In: Soziale Welt
(1977)28, S. 91 - 108

Fricke, E.; Fricke, W.; Schönwälder, M.; Stiegler, B.
Qualifikation und Beteiligung. Das Peiner Modell zur Humanisierung
der Arbeit, Frankfurt 1981

Fricke, W.
Arbeitsorganisation und Qualifikation. Ein industriesoziologischer
Beitrag zur Humanisierung der Arbeit. 2. Aufl., Bonn 1979

Fröhner, K.-D.
Der Wandel der Produktionsphilosophie und der Stellenwert menschli-
cher Arbeit. In: Hackstein, R.; Heeg, F.J.; v. Below, F. (Hrsg.),
Arbeitsorganisation und Neue Technologien, Berlin, Heidelberg, New
York, Paris, London, Tokyo 1986, S. 39 - 56

Fuhrmann, J.
Neue Informations- und Kommunikationstechnik - neue Chancen für
Menschen? In: Humane Produktion, Wiesbaden 7(1985)2, S. 34 - 35

Funke, J.; Hussy, W.
Komplexes Problemlösen: Beiträge zu seiner Erfassung sowie zur Frage
der Bereichs- und Erfahrensabhängigkeit. In: Zeitschrift für experimentelle und angewandte Psychologie, Bd XXXI (1984)1, S. 19 - 21

Gebert, D.
Innovation - organisationsstrukturelle Bedingungen innovatorischen
Verhaltens. In: Zeitschrift für Organisation, Wiesbaden 48(1979)5,
S. 283 - 292

Georg, W.; Kißler, L.
Arbeitshumanisierung und empirische Sozialforschung, Baden-Baden
1981

Geuss, H.
Modelle der Informationsverarbeitung und ihre Bedeutung für das
Verständnis kognitiver Entwicklungsprozesse. In: Ueckert, H.; Rheni-
us, D. (Hrsg.), Komplexe menschliche Informationsverarbeitung, Bern,
Stuttgart, Wien 1979, S. 88 - 97

Greif, S.
Altersabbau intellektueller Fähigkeiten und sozialer Kompetenz -
eine Folge reduzierter Arbeitsbedingungen? In: Groskurth, P. (Hrsg.),
Arbeit und Persönlichkeit, Reinbek bei Hamburg 1979, S. 73 - 87

Groskurth, P. (Hrsg.)
Arbeit und Persönlichkeit, Reinbek bei Hamburg 1979

Guilford, J.P.
Persönlichkeit, 6. Aufl. Weinheim, Basel 1974

Hacker, W.
Allgemeine Arbeits- und Ingenieurpsychologie, 2. Aufl., Bern, Stuttgart, Wien 1978

Hacker, W.
Allgemeine Arbeits- und Ingenieurpsychologie, Berlin (Ost) 1980

Hackstein, R.
Arbeitswissenschaft im Umriß, Bd. 1, Gegenstand und Rechtsverhältnis,
Essen 1977a

Hackstein, R.
Arbeitswissenschaft im Umriß, Bd. 2, Grundlagen und Anwendung,
Essen 1977b

Hackstein, R.
Europäische Wurzeln des Arbeitsstudiums. In: Zeitschrift f. Arbeitswissenschaft Köln 32(4 NF) (1978)3, S. 129 - 139

Hackstein, R.
Arbeitswissenschaft I, Übungsunterlagen, Einführung in die Statistik,
Umdruck zur Vorlesung Arbeitswissenschaft I, Lehrstuhl und Institut
für Arbeitswissenschaft der RWTH Aachen, Aachen 1983

Hackstein, R.
Arbeitswissenschaft I, Umdruck zur Vorlesung, Lehrstuhl und Institut
für Arbeitswissenschaft der RWTH Aachen, Aachen 1984

Hackstein, R.
Rationalisierung heute für die Unternehmenssicherung morgen. In:
REFA-Nachrichten, Darmstadt 38(1985a)2, S. 21 - 28

Hackstein, R.
Vorwort zu: Heeg, F.J., Qualitätszirkel und andere Gruppenaktivitäten, FIR-Reihe "Forschung für die Praxis", Band 1, Berlin, Heidelberg, New York, Tokyo 1985b

Hackstein, R.
Arbeitswissenschaftliche Lehre und Forschung an der Rhein.Westf.
Technischen Hochschule Aachen - Ein Schwerpunkt der "technisch-wirt-
schaftlichen" Richtung in der deutschen Arbeitswissenschaft. In:
Hackstein, R.; Heeg, F.J.; v. Below, F. (Hrsg.), Arbeitsorgansation
und Neue Technologien. Berlin, Heidelberg, New York, Paris, London,
Tokyo 1986, S. 3 - 19

Hackstein, R.; Heeg, F.J.
Kleingruppenaktivitäten in der betrieblichen Praxis. In: Zeitschrift
f. wirtschaftliche Fertigung, München 81(1986)1, S. 30 - 36

Hartfiel, G.
Wörterbuch der Soziologie, 2. Aufl., Stuttgart 1976

HdA
Schriftenreihe "Humanisierung des Arbeitslebens" Hrsg.: Bundesmini-
ster für Forschung und Technologie,
Band 3:
Gruppenarbeit in der Motorenmontage. Ein Vergleich von Arbeitsstruktu-
ren/Volkswagenwerk AG (Projektleiter: Michael Granel) In Zusammenarbeit mit Inst. für Arbeits- u. Betriebspsychologie der ETH Zürich.
Inst. für Arbeitswiss. der TH Darmstadt, Frankfurt/Main, New York
1980
Band 53:
Arbeitsgestaltung in der Serienfertigung. Erfahrungen zur Organisationsentwicklung aus einem Humanisierungsprojekt/Bosch-Siemens-Hausgerä-
te-GmbH (Projektleiter: Ludwig Wexlberger). In Zusammenarbeit mit
TU Berlin, Inst. für Arbeitswiss., Uni Karlsruhe, Inst. für Soziologie, Frankfurt/Main, New York 1984

Heeg, F.J.
Phänomen Japan, Köln 1983

Heeg, F.J.
Die Wegweiser stehen schon. In: Computerwoche, München (1985a)33,
S. 18 - 21

Heeg, F.J.
Qualitätszirkel und andere Gruppenaktivitäten, FIR-Reihe "Forschung
für die Praxis", Band 1, Berlin, Heidelberg, New York, Tokyo 1985b

Heeg, F.J.
Verfahren der partizipativen Gestaltung der Arbeitsorganisation.
In: Borges, A.; Below, F. von; Hildebrandt, F. (Hrsg.), Moderne Fa-
brikorganisation, Berlin, Heidelberg, New York, Tokyo 1985c, S. 394
- 429

Heeg, F.J.
Mitarbeiter bei der Einführung von Bürotechnologien beteiligen. In:
Technische Innovation und Berufliche Bildung, (1986a)1, S. 35 - 37

Heeg, F.J.
Probleme der Auswahl von Führungskräften. In: Personalführung, Düssel-
dorf (1986b)3, S. 126 - 132

Heeg, F.J.
Software-Ergonomie im Fertigungsbereich - eine Standortbestimmung.
In: Management-Zeitschrift io, Zürich 55(1986c)4, S. 199 - 203

Heeg, F.J.
Einführung neuer Technologien - ein gruppenorientierter Ansatz. In:
Zeitschrift Führung und Organisation, Gießen 55(1986d)1, S. 41 - 46

Heeg, F.J.
Reorganization of electronic hybrid circuit processing method - Ergo-
nomic layout of a complex work system. In: Journal of Occupational
Accidents, Amsterdam (1986e)8, S. 109 - 125

Heeg, F.J.
Ergonomische Gestaltung eines komplexen Arbeitssystems. In: Zeitschrift für Arbeitswissenschaft, Köln, 40(12NF) (1986)3, S. 150 - 158

Heeg, F.J.
Qualifikation von Angestellten im Umgang mit neuen Technologien.
In: RWTH Themen, Aachen (1986g)1, S. 35

Heeg, F.J.; Brodher, A.
Nutzergerechte Textsysteme - Möglichkeiten und Probleme, im Druck

Heeg, F.J.; Conrads, G.; Schreuder, S.; Stinshoff, K.-D.
Qualifizierung von CAD-Fachleuten - Entwicklung und Durchführung
von Schulungsmaßnahmen im CAD-Bereich, im Druck

Heeg, F.J.; Hornung, V.
Bericht über die Grobkonzeption eines EDV-Systems für ein Handels-
haus, Institut für Arbeitswissenschaft der RWTH Aachen, Aachen 1985a

Heeg, F.J.; Hornung, V.
Fortbildung für kaufmännische Sachbearbeiter unter Berücksichtigung
anwenderbezogener EDV-Kenntnisse - Unveröffentlichter Bericht zur
Planungsphase, Institut für Arbeitswissenschaft der RWTH Aachen,
Aachen 1985b

Heeg, F.J.; Hornung, V.
Auswirkungen der Informationstechnologien auf die Qualifikation von
kaufmännischen Sachbearbeitern. In: Zeitschrift für Erziehungswissen-
schaftliche Forschung, 1986, im Druck

Heeg, F.J.; Marnitz, P.
Software-Ergonomie und Wahrnehmungspsychologie, 1987 im Druck

190

Heeg, F.J.; Schreuder, S.
Kriterien zur software-ergonomischen Gestaltung von Dialogarbeitsplätzen bei der Integration von Fertigungssystemen. Projektabschlußbericht, Institut für Arbeitswissenschaft der RWTH Aachen, Aachen 1986a

Heeg, F.J.; Schreuder, S.
Software-Ergonomie - Grundlagen und Anwendung. In: Hackstein R.; Heeg, F.J.; Below, F. von (Hrsg.), Arbeitsorganisation und Neue Technologien, Berlin, Heidelberg, New York, Paris, London, Tokyo 1986b, S. 367 - 398

Heeg, F.J.; Schreuder, S.
Anwendergerechte Softwarepakete - Benutzerfreundliche Ausgestaltung durch Anwendung von software-ergonomischen Erkenntnissen.In:NETWORK GmbH (Hrsg.), Konferenzunterlagen zur EURO SOFTWARE '86. Hamburg 13. bis 15. Mai 1986, Band 3, Hagenburg 1986c

Heeg, F.J.; Schreuder, S.; Buscholl, F.
Angewandte Software-Ergonomie - Vorgehensweise zur Analyse und Neugestaltung betrieblicher DV-Systeme unter besonderer Berücksichtigung software-ergonomischer Kriterien in einem Unternehmen der Luft- und Raumfahrtindustrie, im Druck

Heeg, F.J.; Schreuder, S.; Schrader, M.
Kriterien zur software-ergonomischen Gestaltung von Dialogarbeitsplätzen bei der Integration von Fertigungssystemen, Projektabschlußbericht, Institut für Arbeitswissenschaft der RWTH Aachen, Aachen 1986

Heeg, F.J.; Schreuder, S.; Wagner, D.
Zwischenbericht zum Forschungsvorhaben "Einsatz von CNC-Robotersystemen für das Schweißen in der auftragsgebundenen Einzelfertigung" (BMFT/HdA), Institut für Arbeitswissenschaft der RWTH Aachen, Aachen 1986

Heinzl, A.; König, W.
Zur Einsatzfähigkeit von Endbenutzersystemen auf Microcomputern - ein Fallbeispiel. In: NETWORK GmbH (Hrsg.), Konferenzunterlagen zur EURO SOFTWARE '86. Hamburg 13. bis 15. Mai 86, Band 2, Hagenburg 1986

Henning, K.; Marks, S.
Inhalte menschlicher Arbeit in automatisierten Anlagen. In: Hackstein, R.; Heeg, F.J.; Below, F. von (Hrsg.), Arbeitsorganisation und Neue Technologien. Berlin, Heidelberg, New York, Paris, London, Tokyo 1986, S. 215 - 244

Herrmann, T.
Lehrbuch der empirischen Persönlichkeitsforschung, 3. Aufl., Göttingen, Toronto, Zürich 1976

Hildebrandt, F.
Leitfaden zur Vorlesung Systemtechnik I, Institut für Arbeitswissenschaft der RWTH Aachen, Aachen 1985

Hildebrandt, F.
Leitfaden zur Vorlesung Arbeitsingenieurwesen I und II, Institut für Arbeitswissenschaft der RWTH Aachen, Aachen 1986

Hussy, W.
Komplexes Problemlösen - Eine Sackgasse? In: Zeitschrift für experimentelle und angewandte Psychologie, 32(1985)1, S. 55 - 74

Kaminski, G.
Theoretische Komponenten handlungstheoretischer Ansätze. In: A. Thomas (Hrsg.), Psychologie der Handlung und Bewegung, Meisenheim 1976, S. 11 - 22

Kaminski, G.
Überlegungen zur Funktion von Handlungstheorien in der Psychologie. In: H. Lenk (Hrsg.), Handlungstheorien interdisziplinär, Band 3/1, München 1981, S. 108

Kaschewski, K.; Hornung, V.; Heeg, F.J.
Weiterbildungsqualifizierung für kaufmännische Sachbearbeiter. In: Hackstein, R.; Heeg, F.J.; Below, F. von (Hrsg.), Arbeitsorganisation und Neue Technologien, Berlin, Heidelberg, New York, Paris, London, Tokyo 1986, S. 827 - 854

Kern, H.; Schumann, M.
Industriearbeit und Arbeiterbewußtsein. Eine empirische Untersuchung über den Einfluß der aktuellen technischen Entwicklung auf die industrielle Arbeit und das Arbeiterbewußtsein, Teil I, Frankfurt 1970

Kohl, W.; Bullinger, H.-J.
Qualifizierung von Angelernten und Ungelernten. In: Planung und Produktion, (1983)10, S. 17 - 23

Kraiss, K.-F.
Fahrzeug- und Prozeßführung - kognitives Verhalten des Menschen und Entscheidungshilfen, Berlin, Heidelberg, New York, Tokyo 1985

Kraiss, K.-F.
Rechnergestützte Methoden zum Entwurf und zur Bewertung von Mensch-Maschine-Systemen. In: Hackstein, R.; Heeg, F.J.; Below, F. von (Hrsg.), Arbeitsorganisation und Neue Technologien, Berlin, Heidelberg, New York, Paris, London, Tokyo 1986, S. 436 - 457

Krappmann, L.
Soziologische Dimensionen der Identität. Strukturelle Bedingungen für die Teilnahme an Interaktionsprozessen. Stuttgart 1971

Krause, W.
Problemlösen - Stand und Perspektiven. In: Zeitschrift für Psychologie, Berlin (Ost), Bd 190 (1982)1, S. 17 - 36

Kreuzig, H.W.
Gütekriterien für die kognitiven Prozesse bei Entscheidungssituationen in sehr komplexen Realitätsbereichen und ihr Zusammenhang mit Persönlichkeitsmerkmalen. In: Ueckert, H.; Rhenius, D. (Hrsg.), Komplexe menschliche Informationsverarbeitung, Beiträge zur Tagung Kognitive Psychologie Hamburg 1978, Bern, Stuttgart, Wien 1979, S. 196 - 209

Krogoll, W.; Pohl, W.; Wanner, C.
CNC ist auch von Angelernten lernbar. In: Zeitschrift für Arbeitswissenschaft, Köln 40 (1986)2, S. 108 - 116

Lay, G.; Boffo, M.; Lemmermeier, L.
Beurteilung der Wirtschaftlichkeit von CNC-Drehmaschinen unter organisatorischen Gesichtspunkten, Kernforschungszentrum Karlsruhe GmbH, PFT-Bericht. KfK-PFT 72, 1983

Lempert, W.
Leistungsprinzip und Emanzipation, Frankfurt 1971

Lempert, W.; Hoff, E.; Lappe, L.
Konzeptionen zur Analyse der Sozialisation durch Arbeit. Theoretische Vorstudien für eine empirische Untersuchung. Max-Planck-Institut für Bildungsforschung (Materialien aus der Bildungsforschung, Nr. 14), Berlin 1979

Lewin, K.
Feldtheorie in den Sozialwissenschaften, Bern 1963

Lienert, G.A.
Testaufbau und Testanalyse, Weinheim, Berlin, Basel 1969

Liese, S. (Hrsg.)
Einheitliche Bedienerführung im Dialog. In: Neue Wege der NC-Programmierung und Fertigungsorganisation, (KfK-PFT)58, Karlsruhe 1983

Lindsay, P.H.; Norman, D.A.
Human Information Processing, New York 1972

Ludwig, B.
Software-Engineering Systeme - ein Schritt zur rationellen, systematischen und ökonomischen Durchführung von Software-Projekten. Dipl.-Arbeit, Institut für Arbeitswissenschaft der RWTH Aachen, Aachen 1986

Mielke, M.
Korrektive Gestaltung von transaktionsorientierter Standardsoftware - Prinzipien, Probleme, Ergebnisse. In: Bullinger, H.J. (Hrsg.), Software-Ergonomie '85, Stuttgart 1985, S. 206 - 217

Miller, G.H.; Galanter, E.; Pibram, K.H.
Strategien des Handelns, Weinsberg 1973

Müller-Böling, D.; Müller, M.
Zusammenhang zwischen Informationstechnik, Organisationsstruktur und individuellem Handlungsspielraum. In: Office Management, Baden-Baden 31(1983) Sonderheft, S. 18 - 20

Neisser, U.
Kognitive Psychologie, Stuttgart 1974

Neubauer, R.; Höfner, E.; Waldschütz, S.
Kompendium über Eignungsfeststellungsverfahren für den öffentl. Dienst, Baden-Baden 1978

Norman, D.A.
Some observations on mental models. In: D. Gentner u. A.L. Stevens
(Eds.) Mental Models, Hillsdale: Erlbaum 1983, S. 7 - 14

Nutzhorn, H.; Lemke, D.
Qualifikationsanforderungen an kaufmännische Angestellte und Auszu-
bildende. In: Boehm, U.; Littek, W.; Ortmann, F. (Hrsg.), Rationalisierung der Büroarbeit und kaufmännische Berufsausbildung, Frankfurt,
New York 1981, S. 35 - 42

Oesterreich, R.
Handlungsregulation und Kontrolle, München 1981

Oesterreich, R.; Volpert, W.
Ein Plädoyer für die Untersuchung von Prozeßstrukturen bei der Forschung über "Sozialisation durch Arbeit". In: Zeitschrift für Soziali-
sationsforschung und Erziehungssoziologie (1983)3, S. 59 - 71

Offe, C.
Leistungsprinzip und industrielle Arbeit. Mechanismen der Statusver-
teilung in Arbeitsorganisationen der industriellen "Leistungsgesell-
schaft", Frankfurt 1970

Oppolzer A.
Konsequenzen des technisch organisatorischen Wandels für Arbeitsorganisation, Arbeitsbelastung und Arbeitsgestaltung. In: Afa-Mittei-
lungen 34(1984)3, S. 3 - 17

Peschke, H.
Inhalte und Verfahren einer betroffenen-orientierten Systementwicklung. In: AMK Berlin (Hrsg.), COMPAS '84, Computer-Anwendungen, Software und Systeme, Berlin 1984, S. 33 - 51

Piaget, J.
Psychologie der Intelligenz, Zürich 1948

Putz-Osterloh,
Über die Beziehung zwischen Testintelligenz und Problemlöseerfolg.
In: Zeitschrift für Psychologie, Berlin (Ost), Bd 189 (1981)1, S.
79 - 100

Projektträger Fertigungstechnik (Hrsg.)
Informationsmaterial zum Verbundprojekt "Werkstattorientierte Programmierverfahren", WOP Karlsruhe, Sept. 1985

Raether, C.; Fähnrich, K.P.
Mensch-Maschine-Kommunikation in der Produktion. In: CAD-CAM-Report
(1985)8, S. 44 - 46

Rathkirch, C. von; Weidig, I.
Die Zukunft der Arbeitslandschaft zum Arbeitskräftebedarf nach Umfang und Tätigkeiten bis zum Jahr 2000, Institut für Arbeitsmarkt-
und Berufsforschung der Bundesanstalt für Arbeit (Hrsg.), Nürnberg
1985

Raum, H.; Stocklöw, Chr.
Aufgabengerechte Optimierung des Informationsangebots auf Bildschirmen. In: Hacker, W.; Raum, H. (Hrsg.), Optimierung von kognitiven Arbeitsanforderungen, Bern, Stuttgart, Wien 1980, S, 108 - 110

Rödiger, K.H.
Beiträge der Software-Ergonomie zu den frühen Phasen der Software-Entwicklung. In: Bullinger, H.J. (Hrsg.), Software-Ergonomie '85. Mensch-Computer-Interaktion, Stuttgart 1985, S. 455 - 464

Rohmert, W.
Aufgaben und Inhalt der Arbeitswissenschaft. In: Die berufsbildende Schule (1972)24, S. 3 - 14

Ropohl, G.
Eine Systemtheorie der Technik, München 1979

Schelten, A.
Grundlagen der Testbeurteilung und Testerstellung, Heidelberg 1980

Schimank, U.
Identitätsbehauptung in Arbeitsorganisationen - Individualität in der Formalstruktur, Frankfurt, New York 1981

Schneider, P.-J.
Mit Leittexten die kaufmännische Ausbildung wirksamer gestalten. In: Technische Innovation und berufliche Bildung, Bonn (1986)2, S. 50 - 56

Schöll, U.
Programmiersprachen der 4. Generation. In: NETWORK GmbH (Hrsg.), Konferenzunterlagen zur EUROSOFTWARE 86, Hamburg 13. - 15. Mai 86, Band 2, Hagenburg 1986

Schreuder, S.
CAD/CAM leichter verstehen - sinnvoller Einsatz einer Programmiersprache als Hilfsmittel für CAD-Schulungen, 1986a, im Druck

Schreuder, S.
Moderne Arbeitswissenschaft für die Fabrik der Zukunft. In: Hackstein, R.; Heeg, F.J.; Below, F. von (Hrsg.), Arbeitsorganisation und Neue Technologien, Berlin, Heidelberg, New York, Paris, London, Tokyo 1986b, S. 194 - 210

Schulte, A.
Was heißt Werkstattprogrammierung? In: Angewandte Arbeitswissenschaft, Köln (1986)108, S. 3 - 13

Schumann, M.; Einemann, E.; Seibel-Rebell, Ch.; Wittemann, K.P.
Rationalisierung, Krise, Arbeiter. Eine empirische Untersuchung der Industrialisierung auf der Werft, Frankfurt 1972

Schumm, W.
Sozialisation durch Arbeit. In: Littek, W.; Rammert, W.; Wachtler, G. (Hrsg.), Einführung in die Arbeits- und Industriesoziologie, Frankfurt, New York 1982, S. 250 - 268

Skell, W.
Erfahrungen mit Selbstinstruktionstraining beim Erwerb kognitiver Regulationsgrundlagen. In: Volpert, W. (Hrsg.), Beiträge zur psychologischen Handlungstheorie, Bern, Stuttgart, Wien 1980, S. 50 - 70

Stadler, M.; Schwab, P.; Wehner, T.
Kognition als Abbild des Handelns. In: Ueckert, H.; Rhenius, D. (Hrsg.), Komplexe menschliche Informationsverarbeitung, Bern, Stuttgart, Wien 1979, S. 38 - 46

Stern, K.
Persönlichkeitsförderliche Arbeitsgestaltung. In: Zeitschrift für Arbeitswissenschaft, Köln 34(6NF)(1980)2, S. 79 - 83

Streitz, N.A.
Die Rolle von mentalen und konzeptionellen Modellen in der Mensch-Computer-Interaktion. Konsequenzen für die Softwareergonomie? In: Bullinger, H.-J. (Hrsg.), Software-Ergonomie '85. Mensch-Computer-Interaktion, Stuttgart 1985, S. 280 - 292

Streitz, N.A.
Die Rolle von mentalen und konzeptionellen Modellen in der Mensch-Computer-Interaktion. Konsequenzen für die Softwareergonomie? In: Arbeitsbericht 21 des Instituts für Psychologie der RWTH Aachen, Aachen 1986

Thiele, A.
Wege zur Lernförderung am Arbeitsplatz. In: PERSONAL, Mensch und Arbeit (1985)8, S. 323 - 326

Ulich, E.
Industriepsychologie. In: Management-Enzyklopädie Band 3, München 1970, S. 498 - 519

Ulich, E.
Arbeitswechsel und Aufgabenerweiterung. In: REFA-Nachrichten, Darmstadt 25(1972)4, S. 265 - 275

Ulich, E.
Über das Prinzip der differentiellen Arbeitsgestaltung. In: Management-Zeitschrift io, Zürich 47(1978)12, S. 566 - 568

Ulich, E.
Psychologische Aspekte für die Arbeit mit elektronischen Datenverarbeitungssystemen. In: Schweizerische Technische Zeitschrift 75(1980), S. 66 - 68

Ulich, E.; Frei, F.
Persönlichkeitsförderliche Arbeitsgestaltung und Qualifizierungsprobleme. In: Volpert, W. (Hrsg.), Beiträge zur psychologischen Handlungstheorie, Bern, Stuttgart, Wien 1980, S. 66 - 68

Volpert, W.
Optimierung von Trainingsprogrammen, Collar/Lahn 1976

Volpert, W.
Der Zusammenhang von Arbeit und Persönlichkeit aus handlungstheoretischer Sicht. In: Groskurth, P. (Hrsg.), Arbeit und Persönlichkeit, Reinbek bei Hamburg 1979, S. 21 - 46

Volpert, W.; Frommann, R.; Munzert, J.
Die Wirkung allgemeiner heuristischer Regeln im Lernprozeß - eine experimentelle Studie. In: Zeitschrift für Arbeitswissenschaft, Köln 38(10NF)(1984)4, S. 235 - 240

Volpert, W.; Ludborzs, B.; Muster, M.
Lernrelevante Aspekte in der Aufgabenstruktur von Arbeitstätigkeiten. Probleme und Möglichkeiten der Analyse. In: Frei, F.; Ulich, E. (Hrsg.), Beiträge zur psychologischen Arbeitsanalyse. Bern, Stuttgart, Wien 1981, S. 195 - 222

Walze, H.
Maschinennahe NC-Programmierung (Werkstattprogrammierung) (KfK-PFT 20), Karlsruhe 1981

Warren, H.C.
Dictionary of Psychology, Boston 1934

Weber, M.
Wirtschaft und Gesellschaft. Grundriß der verstehenden Soziologie. Studienausgabe, 5. Aufl., Köln, Berlin 1964 (zuerst 1922)

Webrik, H.W.
Handlungstheorien, Stuttgart, Berlin, Köln, Mainz 1978

Weck, M.
Fortschritte in der Steuerungstechnik für spanende Werkzeugmaschinen. In: Zeitschrift für wirtschaftliche Fertigung 74(1979)11, S. 544 - 551

Weizs, N.
Unternehmensstrategien für die Einführung von CIM, Diplomarbeit am Institut für Arbeitswissenschaft der RWTH Aachen, Aachen 1986

Widdel, H.
Ergonomische und kognitive Determinanten der Steuerung eines simulierten Unterwasserfahrzeugs. In: Zeitschrift für Arbeitswissenschaft, Köln 37(1983)2, S. 92 - 97

Zeppelin, W. von
Rechnergestützte NC-Programmierung und Betriebsorganisation, Sonderdruck aus ZwF 80(1985)8, S. 336 - 341. Rosemount Engineering GmbH (Hersteller), Prozeßleitsystem RS-3, Firmenprospekt. Wesseling 1986

Zülch, G.; Starringer, M.
Differentielle Arbeitsgestaltung in Fertigungen für elektronische Flachbaugruppen, in: Zeitschrift für Arbeitswissenschaft, Köln 38(10 NF)(1984)4, S. 211 - 216

Anhang

A I.   Erläuterung der Faktoren und Merkmale des EDV-gestützten Evaluierungsmodells ´Pingdong´

A I.1.   Faktoren

Die Faktoren des rechnergestützten Bewertungsmodells

I.   Geschwindigkeit der Problemlösung,
II.   Erkennen der optimalen Strategie,
III.   Regelverhalten,
IV.   Reaktion auf unerwartete Situationen und
V.   Lernen aus unerwarteten Situationen

werden den Schlüsselqualifikationen zugeordnet (Abbildung 3.7 auf Seite 49) und in Merkmale und deren Ausprägungen übersetzt, wie in Abschnitt 3.2.5 dargestellt wurde.

Bezüglich der einzelnen Faktoren seien zunächst die folgenden Ergänzungen ausgeführt.

Zu I.
Die Geschwindigkeit, mit der der Proband die jeweilige simulierte Problemsituation löst, ist ein Indiz für logisches Denkvermögen und setzt eine strukturierte Vorgehensweise voraus. Auf das Simulationsmodell bezogen, wird dieses Kriterium durch drei Merkmale des Modells beschrieben:
-    Beginn einer positiven Bilanz der Ackerbestände,
-    Acker-Endbestand und
-    Anzahl der Zyklen, die der einzelne Proband erreicht hat.
Die Dokumentation der B i l a n z d e r A c k e r b e s t ä n d e beinhaltet einen sensiblen Indikator für den Erkenntnisfortschritt bezüglich der Problemlösung, da indirekt fast alle vorkommenden Größen einen Beitrag zu einer erfolgreichen positiven Bilanz dieser Größe leisten. Der jeweilige zeitliche Beginn einer positiven Bilanz kann deshalb als Indikator für die Geschwindigkeit der Pro-

blemlösung verwendet werden. Im **E n d b e s t a n d   d e s   A k -
k e r b e s i t z e s** ist das Grobziel einer erfolgreichen "Regie-
rungszeit" des Probanden ausgedrückt. Da die Entwicklung dieser Größe
durch das Regelverhalten anderer Größen (Abhängigkeiten!) begrenzt
wird, und jeder Proband zu Beginn der Testzeit gleiche Voraussetzungen innerhalb des Modells vorfindet, kann in gewissen Grenzen -
trotz der nicht linearen Zusammenhänge - der Ackerendbestand als
proportionale Größe zur Geschwindigkeit der Problemlösung angesehen
werden. Die **A n z a h l   d e r   Z y k l e n** verhält sich umgekehrt proportional zur durchschnittlichen Bearbeitungszeit eines
Zyklus. Die durchgeführten Untersuchungen zeigen, daß ein Proband,
der eine relativ lange Zeitdauer zur Regulation eines Zyklus benötigt, das Gesamtsystem auch in der Regel relativ spät "beherrscht".
Darüber hinaus nimmt die durchschnittlich benötigte Zykluszeit mit
zunehmender Beherrschung einzelner Regelvorgänge ab.

Zu II.
Ein im Sinne der hier durchgeführten Problemlösung günstiges Regelverhalten indiziert eine strukturierte Vorgehensweise. Dies kann durch
die Betrachtung eines komplexeren Regelvorganges plausibel gemacht
werden, der über mehrere Stellglieder und deren Verhalten beeinflußt
wird. In Abhängigkeit von der Beeinflussung des Regelvorganges durch
die einzelne und/oder gemeinsame Einwirkung der Stellglieder kann
eine zufällig gewählte beliebige Vorgehensweise auch höchstens zufällig zu einem beabsichtigten Ergebnis führen. Nur eine strukturierte
Vorgehensweise, beispielsweise die Betrachtung der jeweiligen Einflußgrößen und ihres Verhaltens zur Erfassung der kritischen Stellglieder, führt **g e z i e l t** zu positiven Ergebnissen. Das **R e g e l -
v e r h a l t e n   d e s   P r o b a n d e n** - das Verhalten, das
die Parameter im Simulationsmodell im Sinne einer Verbesserung oder
Verschlechterung der Ergebnisse verändert - wird über die folgenden
Merkmale erfaßt:
- Bevölkerungswachstum,
- Regelung der Ernährung und
- Endbestand der Bevölkerung.
Entwickelt sich das Gesamtsystem positiv, so spricht für das Vorlie-
gen eines guten Regelverhaltens im jeweils betrachteten Falle, daß
die Größen "Ernährung" und "Bevölkerungswachstum", die ursächlich

zusammenhängen, ein annähernd konstantes Verhältnis zueinander aufweisen (d.h. "stabil" geregelt werden).

Der Endbestand der Bevölkerung - eine steigende Bevölkerungszahl ist in diesem Modell Voraussetzung zu einer positiven Bilanz - ist wiederum ein Indiz für ein erfolgreiches Regelverhalten, da die Anzahl der Bevölkerung lediglich indirekt über mehrere Größen g e m e i n s a m erfolgreich beeinflußt werden kann.

Zu III.
Jedem Simulationsmodell liegen A l g o r i t h m e n zugrunde, die die Steuerung des Systems beschreiben. Die Fähigkeit des Erkennens von Systemverhalten und Grundzusammenhängen ist eine notwendige Voraussetzung zur Regelung und Steuerung der zugrundeliegenden Algorithmen. Zur Charakterisierung dieses Kriteriums werden vier Merkmale des Simulationsmodells verwendet:
-   Weizenvorratshaltung,
-   Erfolgsstrategie beim Ackerwachstum,
-   optimaler Eingabealgorithmus und
-   durchschnittliche Auswanderungsrate.
Gute Ergebnisse in diesen vier Merkmalen setzen zumindest suboptimale Entscheidungen voraus und lassen damit auf das Erkennen der wesentlichen Algorithmen schließen. Zur verfeinerten Regelung des Systems gehört ein m ö g l i c h s t   g e r i n g e r   W e i z e n v e r - l u s t   in den Vorratsspeichern (beispielsweise aufgrund von Rattenfraß). Ein geringer Weizenverlust kann nur dadurch erreicht werden, daß die Weizenvoräte so zur Ernährung der Bevölkerung, zur Bestellung der Äcker usw. aufgeteilt werden, daß keine überflüssigen Vorräte vorhanden sind, die dann durch Schädlinge u.ä. vernichtet werden. Dies setzt allerdings die Kenntnis der zugrundeliegenden Zusammenhänge voraus. Ebenso ist die d u r c h s c h n i t t l i - c h e   A u s w a n d e r u n g s r a t e   d e r   B e v ö l k e - r u n g eine Folge der Eingabewerte. Diese führen dann zu einer geringen Auswanderung, wenn der Proband den zugrundeliegenden Zusammenhang zwischen Ackerbestand, Weizenvorrat und Nahrung hinreichend in seine Überlegungen mit einbezieht. Die E r f o l g s - s t r a t e g i e   b e i m   A c k e r w a c h s t u m kann anhand der Steigung der Ackerwachstumskurve ermittelt werden. Die Steigung

beinhaltet somit eine Kenngröße für das Erkennen zumindest suboptimaler Zusammenhänge (Algorithmen). O p t i m a l e   E i n g a b e n können immer nur für die vom Probanden erwirtschafteten Bedingungen gelten und stellen somit relative Größen dar. Eine Berücksichtigung des Probanden von Grundzusammenhängen, beispielsweise Nahrungsbedarf pro Kopf der Bevölkerung, notwendiger Personenbedarf zur Feldbebauung usw., läßt sich durch eine Analyse der Eingabewerte erkennen.

Zu IV.
Ein positives R e a g i e r e n   a u f   u n e r w a r t e t e S i t u a t i o n e n impliziert eine Transformationsfähigkeit des Probanden, da eine neue unvorhergesehene Situation nur dann beherrscht werden kann, wenn er in der Lage ist, diese Situation auf bekannte Muster beziehen bzw. reduzieren zu können. Das Simulationsmodell beinhaltet daher für den Probanden zufällig auftretende Störgrößen - beispielsweise wird die Bevölkerung durch eine plötzlich auftretende Epidemie stark reduziert, wodurch neue Bedingungen für die erforderlichen weiteren Regelvorgänge erzeugt werden. Das Einschwingen des Bevölkerungsstandes nach einer derartigen Bevölkerungsverringerung wird als Merkmal einer positiven oder negativen Reaktion und damit der Transformationsfähigkeit herangezogen.

Zu V.
Im vorliegenden Simulationsmodell tritt die unter den Anmerkungen zu Punkt 4 - Reaktion auf unerwartete Situationen - beschriebene unerwartete Situation nach einigen Zyklen erneut auf. Ist der Proband in der Lage, aus der vorherigen ähnlichen Situation zu lernen und kann die vorhergehende Art der Lösungsfindung und den Weg reflektieren (Selbstreflektion), so wird er eine gleiche, sich wiederholende Problemlösesituation in kürzerer Zeit beherrschen können. Dies kann über die Dokumentation des Simulationsverlaufs ermittelt werden.

A I.2   Merkmale

Die aus den Faktoren abgeleiteten Merkmale des Simulationsmodells Pingdong werden im folgenden näher erläutert. Folgende Merkmale finden im Modell Verwendung:

1. Beginn der positiven Bilanz der Ackerbestände,
2. Erfolgsstrategie beim Ackerwachstum,
3. Bevölkerungswachstum,
4. optimaler Eingabealgorithmus,
5. durchschnittliche Auswanderung,
6. Anzahl der Zyklen,
7. Endbestand der Bevölkerung,
8. Regelung der Ernährung,
9. Weizenvorratshaltung,
10. Erreichen des Bevölkerungsstandes nach einer 1. Bevölkerungs-
    verringerung,
11. Erreichen des Bevölkerungsstandes nach einer wiederholten Bevöl-
    kerungsverringerung und
12. Ackerendbestand.

Diese zwölf Merkmale des Simulationsmodells werden gemäß den jeweiligen Algorithmen im Auswertungsprogramm zur Berechnung verwendet.

In den folgenden Ausführungen werden im Punkt "Berechnung" jeweils
die Algorithmen zur Berechnung der absoluten Werte der einzelnen
Merkmale dargestellt. Im Punkt "Wertung" werden anschließend die
Überlegungen vorgestellt, die die Einstufung der Merkmale durch die
Bewertung mit Hilfe der festgelegten Intervallgrenzen als "erreicht
= + 1" oder "nicht erreicht = - 1" bewirken. Hierbei werden die jeweiligen, vom Auswerter zu wählenden Merkmalsgrenzen mittels eines
iterativen Optimierungsverfahrens über mehrere Programmläufe ermittelt (Abschnitt 3.3). Die Merkmalsgrenzen werden solange variiert,
bis der betreffende Merkmalswert in einem Intervall von $0,1 < p < 0,9$
liegt und gleichzeitig die Trennschärfe einen möglichst hohen Wert
$(r > 0,1)$ annimmt.

1. **B e g i n n   d e r   p o s i t i v e n   B i l a n z   d e r A c k e r b e s t ä n d e**

B e r e c h n u n g

Bei der Auswertung des "Beginns der positiven Bilanz der Ackerbestände" wird der Ackerbestand als Funktion der Zyklen betrachtet.
Diese Funktion wird untersucht, ab welchem Zyklus sie monoton
wachsend ist. Um nicht durch einmalige Fehleingaben der Probanden

ein verfälschtes Bild zu erhalten, wird, nachdem der Anfangszyklus der monotonen Steigung ermittelt wurde, untersucht, ob in den davorliegenden drei Zyklen die Funktion auch monoton steigend ist. In diesem Fall wird der Anfangszyklus neu bestimmt und als absoluter Wert des Merkmals zur Wertung herangezogen.

W e r t u n g

Für die Wertung des Merkmals "Beginn der positiven Bilanz der Ackerbestände" wird vom Auswerter eingegeben, nach wieviel Prozent der simulierten Zyklen ein Beginn der positiven Bilanz der Ackerbestände zur Wertung des Merkmals angenommen werden soll. Erreicht der Proband diesen Wert oder überschreitet ihn, wird das Merkmal mit + 1 bewertet, andernfalls mit -1.

2. E r f o l g s s t r a t e g i e b e i m A c k e r w a c h s -
t u m

B e r e c h n u n g

Für die Auswertung der "Erfolgsstrategie beim Ackerwachstum" wird der Ackerbestand in Abhängigkeit der Zyklen analysiert. Zu dieser Funktion wird für die letzten 5 Zyklen die durchschnittliche Erhöhung errechnet.

W e r t u n g

Der Auswerter gibt den Höchstwert der durchschnittlichen Steigung vor. Das Programm vergleicht die festgestellte Steigung mit der vorgegebenen. Ist diese Steigung größer oder gleich dem vorgegebenen Prozentsatz, wird das Merkmal mit + 1 bewertet, andernfalls mit -1.

3. B e v ö l k e r u n g s w a c h s t u m

B e r e c h n u n g

Bei der Auswertung des Merkmals "Bevölkerungswachstum" wird der Bevölkerungsstand in Abhängigkeit der Zyklenzahl betrachtet und untersucht, ab welchem Zyklus die Funktion monoton wachsend ist. Der gefundene Anfangszyklus wird der Wertung zugrunde gelegt.

W e r t u n g

Für die Wertung des Merkmals "Bevölkerungswachstum" wird vom Auswerter in das Programm eingegeben, nach wieviel Prozent der

Simulationszyklen ein monoton steigendes Bevölkerungswachstum erzielt werden soll. Mittels des Programms wird errechnet, wie viele der Zyklen dem angegebenen Prozentsatz entsprechen und die errechnete Zahl mit dem gespeicherten Anfangszyklus der monotonen Steigung verglichen. Ist dieser kleiner als der errechnete Zyklus, wird das Merkmal mit + 1 bewertet, andernfalls mit -1.

4. Optimaler Eingabealgorithmus

Berechnung

Für die Untersuchung, ob der "optimale Algorithmus" erkannt wurde, wird für die Eingabe der zu bestellenden Äcker der in diesem Zyklus optimale Eingabewert errechnet. Die optimale Eingabe ist dabei das Minimum der Größen

- Ackerbestand,
- Bevölkerungsbestand * 10 (eine Person kann 10 Äcker bebauen) und
- Speichervorrat vor Bepflanzung * 2 (zum Bebauen eines Akkers werden 0,5 Bündel Weizen gebraucht; Speichervorrat vor Bepflanzung = Speichervorrat - Ausgaben für Ackerkauf und Nahrung + Einnahmen vom Ackerverkauf).

Wertung

Der Auswerter gibt an, wie viele der jeweils letzten Zyklen untersucht werden sollen und um wieviel Prozent die Eingabe des Probanden vom optimalen Algorithmus abweichen darf. Das Programm untersucht dann für jeden Probanden - vom vorletzten Simulationszyklus beginnend - die angegebene Anzahl von Zyklen. Wird in keinem der untersuchten Jahre der Prozentsatz überschritten, wird das Merkmal mit + 1 (= erkannt) bewertet, andernfalls mit - 1 (= nicht erkannt.)

5. Durchschnittliche Auswanderung

Berechnung

Bei dem Merkmal "durchschnittliche Auswanderung" wird für jeden Probanden vom 2. Zyklus an bis zum letzten Zyklus das arithmetische Mittel der Auswanderungen pro Zyklus berechnet.

W e r t u n g

Der Auswerter gibt an, wieviel Prozent der Bevölkerung höchstens
ausgewandert sein dürfen. Im Programm wird anschließend die vorgegebene Prozentzahl mit der des jeweiligen Probanden verglichen.
Ist die angegebene Prozentzahl kleiner als die des Probanden,
wird das Merkmal mit + 1 bewertet, andernfalls mit - 1.

6. A n z a h l   d e r   Z y k l e n

B e r e c h n u n g

Für dieses Merkmal ist keine gesonderte Berechnung erforderlich.

W e r t u n g

Der Auswerter gibt an, wie viele Zyklen der Proband erreicht
haben soll. Das Programm vergleicht diese Vorgabe mit der effektiven Anzahl der Zyklen. Ist die Anzahl der effektiven Zyklen größer oder gleich der vorgegebenen Anzahl, wird das Merkmal mit
+ 1 bewertet, andernfalls mit - 1.

7. B e v ö l k e r u n g s e n d b e s t a n d

B e r e c h n u n g

Für die Untersuchung des Merkmals "Bevölkerungsendbestand" wird
der Bevölkerungsstand im vorletzten Zyklus zugrunde gelegt.

W e r t u n g

Der Auswerter gibt die Höhe des geforderten Bevölkerungsstandes
an. Liegt der Bevölkerungsstand über der festgelegten Grenze,
wird das Merkmal mit + 1 bewertet, andernfalls mit - 1.

8. R e g e l u n g   d e r   E r n ä h r u n g

B e r e c h n u n g

Für die Auswertung des Merkmals "Regelung der Ernährung" wird
die D i f f e r e n z der Funktionsverlaufs-Werte der Funktionen Nahrung und Bevölkerungsstand über die Simulationsdauer ermittelt. Unter Berücksichtigung einer Fehlertoleranz für Falsch-
eingaben wird der Zyklus, in dem eine konstante Steigung beginnt,
der Wertung zugrundegelegt.

W e r t u n g

Für die Wertung dieses Merkmals wird vom Auswerter angegeben, nach wieviel Prozent der Simulationszyklen die D i f f e - r e n z der beiden Funktionen monoton steigend sein soll. Das Programm errechnet dann für jeden Probanden, wie viele dieser Zyklen dem angegebenen Prozentsatz entsprechen und vergleicht die errechnete Zahl mit der Vorgabe. Ist der berechnete Wert größer als die Vorgabe, wird das Merkmal mit + 1 bewertet, andernfalls mit - 1.

9. W e i z e n v o r r a t s h a l t u n g

B e r e c h n u n g

Für die Auswertung des Merkmals "Weizenvorratshaltung" sind keine gesonderten Berechnungen erforderlich (Weizenverluste).

W e r t u n g

Für die Wertung dieses Merkmals gibt der Auswerter an, wie viele Zyklen untersucht werden sollen und wie viele Bündel Weizen höchstens als Verlust enstehen dürfen. Das Programm ermittelt, ob der Weizenverlust innerhalb des angegebenen Zeitraums eine festgelegte Grenze überschreitet.

10. E r r e i c h e n   d e s   B e v ö l k e r u n g s s t a n d e s   n a c h   e i n e r   1 .   B e v ö l k e r u n g s v e r r i n - g e r u n g

B e r e c h n u n g

Für die Auswertung dieses Merkmals wird untersucht, wieviele Zyklen der Proband benötigt, um nach einem plötzlich auftretenden Bevölkerungsverlust den alten Bevölkerungsbestand wieder zu erreichen. Die Anzahl der dafür benötigten Zyklen wird der Bewertung zugrundegelegt.

W e r t u n g

Der Auswerter gibt an, wie viele Zyklen maximal hierfür nötig sein sollen. Das Programm vergleicht dann die vorgegebene Anzahl der Zyklen mit der des Probanden. Ist sie kleiner oder gleich der vorgegebenen, wird das Merkmal mit + 1 bewertet, andernfalls mit - 1.

11. Erreichen des Bevölkerungsstandes nach einer wiederholten Bevölkerungsverringerung

Berechnung

Für die Auswertung dieses Merkmals wird eine analoge Berechnung wie für das Merkmal 10 durchgeführt.

Wertung

Der Auswerter gibt in diesem Fall an, um wie viele Zyklen sich die Zeitspanne, die für das Wiederherstellen des Bevölkerungsbestandes nach nochmaliger Bevölkerungsminimierung benötigt wird, verringert haben soll. Programmäßig wird dieser Wert mit dem berechneten verglichen. Ist die Anzahl der Zyklen mindestens um die angegebene Anzahl an Zyklen kleiner als beim ersten Bevölkerungsverlust, wird das Merkmal mit + 1 bewertet, andernfalls mit - 1.

12. Ackerbestand

Berechnung

Für die Auswertung des Ackerendbestandes wird der Ackerbestand bei Simulationsende benutzt.

Wertung

Der Auswerter gibt an, wie viele Äcker der Proband am Ende des Tests "erwirtschaftet" haben soll. Über das Auswerteprogramm wird die vorgegebene Anzahl Äcker mit der errechneten Zahl an Äckern verglichen. Ist die vorgegebene Anzahl größer, wird das Merkmal mit + 1 bewertet, andernfalls mit - 1.

**AII Beschreibung des Auswertungsprogramms zum EDV-gestützten Evalu-
ierungsmodell 'Pingdong'**

Das Auswertungsprogramm besteht prinzipiell aus zwei Teilen:
1. dem Einleseprogramm zum Einlesen der Dokumentationsfiles und
2. dem eigentlichen Auswerteteil.

Zu 1:
Die Dokumentationsfiles als zweidimensionale Datenfelder (Zyklen-Arbeitsverlaufscharakteristika) werden hintereinander in ein dreidimen-
sionales Feld übergeben (Zyklen-Arbeitsverlaufscharakteristika der
Probanden - charakteristische Kennzahlen der Probanden). Beim Einlesen werden die absoluten Merkmalswerte berechnet und bestimmten
- noch freien - Feldplätzen der einzelnen Probanden zugeordnet.

Zu 2:
Auf das vorstehend erwähnte dreidimensionale Feld greift dieses
Programmteil zu, das sich in fünf Unterprogramme gliedern läßt:
- Datenbearbeitung,
- Tabellenbearbeitung,
- Feldsortierung,
- grafische Aufbereitung und
- Auswertung.
Diese Unterprogramme sind gemäß einer Baumstruktur weiter unterteilt.
Die weiteren "Verästelungen" der Baumstruktur sind der Abbildung
AII.1 zu entnehmen. Das letzte Programmteil "Auswertung" beinhaltet
die eigentliche statistische Auswertung der Ergebnisse der Simulationsläufe. Es verwaltet die Merkmalsverarbeitung
- in der einzelne Merkmale ausgewechselt bzw. ganz wegfallen
  können,
- in der die Merkmalsgrenzen zur Auswertung beliebig variiert
  werden können
und die statistischen Berechnungen
- Korrelationen und lineare Regressionsanalysen, die zwischen
  allen Feldplätzen oder Feldrichtungen möglich sind. (Hier ist

es beispielsweise möglich, eine Feldrichtung mit allen anderen Feldplätzen zur Analyse verschiedener Zusammenhänge zu korrelieren.)
- Berechnung der punktbiserialen Korrelationen und des Schwierigkeitsgrades der einzelnen Merkmale.

Die Ergebnisse der statistischen Berechnungen werden wiederum auf definierte Feldplätze zur Verwendung in weiteren Analyseschritten gelegt. Zur Unterstützung und Dokumentation der Auswertung werden drei Unterprogramme verwendet:
- Tabellenbearbeitung,
- grafische Aufbereitung und
- Feldsortierung.

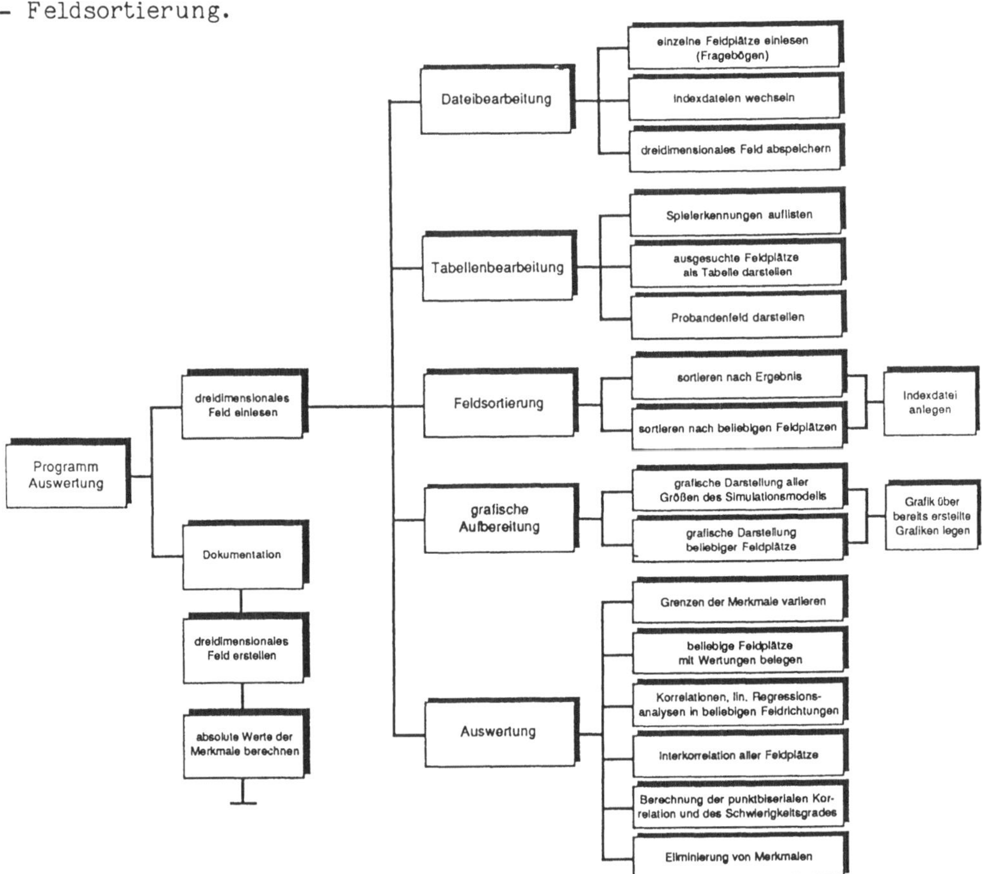

Abb. AII.1: Struktur des Auswertungsprogramms zum Simulationsmodell Pingdong

Bei der grafischen Aufbereitung können beliebige Feldrichtungen zweidimensional dargestellt werden. Die Grafiken können anschließend abgespeichert werden und auf andere Grafiken transparent aufgelegt werden, um Zusammenhänge optisch darzustellen. Diese Darstellungsoption wird durch die Möglichkeit unterstützt, das Gesamtfeld nach beliebigen Feldplätzen zu sortieren. Über das Anlegen einer "Indexdatei" nach jedem Sortiergang wird ein schneller Zugriff und Wechsel der einzelnen Feldsortierungen ermöglicht. Das Unterprogramm Tabellenbearbeitung dient der Dokumentation einzelner Feldausschnitte oder der Zusammenstellung und der Ausgabe (Drucker) der Inhalte bestimmter Feldplätze.

AIII   Praktische Umsetzung software-ergonomischer Gestaltungsregeln

AIII.1   Grundlagen der Software-Ergonomie

Möglichkeiten der praktischen Umsetzung der Forderungen der Software-
-Ergonomie seien in der folgenden Zusammenstellung aufgeführt (Heeg,
Schreuder, Schrader 1986 und Heeg, Marnitz 1987).

A u f g a b e n a n g e m e s s e n h e i t
Die Dialogsprache soll
- leicht verständlich und verwendbar sein,
- EDV-Fachausdrücke vermeiden,
- keine Fremdsprache sein,
- einheitliche Formvorschriften enthalten und
- gut merkbar und sinnhaltig aufgebaut sein.

Bei Routineaufgaben soll
- eine formatfreie Eingabe von Kommandos möglich sein,
- die Datenorganisation auf dem Speicher ohne Eingreifen des
  Benutzers erfolgen,
- automatisch eine Vorbelegung von Standardwerten durchgeführt
  werden, die bei Bedarf geändert werden können,
- eine Folge von häufig wiederkehrenden Kommandos mittels Funktionstasten zusammenfaßbar sein,
- der Bildschirmaufbau dem Routineablauf der Aufgabenbearbeitung
  entsprechen,
- die Maskenfolge auf die übliche Folge der Arbeitsschritte abgestimmt sein,
- die Art und Form der Eingabe der Arbeitsaufgabe angepaßt sein
  und
- der ungeänderte Datensatz zu Vergleichszwecken erhalten bleiben,
  wenn eine häufige Datenänderung erforderlich ist.

Der ·Cursor soll
- leicht zu finden sein,
- bei selektiver Eingabe in allen Richtungen direkt auslenkbar
  sein,

- automatisch so plaziert werden, wie es der Arbeitsablauf erfordert.

S e l b s t e r k l ä r u n g s f ä h i g k e i t
Die Dialogeröffnung soll
- in der Frage-/Antwort-Dialogform durchgeführt werden und
- alle angebotenen Transaktionen übersichtlich darstellen.

Die Dialoghilfen sollen
- sich neben der inhaltlichen Unterstützung auch auf den Verlauf des Dialogs beziehen,
- durch den Benutzer jederzeit abrufbar sein,
- den bisherigen Dialogablauf berücksichtigen,
- auf den Wissensstand des Benutzers abgestimmt sein und
- situationsabhängig angeboten werden.

Eingabehilfen sollen
- bei Dialog-Eingaben eine feste Reihenfolge der Eingabefelder, deren Feldlänge variabel ist, aufweisen,
- konkrete Objekte ("icons") beinhalten, die man durch Zeigen aktiviert und
- bei standardisierter Datenerfassung eine Vorformatierung mit Feldtrennung aufweisen.

Erklärungshilfen sollen
- mit einer Help-Taste abrufbar sein,
- die Bedeutung eines Begriffes oder einer Anwendung erklären,
- Beispiele anbieten und
- eine Auswahl verschiedener Unterstützungsmöglichkeiten anbieten.

Die Erlernbarkeit eines Softwareproduktes soll
- ohne umfangreiches Handbuchstudium möglich sein,
- eine Einarbeitung in das System ohne fremde Hilfe ermöglichen und
- keine Kenntnisse über Systemaufbau und Funktion voraussetzen.

Die Art und der Umfang der Ausgabe
- richten sich in der Ausführlichkeit der Systemmeldungen nach
  dem Benutzerstatus,
- sollen hinsichtlich der Informationsdichte der Darstellung steuer-
  bar sein,
- sollen sich auch auf Hintergrundinformationen beziehen und
- sollen hinsichtlich umfangreicher Informationsmengen mit Scroll-
  oder Blätterfunktionen erfolgen.

Die Reversibilität soll eine partielle Korrektur der Eingabe gestatten für
- das einzelne Zeichen,
- das Feld, in dem sich der Cursor befindet,
- alle Eingabefelder,
- den gesamten Bildschirm sowie
- die Annulierung der letzten Transaktion.

Steuerbarkeit
- Die Arbeitsgeschwindigkeit soll vom Benutzer vorgegeben werden,
- bei der Eingabe braucht die Ausgabe vorausgegangener Eingaben
  nicht abgewartet zu werden,
- der Benutzer soll nicht durch eine erlöschende Bildschirmanzeige
  getrieben werden,
- Aufforderungen zur Eingabe sollen unaufdringlich und abschaltbar
  sein,
- der Wiederaufnahmezeitpunkt bei Systemausfall soll durch den
  letzten Dialogschritt vor dem Zusammenbruch definiert sein,
- die Reihenfolge der Eingabefelder soll nicht zwingend sein und
- die Interaktionsform sollte wählbar sein.

- Der Hauptdialog kann unterbrochen werden, um
  - eine Transaktion für eine spätere Rückkehr zwischenzuspei-
    chern,
  - den Dialog zu beenden,
  - einen Ausdruck anzufordern,
  - die Zusammenfassung aller durchgeführten Transaktionen zu
    erhalten,

- zu einer früheren Anzeige zurückzukehren,
- uninteressante Bildschirmseiten zu überspringen und
- zu zwischengespeicherten Transaktionen zurückzukehren.

V e r l ä ß l i c h k e i t

Antwortzeiten sollen

- regelmäßig und kalkulierbar sein,
- bei einer hohen Konzentrationserfordernis unter 2 Sekunden liegen
  und
- dem Benutzer bei einer deutlichen Abweichung von der üblichen
  Antwortzeit durch das System angezeigt werden.

Rückmeldungen sollen

- eine Eingabe in Kurzform (in Klartext) bestätigen,
- erkennbar machen, ob ein gegebener Befehl behandelt wird,
- jederzeit Auskunft über den Systemzustand erteilen und
- bei längeren Vorgängen Zwischenzustandsmeldungen anzeigen.

Die Einheitlichkeit fordert,

- daß die Ausgabe von Zustandsmeldungen vom System stets in derselben Zeile des Bildschirms erfolgt,
- daß ähnliche Aktionen ähnliche Auswirkungen hervorgerufen oder
- daß andersartig ablaufende Prozesse transparent gemacht werden.

F e h l e r t o l e r a n z

Ein fehlertolerantes und fehlertransparentes Dialogsystem sollte

- fehlerhafte Felder markieren,
- Erläuterungen zur Fehlerbehandlung mitteilen, die gegebenenfalls auch unterdrückbar sind,
- eindeutig korrigierbare Fehler automatisch korrigieren,
- in verständlicher Form über ausgeführte Korrekturen informieren und
- Groß- und Kleinbuchstaben akzeptieren.

214

AIII.2   Maskengestaltung

Neben den funktionellen Anforderungen an ein software-ergonomisch
gestaltetes Programm sind die gestalterischen Anforderungen ebenso
zu berücksichtigen.
Eine Bildschirmmaske soll den Anwender schnell und umfassend informieren. Diese Anforderungen beinhalten oft einen Interessenkonflikt:
einerseits sollen alle notwendigen Daten vermittelt werden, andererseits soll dies in einer für den Anwender schnell und leicht faßba-
ren Form geschehen. Um diesen Ansprüchen gerecht zu werden, ist letztlich eine   Beschäftigung mit wahrnehmungs-psychologischen Aspekten
erforderlich. Die Kunst der Maskengestaltung besteht demnach darin,
dem Anwender Informationen zu vermitteln, die auf der Bildschirmmaske
direkt nicht vorhanden sind.

Abbildung AIII.1:   Beispiel   zur   assoziativen   Verknüpfung   von
                        Körpern, Funktionen u.ä.

Abbildung AIII.1 soll dies verdeutlichen. Obwohl in der Abbildung
nur drei Kreissegmente und drei Winkel gezeigt werden, erkennt man
ein weißes Dreieck über einem weiteren kongruenten Dreieck. Im Betrachter werden also Assoziationen geweckt, d.h. im Bewußtsein entsteht das Abbild eines weißen Dreiecks aufgrund von Ähnlichkeiten
mit bereits erlebten Bildern. Informationen können somit rudimentär
gezeigt werden, denn durch Verknüpfung von Realität mit Erfahrungs-

wissen entsteht im Bewußtsein des Betrachters die vollständige Information. Hierdurch kann zum einen Platz gespart werden, zum anderen aber kann der Anwender Zusammenhänge schneller, leichter und sicherer erfassen.

Dieses Beispiel unterstreicht die Forderung, daß EDV-Anwender die Gestaltung der Bildschirmmasken mitbeeinflussen sollten, um eine hohe Ausnutzung des Erfahrungsschatzes der Anwender bei der Informationsdarstellung zu erzielen.

Bei der Gestaltung von Bildschirmmasken sind im allgemeinen die folgenden Parameter von besonderer Bedeutung:
- Modalität (Art und Weise des Informationsangebotes),
- Kompatibilität,
- Codierung,
- Differenziertheit,
- Umfang und
- Zeitpunkt der Verfügbarkeit.

M o d a l i t ä t
Die Art und Weise des Informationsangebotes zielt auf die richtige Wiedererkennung des Inhaltes. Sie ist abhängig von der Begrifflichkeit der Information. Die Benennbarkeit hat maßgeblichen Einfluß auf die Gesamtzahl der durch den verwendeten Begriff hervorgerufenen Assoziationen, welche für eine kreative Problemlösung/Aufgabenerfüllung notwendig sind. Ein begriffliches (kategoriales) Wahrnehmen führt zu einer vollständigeren, präziseren und schnelleren perzeptiven Analyse der dargebotenen Informationen. Die Gliederung eines Sachverhaltsbereiches ist dabei immanent mitgegeben und erleichtert das Entwerfen nachfolgender Operationen des Aktionsprogramms. Dies ist zumindest immer dann unerläßlich, wenn zum Erreichen des Zieles (Erfüllung der Aufgabe) mehrere Zwischenschritte erforderlich sind. Die Textform, respektive Sprache soll den umgangssprachlichen Gepflogenheiten der Benutzer angepaßt sein (z.B. Landessprache). Die Benutzung von Abkürzungen, Wortverkettungen sowie von Kunstwörtern sollte minimiert werden.

K o m p a t i b i l i t ä t

Die Kompatibilität oder Erwartungshaltung beeinflußt die Genauigkeit
und die Geschwindigkeit der Informationsverarbeitung. Sie muß beim
Maskenlayout berücksichtigt werden, beispielsweise durch ein standardisiertes Maskenlayout, das dem Benutzer ein vertrautes Bild für

- Identifikationsdaten,

- Rückmeldungen,

- Fehlermeldungen und

- Hinweise

bietet, d.h. diese Informationen immer an der gleichen Stelle im
Bild erscheinen läßt. Eine Einteilung in unterschiedliche Informationsklassen erweist sich in diesem Zusammenhang als zweckmäßig. Ordnet
man die Bereiche für Informationsklassen von oben nach unten -entspre-
chend dem üblichen Ablauf bei der Bearbeitung von Masken - (d.h.
Überprüfung der gewünschten Maske, Bearbeitung der Maske, Auswahl
der nächsten Maske, gegebenenfalls Ausgabe von Meldungen aufnehmen),
dann ergibt sich die in Abbildung AIII.2 dargestellte Anordnung von
Informationsklassen.

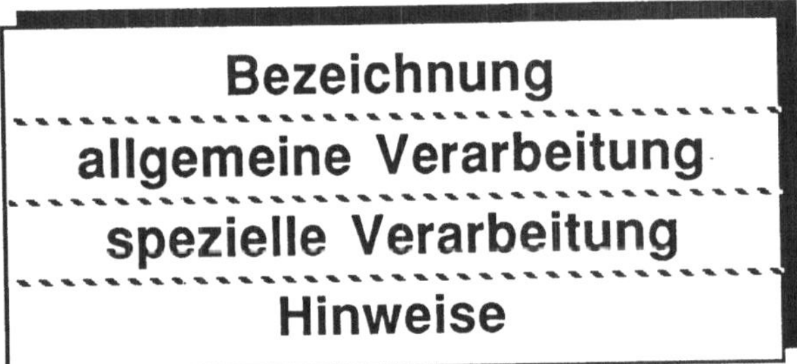

Abb. AIII.2:   Informationsklassen in Bildschirmmasken

Es sind aber auch andere Varianten für die Anordnung von Informations-
klassen denkbar. Allerdings sollen aus Gründen der Kontinuität die
Masken in allen Programmen einen gleichen oder zumindest ähnlichen
Aufbau besitzen.

C o d i e r u n g

Die Relevanz der Codierung einer Information hat entscheidenden Einfluß auf deren schnelle und sichere Zuordnung. Es ist dabei eine
günstige Auslegung des Informationsdarbietungsmittels, also der Grad

der Übereinstimmung vom Signalwert einer Information und der zugehöri-
gen Realität, anzustreben. Abbildung AIII.3 verdeutlicht diese Forderung an einem Beispiel. Besonders wichtig erscheint diese Forderung
im Zusammenhang mit EDV-Systemen, welche die Dialogform "Direkte
Manipulation" für objektorientiertes Arbeiten einsetzen.

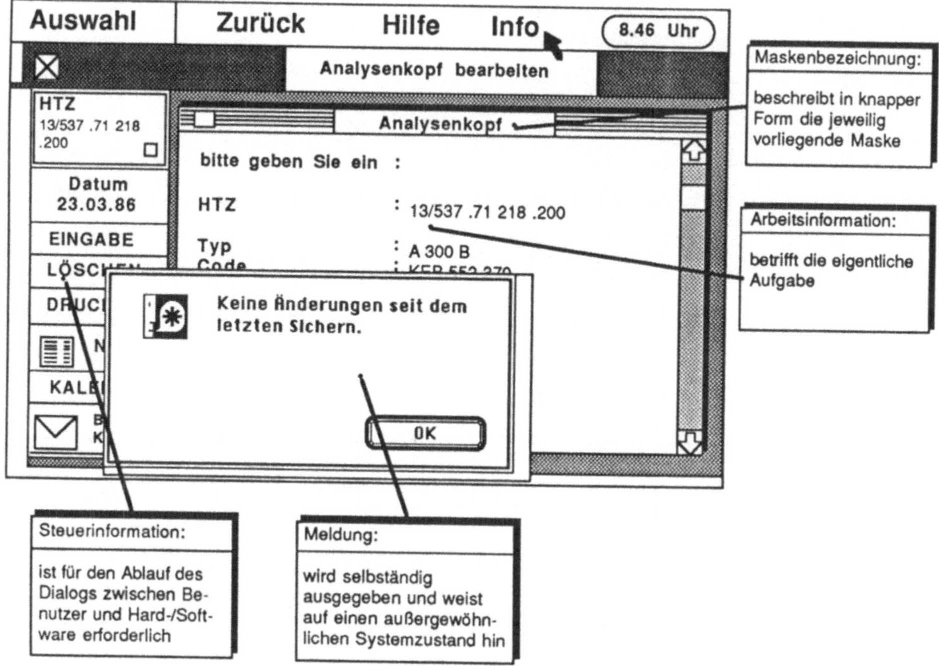

Abb. AIII.3:   Informationsmöglichkeiten bei Verwendung eines direkt
                manipulativen Systems

D i f f e r e n z i e r t h e i t
Die Differenziertheit, d.h. die visuelle Unterscheidbarkeit der zur
Problembearbeitung notwendigen Informationen ist im hohen Grade auf-
gabenabhängig. Sowohl eine zu geringe als auch eine zu hohe Differenziertheit beeinträchtigt die Regulationsfunktion. Für die Darstellung
des Masken-Layouts und damit die Möglichkeit für das Differenzieren
von Informationen bestehen die Möglichkeiten
-    veränderliche Zeichenform,
-    Groß-, Kleinschreibung,
-    Umrandungen,

- Gestaltungsgesetze,
- Farbe und
- Grafik.

Veränderliche Zeichenformen

Insbesondere durch die sinkenden Kosten und die wachsende Leistung der Hardware ermöglichen hochauflösende Bit-Map-Bildschirme die Verwendung von veränderlichen Zeichenformen als Mittel für eine differenzierte Informationsdarstellung.

Groß- und Kleinschreibung

Die Groß- und Kleinschreibung erfordert keinen hochauflösenden Bit-Map-Bildschirm und kann deshalb auch bei herkömmlichen Bildschirmen als Unterscheidungsmerkmal für Informationsklassen oder -arten eingesetzt werden. Beispielsweise wird die Bedeutung eines Wortes durch die Benutzung von Versalien unterstrichen. Die Mischung von Klein- und Großbuchstaben - entsprechend dem normalen Schreibverhalten - dient neben der leichteren Aufnahme über ein gewohntes Bild auch zur Beruhigung der Maske, da die Lichtintensität bei Kleinbuchstaben geringer ist.

Umrandungen

Umrandungen als Gestaltungselement werden dazu benutzt, Informationsklassen zu trennen. Außerdem können hierdurch Eingabe- und Informationsfelder innerhalb der Arbeitsinformationen getrennt werden.

Umfang

Hinsichtlich des Umfanges der benötigten Informationen zum Aufbau von Handlungsspielräumen sind Informationen erforderlich über
- das geforderte Prozeßziel,
- den Prozeßverlauf (z.B. Arbeitsschrittfolge),
- die räumlich-zeitliche Einordnung des Prozesses in ein Gesamtkonzept,
- die Nachbarglieder der Prozeßfolge sowie
- die hierarchisch über- und untergeordneten Vollzugseinheiten.

Es ist daher bei einer Dialogausgestaltung darauf zu achten, daß der Anwender zu jedem Zeitpunkt darüber informiert ist oder sich informieren kann, auf welcher Ebene der Prozeßfolge er sich zur Zeit befindet.

Z e i t p u n k t   d e r   V e r f ü g b a r k e i t
Dieser Punkt besagt, daß Informationen dann, wenn sie benötigt werden, bereitstehen, abgreifbar und während des gesamten Prozeßverlaufs
zur Verfügung stehen müssen. Bei Nichterfüllung dieser sehr wichtigen
Forderung ergeben sich Verzögerungen und gestörte Abläufe.

Insgesamt können folgende Gesichtspunkte für die Anwendung von Grafiken im Gegensatz zur tabellarischen Darstellung aufgeführt werden.
-   schnelle Erfassung von Größenordnungen,
-   Möglichkeit des einfachen qualitativen Vergleichs und
-   leichtes Erkennen von
    - Abweichungen,
    - zeitlichen Verläufen,
    - zyklischen Veränderungen und
    - Tendenzen.

A III.3   Gestaltgesetze

Die Anwendung der Gestaltgesetze als Darstellungsmittel für eine
Erhöhung der Informationswahrnehmung ist ein weiteres Gestaltungselement. Allgemein gilt, daß jedes optische Gebilde sich von einem Grund
abheben muß, um als Figur wahrgenommen zu werden. Die Wahrnehmung
eines "Sehdinges", einer Figur oder einer farbigen Fläche ist abhängig von dem an die Figur, die Fläche usw. angrenzenden Bereich, der
in einer bestimmten Anordnung als Umfeld oder Umgebung bezeichnet
wird. Es bestehen gesetzmäßige Beziehungen zwischen einer Wahrneh-
mungsfigur und deren Umfeld. Hierbei besteht das wesentliche Merkmal
einer Figur darin, daß sie ein reales Objekt darstellt, d.h. sie
ist phänomenologisch aus einem beliebig strukturierten Hintergrund
herausgehoben. Die Verbindung von Figur und Grund kann stark oder
gering sein. Stark ist die Verbindung dann, wenn die Möglichkeit
vorhanden ist, daß Figur und Grund wechselweise umschlagen können
(Ambivalenz). Die geringste Bindung besteht dann, wenn es sich um
ausgezeichnete, prägnante Figuren handelt - das Verhalten von Figur
und Grund demnach eindeutig ist. Die wesentlichsten zu beachtenden
Gesetzmäßigkeiten sollen im folgenden kurz vorgestellt werden.

220

G e s e t z   d e r   G l e i c h a r t i g k e i t : Es besagt,
daß gleichartige oder ähnliche Elemente zu Gruppen zusammengefaßt
werden. Allgemein gilt dabei, daß, wenn mehrere Reize zusammen wirksam werden, die Tendenz zu der Form besteht, in der die gleichartigen
zusammengefaßt erscheinen. Die Anwendung dieses Gesetzes für aneinan-
dergereihte geometrische Formen wird in Abbildung AIII.4 demonstriert.

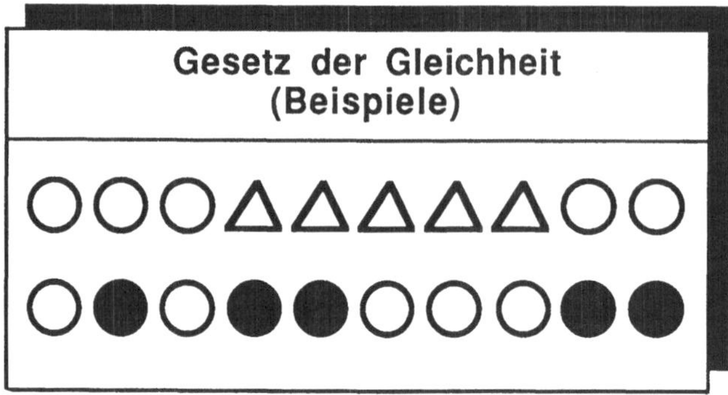

Abb. AIII.4:   Anwendung des Gesetzes der Gleichartigkeit

Zu beachten ist, daß diese Gleichartigkeit entweder durch die "Form"
oder durch ihre "Farbe" (bei gleichen Formen) bewirkt wird.

G e s e t z   d e r   N ä h e : Es besagt, daß solche Elemente zu
einer Figur oder Gruppe zusammengeschlossen werden, die sich räumlich
am nächsten sind. Diese Gesetzmäßigkeit wird dann besonders unterstützt, wenn es sich um gleichartige Elemente handelt. Die Zusammenfassung erfolgt dabei im Sinne des kleinsten Abstands (Abbildung
AIII.5).
Bei der gesamten Gestaltung über die Verwendung von Farben und Formen
spielt das Gesetz der Nähe eine entscheidende Rolle. Durch die örtli-
che Veränderung der Formen und Farben untereinander entstehen wesentliche Veränderungen hinsichtlich der Ordnung, des Gleichgewichts
und der Spannungen. Je nach Abstand und Anordnung der einzelnen Formen untereinander ergeben sich Gebilde mit unterschiedlichem Ausdruck
und Spannung, das heißt, nach dem Gesetz der Nähe ist nicht nur die
Figur für die Gestaltung maßgebend, sondern die leere Fläche, der
leere Raum zwischen den Objekten. Dabei stellen die Farben als beson-

derer Gestaltungswert eine gravierende Einflußgröße dar, die sich in der Gruppierungs-, Gliederungs- und Proportionsgestaltung noch markanter ausprägt.

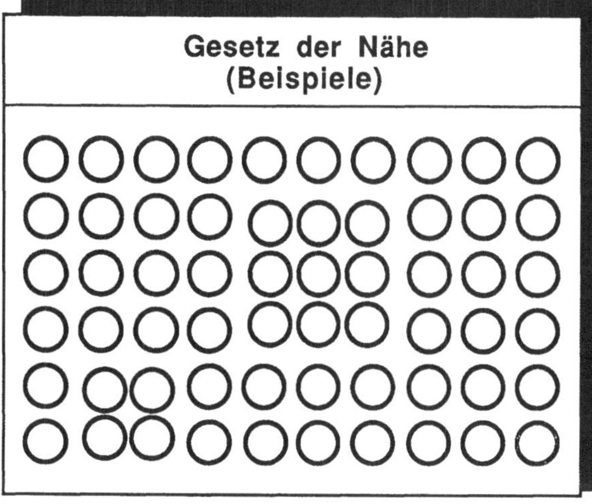

Abb. AIII.5:   Anwendung des Gesetzes der Nähe

G e s e t z   d e r   G e s c h l o s s e n h e i t : Konturen, die eine Fläche einschließen, werden eher als eine Einheit aufgefaßt als solche, die nicht geschlossen sind. Bei einer Gesamtfläche von einheitlicher Färbung, die in kontrastfreie Teilflächen zerlegt wird, spielt dieses Gesetz eine wichtige Rolle.

G e s e t z   d e r   S y m m e t r i e : Symmetrische Gebilde nehmen gegenüber unsymmetrischen besonders leicht Figureigenschaften an.

G e s e t z   d e r   E b e n b r e i t e n : Parallel laufende Rahmenbänder unterstützen die Figurbildung. Rahmen mit Farbsprüngen - symmetrisch angeordnet - ergeben ein symmetrisches Flächengebilde, das durch die Helligkeitsunterschiede der Farben eine phänomenologisch-räumliche Wirkung bekommt. Bei asymmetrischer Anordnung ergibt sich eine noch stärkere Tiefenwirkung. Die gleichen Flächenelemente ohne jegliche Anordnung von Ebenbreiten stellen sich als ein dekoratives Flächenmuster dar.

G e s e t z   d e r   g u t e n   G e s t a l t : Nach dem Gesetz
der guten Gestalt werden einfachere, elementarere Formen vorrangig
zur Figur. Unter "gut" sind hierbei solche Eigenschaften wie Regelmä-
ßigkeit, Symmetrie, Geschlossenheit, Einheitlichkeit, Einfachheit
zu verstehen. Dabei ist die Farbe für die Gestaltbildung vielfach
noch von größerer Bedeutung als das Formenelement.

G e s e t z   d e r   F o r m g r u p p i e r u n g   u n d
- g l i e d e r u n g : Als wesentlichste Grundlage für die Gruppen-
bildung und Gliederung der Form sind die Gesetze der Nähe, der Gleichartigkeit, der Ähnlichkeit und der Größe zu nennen, wobei immer eine
Überlagerung der einzelnen Gesetze auftritt, die übergeordnete,
untergeordnete und nebengeordnete Gruppen entstehen lassen. Häufungen
oder Verbände, die nur nach einer Gesetzmäßigkeit angeordnet sind,
erscheinen einheitlicher und klarer gegliedert gegenüber solchen,
bei denen sich die Gesetzmäßigkeiten mischen. Dies gilt auch für
Gruppen, die nicht aus gleichartigen Elementen bestehen, sondern
bei denen sich die ähnlichsten zusammenschließen, oder die ein besonders einheitliches Merkmal haben.

G e s e t z   d e r   F a r b g r u p p i e r u n g   u n d
- g l i e d e r u n g : Die Möglichkeit der Formgruppierung kann
durch die Verwendung von entsprechenden Farben noch verstärkt werden.
Durch sie kann man Gruppierungen umbilden, die nach den Regeln der
Formgruppierung entstanden sind. Durch die Farbe treten besonders
in bezug zum Gesetz der Ähnlichkeit ganz spezifische Faktoren hinzu.
Durch die Anordnung der Farben ist zu erkennen, aufgrund welcher
Ähnlichkeiten am schnellsten Gruppierungen entstehen. Nach den vorge-
nannten Regeln können farbige Elemente zu Gruppen geordnet werden,
und zwar vor allem nach den Gesetzen der Gleichartigkeit und der
Ähnlichkeit. Als gleichartige farbige Elemente werden solche bezeichnet, die in den drei Komponenten der Farbe übereinstimmen. Farben,
die in der Helligkeit übereinstimmen, schließen sich eher zusammen
als Farben, die zwar von einem gleichen Farbton ausgehen, jedoch
in einem großen Hell-Dunkel-Kontrast zueinander stehen. Durch die
Gruppierungstendenz gleicher oder ähnlicher Farben können bei ungün-

stigen Farbzuordnungen scheinbare Formschlüsse mit anderen Elementen herbeigeführt werden. Hier spielt häufig das Gesetz der Nähe eine wichtige Rolle.

Bei der Verwendung von Farbbildschirmen sollten die folgenden Gesichtspunkte beachtet werden:
- die Farben sollten innerhalb gleichartiger Abläufe gleichartig verwendet werden,
- die Bedeutung der Farbe sollte den allgemeinen Regeln entsprechen, z.B. Rot für "Gefahr" oder "Aufmerksamkeit", Grün für "Freigabe", "in Ordnung" usw. und
- der Kontrast zwischen Zeichen und Untergrund muß genügend groß sein.

W e c h s e l b e z i e h u n g e n   z w i s c h e n   F a r b e   u n d   F o r m : Wesentlich ist bei der Farbgestaltung, daß Farben nicht an sich, sondern im Zusammenhang mit Formen oder Formverbänden mit ihren Unter- und Hintergründen wahrnehmbar sind. In der Kunst werden häufig Versuche unternommen, bestimmten Formen bestimmte Farben zuzuordnen. Doch hier gilt, daß es zunächst rein abstrakt keine Form gibt, der man nicht jede beliebige Farbe zuordnen könnte. Die Farbe kann die Form, die Form die Farbe scheinbar verändern, das heißt, ein Betrachter nimmt dieselbe Farbe in anderen Formausbildungen oder Formzusammenhängen anders wahr. So kann beispielsweise ein Streifen den gleichen Flächeninhalt haben wie ein Quadrat. Aufgrund der unterschiedlichen Ausdehnung bzw. Konzentration verändert sich bereits die Wirkung der Farbe. Während die Farbe bei einem Streifen dunkler und weniger gesättigt erscheint, wirkt sie bei einem Quadrat heller.

AIII.4   Wechselbeziehungen zwischen Farbe, Körper und Raum

AIII.4.1 Überblick

Die Erscheinung der Farbe ist bei plastischen Körpern im wesentlichen abhängig von der Relativität der Wahrnehmungsbedingungen, und zwar von Hinter- oder Untergrund, von Standpunkt oder Sehwinkel und von

der Beleuchtung, vom Licht. Bei bestimmten Objekten kann durch die
Farbe ein optisches Abheben der Elemente dann erreicht werden, wenn
die Verbindung der tragenden Elemente zur Standfläche scheinbar auf-
gehoben, dafür aber die getragenen Elemente betont werden. Widersprü-
che und falsche Beziehungen treten dann auf, wenn die Form oder
der Körper einem ganz bestimmten, inhaltlich und funktionell beding-
ten Ausdruck entspricht, dem die Farbe jedoch nicht gerecht wird.
Soll beispielsweise ein Körper leicht und instabil wirken, und er
wird mit schweren dunklen Farben behandelt, so erreicht man zwar
nicht das Gegenteil in der Aussage bezüglich des Formencharakters,
aber es entsteht eine widersprüchliche Aussage durch das Objekt.

Einem anderen Problem der Beziehung zwischen Farbe, Körper und Raum
begegnet man bei der Analyse der Objekte nach ihrer Gestaltbildung.
Hier ist beispielsweise ein farbiges Objekt, das sich gut gegen den
Hintergrund abhebt, bezüglich seiner Gestalt in den meisten Fällen
gut erkennbar. Dunkle Farben erschweren die Differenzierung, während
helle Farben die Plastizität deutlicher werden lassen. Auch durch
die Art der Gruppierung, die Hell-Dunkel-Kontraste und die unterschiedliche Entfernungswahrnehmung der Farben kann die visuelle Orientierung an plastischen Elementen erschwert werden. Dort, wo es darauf
ankommt, die Plastizität visuell schnell und genau zu erfassen, sind
farbige Verschiedenartigkeiten der einzelnen Elemente besonders sorg-
fältig auszuarbeiten.

Die Hauptvorteile bei der Verwendung von Farbe als Gestaltungselemente seien noch einmal zusammenfassend aufgelistet. Das Gestaltungselement Farbe ermöglicht:

-   Trennung von verschiedenen Informationskriterien,
-   Gewichtung der dargestellten Information,
-   Erleichterung beim Suchen, Finden und Abzählen von Informationen
    und
-   Lenkung der Aufmerksamkeit des Benutzers auf bestimmte Informa-
    tionen.

AIII.4.2 Besondere Wirkungen der Farben

Die Wahrnehmung der Farbe vollzieht sich beim Menschen unter dem
Einfluß des Geschlechts, des Alters, der Mentalität, der Umwelteinflüsse, der Beleuchtung usw. Hierbei wirken alle Faktoren gleichzeitig und spontan. Abgesehen von diesen unterschiedlichen Einflußfaktoren kann man auch im Bereich des emotionalen Erlebens objektive Wirkungen beobachten. Man unterscheidet hierbei im allgemeinen nach
Erlebnisqualitäten (Emotionen), nach Synästhesie und Assoziationen.

E m o t i o n e n

Farben bewirken Emotionen - beispielsweise heiter, freundlich, ge-
mütlich, einladend, anziehend, sauber oder finster. Die primär emotio-
nal interpretierte Einzelfarbe wird in der Kombination von weiteren
Farben abgewandelt. In der Zusammenstellung beispielsweise der Farben "Rot-Gelb-Grün" verliert jede einzelne Farbe einen Teil ihres
Charakters und ihre ursprüngliche emotionale Wirkung.

S y n ä s t h e s i e

Der Gesichtssinn des Menschen steht in enger Beziehung zum gesamten
Sinnesapparat. Es bestehen zwischen den einzelnen Sinnesorganen asso-
ziative Bindungen, d.h. bei Reizung eines Sinnesorgans werden andere
Sinnesorgane miterregt. Die Farben bewirken dabei eine inadäquate
Reizung, beispielsweise beim Temperatursinn mit den Attributen warm
und kalt durch die Farben Rot (warm) und Grün-Blau (kalt), beim Gehör
mit den Attributen laut und still durch die Farben Rotorange (laut)
und Blau, Grün (leise), beim Geschmackssinn mit den Attributen süß,
sauer, salzig, bitter durch die Farben Rosa (süß), Gelbgrün (sauer),
Hellgrün (salzig), Braun und Grün-Blau (bitter).

A s s o z i a t i o n e n

Die Assoziationen sind im konkreten Fall jeweils von der Erfahrung
des Einzelnen abhängig. Beispiele für Assoziationen sind Verknüpfun-
gen von Gedächtnisinhalten wie Gelb = Sonne und Licht oder Rot =
Feuer, Blut und Liebe. Die im Gedächtnis gespeicherten Erfahrungen
gestalterisch bei der Dialoggestaltung über Farbterminals und Farb-
plotter einzusetzen, bedeutet nichts anderes, als sich mit der "sinn-
lichen und sittlichen" Wirkung der Farben auseinanderzusetzen und

davon die visuell-ästhetische Konzeption der Farbwahl abzuleiten. Von den Farberlebnissen, die immer wiederkehrend auftreten und damit jedem bewußt werden, sind die farbigen Ereignisse der Natur die assoziationsbildenden Faktoren, insbesondere die zeitlich und räumlich geordneten Farben des Tagesablaufs, der Jahreszeiten und der Farbfolge des natürlichen Wachstums. Die Erfahrungen, die in der Kunst sowie in der Werbung über Farb- und Formgebung vorliegen, sind bei der Dialoggestaltung zu berücksichtigen, wenn menschengerechte Lösungen angestrebt werden.

Kontrastphänomene
Das Schaffen von Kontrasten ist eine der notwendigen Grundbedingungen jeder Gestaltung. Unter dem Einfluß des Kontrastes verändert sich die Wahrnehmung der Farbe in bezug auf Farbton, Helligkeit, Sättigung und Materialcharakter. Mit Hilfe der Kontrastphänomene können sichtbare Ordnungs- und Wahrnehmungsbeziehungen geschaffen werden. Eine unkontrollierte Vielfalt von Kontrasten gestattet keine eindeutige Wahrnehmung. Oft kommt es durch mehrere nebeneinandergestellte Farben, durch große Helligkeitsunterschiede (dunkle Farben in heller Umgebung, gesättigte Farben in der Umgebung weniger gesättigter usw.) oder durch eine stark tonverschiebende Wirkung von Kontrasten im Gesichtsfeld zu einer Wahrnehmungsbeeinträchtigung.

Der Kontrast muß als primäres, ausgleichendes Gestaltungsmittel eingesetzt werden. Über die bewußte Kombination von Farben können starke, mittlere und schwache Kontraste gestaltet werden. Kontraste in den vorgesehenen Helligkeitsgrenzwerten erhöhen nicht nur die Unterschiedsempfindlichkeit, sondern gleichzeitig auch die Sehschärfe und Formempfindlichkeit sowie die Wahrnehmungsgeschwindigkeit. Bei günstigem Kontrast kann man Gegenstände erkennen, die wegen ihrer geringen Größe bei schlechtem Kontrast nicht mehr wahrzunehmen sind.

Farbkontrast
Bei komplementären Farbpaaren gleicher Helligkeit und hoher Sättigung entstehen störende Randkontraste, die durch Aufhellung oder Trübung einer der beiden Farben zu vermeiden sind. Bei diffizilen Farb- und Formdetails, insbesondere aber bei farbiger Schriftgestaltung, tritt dieses Phänomen oft in Erscheinung. Die unbunten Farben bleiben bei

einer Gestaltung niemals neutral, sondern werden von den umgebenden
Farben infolge des Simultankontrastes beeinflußt. Sie verändern sich
auf farbigen Umfeldern in Richtung zur Gegenfarbe. Es besteht eine
gegenseitige Beeinflussung der bunten Farben dergestalt, daß beispielsweise der Farbton Orange auf einem gelben Umfeld wärmer, rötli-
cher und dunkler wirkt, während dasselbe Orange auf einem roten Umfeld kühler, gelblicher und heller erscheint. Je weiter der Abstand
der Umfeldfarben in Richtung der Gegenfarbe liegt, desto mehr vermin-
dert sich die Wirkung, bis schließlich ein Orange auf blauem Umfeld
am intensivsten in seiner Farbart erscheint. Diese Regel trifft für
alle Farben zu.